文庫

社会契約論／ジュネーヴ草稿

ルソー

中山元訳

kobunsha classics

光文社

DU CONTRAT SOCIAL
1762

DU CONTRAT SOCIAL
(PREMIÈRE VERSION, MANUSCRIT DE GENÈVE)

Author : Jean-Jacques Rousseau

凡例

(1)原文のテクストは Jean-Jacques Rousseau, *Œuvres complètes*, tom. III, Pléiade, Gallimard, 1964（以下では全集三巻と呼ぶ）に依拠した。

(2)原書は一七八二年に増補されているので、追加された部分は【　】で示した。［　］で囲んだ部分は訳者の補足である。

(3)小見出しは*をつけたものを除いて、すべて訳者によるものである。原注のタイトルも訳者によるものである。原注は（注一）のように記載してそれぞれの章末に、また訳注は（1）のように記載してまとめて本文の最後に掲げた。また本文には読みやすいように適宜改行を加えている。引用文は邦訳のあるものは参考にしているが、訳者が手を加えている場合が多い。

『社会契約論／ジュネーヴ草稿』　目次

社会契約論

第二篇

第三篇　118

社会契約論／ジュネーヴ草稿

社会契約論——または政治的な権利の原理

ジャン＝ジャック・ルソー　ジュネーヴの市民

対等なる条件の契約を提案せむ
ウェルギリウス『アエネーイス』一一巻(1)

はしがき

この短い論文は、かつて自分の力のみきわめもつかない頃に執筆しようとして放りだしていた長い論文の抜粋である。この長い論文からは、さまざまな断片をとりだすことができたはずだが、次に掲げるものがもっとも重要で、世間に公開する価値があるものと思われた。残りの断片はもはや手元にも残っていない。

第一篇

わたしがここで調べたいと思ったのは、人間をそのあるがままの姿において捉え、考えられるかぎりで最善の法律を定めようとした場合に、市民の世界において、正当で確実な統治の規則というものがありうるかということである。この問題を研究するにあたってわたしが心掛けたのは、正義と「社会契約によってえられる」利益がまったく分離することのないように、権利が認めるものと、利益が命じるものをつねに結びつけることだった。

議論を始めるにあたって、これから検討したいと考える問題がいかに重要であるかなどと、説明しないでおこう。政治についての論文を書くなんて、あなたは君主なのか、それとも立法者なのかと尋ねる読者もおられるかもしれない。わたしはそのどちらでもない、そのどちらでもないからこそ、政治について考察するのだとお答えしよう。わたしが君主か立法者であったならば、自分がなさねばならぬことを語って時間を浪費せずに、なさねばならぬことをするか、あるいは沈黙を守るだろう。

自由な国［ジュネーヴ共和国］の市民として生まれ、主権者の一人でもあるわたしの発言が、公共の問題にたいしてわずかな影響しか及ぼすことがないとしても、この国において投票権を所有するということだけで、この問題について考察するのがわたしの義務であると感じる。さまざまな統治について考察するごとに、こうした考察の結果として、自分が生まれた国の統治を愛すべき理由がみいだせるとは、わたしは何と幸せなのだろうか。

第一章　第一篇の主題

人民が自由を回復するための根拠

人は自由なものとして生まれたのに、いたるところで鎖につながれている。自分が他人の主人であると思い込んでいる人も、じつはその人々よりもさらに奴隷なのである。この逆転はどのようにして起こったのだろうか。それについては知らない。それではどうしてその逆転を正当化できたのだろう。わたしはこの問いには答えられると思う。

もしも力と、力によって生まれる効果だけについて考えるならば、わたしは次のように答えるだろう。「ある人民が服従することを強《し》いられて服従するならば、それはそれで仕方のないことだ。人民がその軛《くびき》を振りほどくことができ、実際に振りほどこうとするのなら、それは早ければ早いほうがよい。人民は、人民から自由を奪った者と同じ権利をもって、みずからの自由を回復することができる。というのも人民には自由を回復するだけの根拠があるし、そもそも人民から自由を奪うことそのものが根拠のないものだったからである」と。

ところで社会秩序とは神聖なる権利であり、これが他のすべての権利の土台となるのである。しかしこの権利は自然から生まれたものではない。合意に基づいて生まれたものなのだ。それではこの合意とは、どのようなものだったのだろうか。ただしこの問題を検討する前に、ここまで述べてきたことを証明しておくことにしよう。

第二章　最初の社会

家族という結びつき

すべての社会のうちでもっとも古い社会は家族であり、これだけが自然なものである。ところで子供たちが父親との絆を維持するのは、生存するために父親が必要なあいだだけである。父親の保護が不要になれば、この自然の絆は解消される。子供たちは父親に服従する義務を解かれ、父親は子供たちを世話する義務を解かれる。こうして父親も子供たちも独立した存在に戻るのである。もしそのあとでも親子の絆が保たれるとすれば、それは自然な結びつきによるものではない。両者が結びつきを望んだためである。だから家族そのものも、合意のもとでしか維持されないのである。

そもそも親子ともに自由な存在なのであり、この自由は人間の本性によって生まれたものである。人間の社会の最初の掟は、みずからの生存のために努力することであり、最初の配慮は自己にたいする配慮である。そして理性を行使できる年齢になれば、誰もが自分の生存にふさわしい手段について、みずから判断するようになる。こうして人間は自分の主人となるのである。

このように家族というものはいわば、政治社会の最初のモデルである。支配者は父の似像であり、人民は子供の似像である。誰もが平等で自由な存在として生まれたのであり、みずからの利益にならないかぎり、自由を譲り渡すことはない。ただし家族と国家には唯一の違いがある。家族においては父親は子供たちにたいする愛情から、子供たちの世話をする。ところが国家においては支配者は人民を愛することはない。ただ命令する快楽から人民を支配するにすぎない。

支配者の地位

グロティウスは人間のあらゆる権力が、支配される者たちの利益のために確立されたものであることを否定する。そしてその実例として奴隷制をあげるのだ。彼は議論にあたっていつも、事実に依拠して権利を確立するという方法を採用する(2)（注一）。もっと首尾一貫していて、しかも暴君たちに有利でない方法だってあるはずなのだが。

だからグロティウスの著書を読んでいると、人類というものは百人ばかり［の支配者］に従属しているのか、それともこの百人ばかり［の支配者］が人類に従属しているのか、疑問になってくるのである。著書によるとどうもグロティウスは、人類が百人ばかりの人に従属していると考えているようである。ホッブズも同じ考えだった。そうだとすると、人間という種は、家畜のように群れに分かれて暮らしており、それぞれの群れに主人がいて、主人は貪り食うために家畜を守っているのだということになる。

牧者が自分の家畜たちよりは優れた性質をそなえているように、人間という家畜の群れの牧者である支配者たちは、人民よりも優れた性質をそなえていることになる。フィロンによると、ローマ皇帝のカリグラはこのように推論し、この牧者とのアナロジーで、皇帝は神であり、人民は獣であると、やすやすと結論したのだった。(3) このカリグラ帝の推論を、ホッブズやグロティウスも採用することになる。アリストテレスはこれらの誰よりも早い時期に、人間の本性はまったく平等ではなく、奴隷として生まれる者と、支配する者として生まれる者がいると主張したのだった。(4) アリストテレスの議論が間違っていたわけではない。ただ、原因と結果をとり違えたのだ。奴隷の身分として生まれた者は、誰もが生まれつき奴隷になる。これほど確実なことはない。奴隷は鎖に縛られているうちにすべてのものを失う。そして鎖から逃れて自由になりたいという希望まで失ってしまうのだ。オデュッセウスの仲間たちは獣のままでいることを望んでいたが、(5) それと同じように奴隷たちも、みずからの隷属の状態を好むようになるのだ（注二）。だから生まれつきの奴隷というものがあるとしたら、それはその前に自然に反した形で奴隷が作りだされたからだろう。最初に奴隷を作りだしたのは暴力であり、奴隷たちはそのあとは無気力になって、奴隷でありつづけたのである。

わたしは王アダムについても、皇帝ノアについても、何も語っていない。ノアが生んだ三人の息子たちは偉大な君主となり、サトゥルヌスの息子たちと同じように世界を三つに分けて統治したので、ノアの息子たちはサトゥルヌスの息子たちと同じだと考える人もいる。(6) これについてはわたしが控え目にふるまったのは、感謝されてもよいことだろう。わたしだってこれらの三人のうちの一人の君主の直系の子孫なのだし、ひょっとすると長男のセムの子孫かもしれないのだから、調べてみたら、わたしには人類の正当な王の資格があるかもしれないではないか。

いずれにせよ、ロビンソン・クルーソーが島のただ一人の住民であり、ただ一人の主権者であったのと同じように、アダムが世界でただ一人の住民であったかぎりでは、世界の主権者でもあったことには、異議を唱えようもない。この帝国を支配するのはとても楽なことだった。叛乱も、戦争も、陰謀者も恐れる必要はなかったからだ。

（注一）「公法にかんする学者たちの研究は、昔から行われてきた権力の濫用の歴史にすぎないことが多い。権力の濫用について苦労して研究しすぎたあまり、それから頭が離れなくなってしまうのだ」（ダルジャンソン侯爵『フランスと隣邦諸国との好ましい関係について』）。グロティウスがやったのも、まさにこのことなのだ。

（注二）プルタルコスの「獣もまた理性を行使する」という短い論文を参照されたい。(7)

第三章　最強者の権利について

暴力が権利を作るか

どんな力の強い者でも、自分の力を「他人を支配する」権利に変えて、「他人が自分に」服従することを義務としてしまわないかぎり、つねに主人でありつづけることはできない。そこから最強者の権利が生まれたのだ。この権利は一見すると「力であって権利ではないので」反語的なものにみえるが、現実にも原則として定められているのである。しかし［権利という］この語について、誰も説明しようとしないのはなぜだろうか。

力というものは身体的な強さだ。この力の結果から、いったいどのような道徳性が生まれるのか、どうも理解しかねるのである。力に屈するのはやむをえないからで、屈したくて屈するわけではない。せいぜいのところ、慎重さを配慮した結果にすぎない。それがどのような意味で、一つの〈義務〉にまでなるというのだろうか。

それでもここでしばらく、最強者の権利なるものが存在すると想定してみよう。すると何とも説明しがたい、たわごとのような結論がでてくる。力から権利が生まれたのだとしたら、結果が原因と入れ替わってしまうのである。最初の力に打ち勝ったすべての力は、最初の力のもっていた権利をうけつぐことになってしまう。服従しなくても罰せられなければ、不服従は合法的なふるまいになる。そして最強の者はつねに正しいとされるのだから、自分が最強の者であるようにすればよいのだ。

しかし力が振るわれなくなると消滅してしまう権利とは、そもそもどんなものだろうか。力を振るわれるから服従するのであれば、義務によって服従する必要などないだろう。そして力によって服従させられなくなれば、もはや服従する義務などないのである。だからこの〈権利〉という語は、力という事実のほかには何も語っていないことが分かるだろう。ここでは何も意味していないのだ。

権力者には服従せよと言われるが、それは力には屈せよということになる。これは掟としては善いものかもしれないが、もともと余分なものなのだ。この掟に違反する者など、決していないことは保証する。すべての権力が神に由来するものだという理論は、正しいものだと認めよう。しかしすべての病もまた神に由来するものなのだ。神に由来する病にかかったとき、医者を呼んではならぬということになるだろうか。森の片隅で強盗に襲われたとしよう。するとわたしは強いられて、財布を渡すだろう。しかしわたしは財布をうまく隠せるときにも、良心的に財布を渡すべきだということになるだろうか。強盗のもっている銃もまた、一つの権力なのだから。

だから力は権利を作りださないこと、わたしたちには、正当な権力以外のものには服従する義務はないことを認めよう。こうしてわたしが最初に提起した問いに、つねに立ち戻ることになるのである。

第四章　奴隷制度について

奴隷になる利益

いかなる人も、他の人々にたいして生まれつきの権威をもつことはなく、力はいかなる権利をも作りだすものではない。だから人々のうちに正当な権威が成立しうるとすれば、それは合意によるものだけである。

グロティウスは、ある個人が自分の自由を譲り渡して、主人の奴隷となることができるのであれば、ある人民の全体がみずからの自由を譲り渡して、王の臣下となることができない理由があるだろうかと問うている(8)。ここで使われている言葉の多くはあいまいであり、説明が必要だろう。しかしここでは譲り渡すという語だけを問題としてみよう。譲り渡すというのは、与えるか、売ることである。しかし他人の奴隷となる人は、みずからを与えるわけではない。むしろ生存のための糧《かて》をえるために、みずからを売るのである。しかしある人民の全体がみずからを売る理由があるのだろうか。王たる者は人民に生存のための糧を与えたりなどしない。人民からみずからの生存の糧をうけとるだけなのだ。そしてラブレーによれば、王はわずかなもので満足することはない(9)。だとすると臣民は、王が自分たちの財産までもとりあげることを条件にして、みずからを王に与えるとでもいうのだろうか。それでは臣民には、守るべきものが何か残されているだろうか。

専制君主は臣民に、社会の平穏を保証すると主張する人もいるかもしれない。それはそうかもしれない。しかし君主の野心のために臣民が戦争に巻き込まれ、君主の飽くなき貪欲や大臣たちの横暴が、臣民たちのあいだの不和よりもつらい苦難をもたらすのだとしたら、平穏が守られたからといってどんな利益があるというのだろうか。社会の平穏が、臣民の悲惨そのものだとしたら、臣民にどんな利益があるというのだろうか。人は牢獄のうちでは平穏に暮らすものだ。キュクロープスの洞窟に閉じ込められたギリシア人たちは、食い殺される順番を待ちながら、平穏に暮らしていたではないか(10)。

ある人間が代償もなしにみずからを与えるというのは不合理であり、考え難いことである。このような行為は、それを行った人間が常識を失っていたとしか考えられないから、そもそも正当性がなく、無効な行為である。ある人民の全体がそのような行為をしたと主張するのは、その人民は気が狂っていると想定することだ。しかし狂気からは権利は生まれないのである。

さらにある人がみずからを譲り渡すことができたと考えてみても、子供たちを譲り渡すことはできない。子供たちも人間として、自由な者として誕生してくるのである。彼らの自由は彼らのものであり、他人にはそれを勝手に処分する権利はない。子供たちが理性を行使できる年齢になるまでは、父親が代わりに子供たちの生存と福祉のための条件を定めることはできる。しかし子供たちを無条件で、撤回することのできない形で他人に与えることはできない。このような贈与は自然の目的に反するものであり、父親の権利の範囲を超えたものだからである。だから専制的な政府が正統なものと認められるためには、それぞれの世代の人民がそれを認めるか、拒否するかをみずからの判断で決定できることが必要になるだろう。しかしそのような政府はもはや、専制とは呼ばれなくなるだろう。

自由の放棄

自分の自由を放棄するということは、人間としての資格を放棄することであり、人間のさまざまな権利を、そして義務すら放棄することである。すべてを放棄した人には、いかなる償いも行われない。このような放棄は人間性にそぐわないのである。そして自分の意志からすべての自由を放棄してしまった人の行為には、もはやいかなる道徳性もありえなくなる。

だから片方に絶対的な権威を認め、他方に無制限の服従を強制するのだとすると、これは合意としては無効で、矛盾したものである。もしもある人に、他人にすべてを要求する権利が認められるとすれば、その人は他人からいかなる拘束もうけないのは明らかなことではないだろうか。合意をしておいて、相手にいかなる対価も支払わず、いかなるものも交換に与えないという条件を定めておいたとしたら、この条件だけで、その合意は無効になるのではないだろうか。奴隷が所有するすべての物はわたしの物であり、奴隷が所有するすべての権利はわたしの権利であるならば、奴隷はわたしにたいしていったいどんな権利をもつと言えるのだろうか。わたしがわたし自身に権利をもつというのは、まったく意味のないことだからである。

奴隷制が戦争から生まれるという主張

グロティウスのような人々は、奴隷を獲得する〈権利〉として、戦争をあげている。戦争に勝利を収めた者は、敗者を殺す権利を所有しているのであり、敗者は自分の自由を売り渡すことで、みずからの生命を救えるというのである。これは勝者にも敗者にも利益となる取引だから、正当なものだというわけである(11)。

しかし戦争状態からは、この敗者を殺す権利とやらいうものが生まれないのは明らかなことである。人間は原始的な状態では誰もが独立して生きているのであり、他人と恒常的な関係を結ぶことはないので、戦争状態も平和状態も成立しない。このことから考えても、自然のままでは人間はたがいに敵になることはないのである。

戦争が起こるのは、人と人の関係からではなく、物と物の関係からである。そして戦争状態なるものは、単純な個人と個人の関係から生まれることはなく、物と物との関係からしか生まれないものである。だから所有権というものが確定していない自然状態においても、すべてが法の権威のもとにある社会状態においても、個人のあいだの戦争、すなわち人と人との戦争はありえないのである。

私闘、決闘、果たしあいなどは、［戦争状態のような］〈状態〉を作りだす行為ではない。私的な戦いは、フランス王ルイ九世の勅令では認められており、[12]〈神の平和〉では禁止されているが、[13]これは封建的な統治にみられる悪習である。この封建制というシステムは、比較するもののないほどの不条理なものであり、自然法の諸原則にも、すべての善き政治体にも反したものである。

だから戦争は人と人の関係ではなく、国と国の関係である。国の戦争においては、個人がたがいに敵となるのは偶然にすぎない。人間としてでも、市民としてでもなく（注三）、兵士として敵になるのである。祖国の一員としてではなく、祖国を守る兵士として敵となるのである。だから国が敵とみなすことができるのは、別の国だけである。性質の異なるもののあいだには、真の関係を構築することはできないのだから、国が人を敵とすることはできないのである。

この原則は、いかなる時代に定められた行動基準とも一致するし、すべての文明的な国民のうちでつねに採用されてきた方式とも一致する。宣戦布告は、権力者にたいする宣告であるよりも、その国の臣民にたいする宣告なのだ。国家の君主に宣戦布告せずに、その国の臣民から盗んだり、臣民を殺したり、拘置したりする外国人は、王であろうと、個人であろうと、人民であろうと、それは敵ではなく、強盗である。

公正な君主であれば、戦時のさなかに、敵国のすべての公共財産を奪うとしても、個人の生命と財産は尊重するのである。［個人の生命と財産の所有という権利は］自分の権利の基礎となる権利だから、それは尊重するのである。戦争の目的は敵国を破壊することであり、武器を手にして国を守ろうとする者は殺す権利がある。しかし武器を置いて降伏した瞬間から、その者は敵でも、敵の道具でもなくなるのであり、たんなる人間に戻る。だから誰にもこの人を殺す権利はないのである。

ときには敵国の人民を一人も殺さずに、敵国を滅ぼすこともできる。しかし戦争は、戦争の目的の遂行に必要でない権利は、いかなるものも認めない。この原則はグロティウスの定めたものではないし、詩人の権威に基づくものでもない。物事の本性から生まれたものであり、理性を根拠としているのである。

征服によって生まれる権利

次に征服によって生まれる権利について考えてみよう。これは最強者の命令権を基礎とするものにほかならない。戦争に勝利したとしても、勝者には征服した国の住民を殺害する権利は認められないはずだから、これを敗者を奴隷にする権利の根拠とすることもできない。敵を殺す権利が認められるのは、［降伏しないために］敵を奴隷にできない場合にかぎられる。だから敵を殺す権利から、敵を奴隷にする権利は生まれないのである。誰も敵を奴隷にする権利はもっていないのだから、［降伏した］敵に、自由を捨てて自分の生命を買いとらせるのは、不正な交換だということになる。［降伏した敵を］奴隷にする権利を前提として、生殺与奪《せいさつよだつ》の権利を確立しようと試みる一方で、生殺与奪の権利を前提として、奴隷にする権利を確立しようとするのは、循環論法である。これは明らかではないだろうか。

たとえすべての敵を殺すという恐るべき権利を認めたとしても、戦争の結果として生まれた奴隷や、征服された住民は、強制されているうちは主人に服従するだろうが、主人にはいかなる〈義務〉も負わないことを指摘しておきたい。勝者は敗者の生命を奪う代わりに服従させたのであり、いかなる恩恵もほどこしたわけではない。勝者の無益な殺戮を行う代わりに、［服従させるという］有益な形で殺したにすぎない。だから勝者は力を行使しているだけで、いかなる権威も手にしていない。それ以前と同じように勝者と敗者のあいだには戦争状態がつづいているのである。両者のこの関係は、戦争状態の結果なのである。そして戦争の権利を行使することは、和平条約を想定するものではない。勝者と敗者が合意したのなら、それは別に構わない。しかしこの合意は戦争状態をなくすものではなく、戦争状態の継続を想定したものである。

このように、どのような視点から考察しても、人を奴隷にする権利は無効である。それが不当であるというだけではなく、合理的ではないし、何も意味していないからだ。この二つの語、奴隷という語と権利という語は、矛盾しているのであり、たがいに否定しあうのである。それが他者に語られた言葉だとしても、他の人民に語られた言葉だとしても、次の言葉を語ることは、すなわち「わたしはここに、すべての負担はお前が担い、すべての利益はわたしがとることに合意した。わたしは自分の好きなだけ、この合意を守る。お前はわたしの好きなだけ、この合意を守るのである」と宣言するのは、同じように無意味なことだろう。

（注三）【ローマ人は、世界のどの国よりも戦争の権利というものを理解し、これに敬意を払っていたのであり、この点については細心の配慮をしていた。そして市民が義勇兵となって入隊するにあたっては、敵と戦うことを明らかにして志願し、その敵を名指すことを条件としていた。小カトーはポピリウスの指揮のもとで初めて従軍したが、その軍団《レギオン》が改組された際に、［父親の］大カトーはポピリウスに書簡を送り、息子が軍務をつづけることを希望する場合には、軍務につくための宣誓をやり直す必要があることを指摘した。最初の宣誓は改組のために無効になったのであり、敵にたいして武器をとることはできなくなったというわけである。さらに大カトーは息子の小カトーにも書簡を送り、新たに宣誓をやり直さないかぎり、戦闘に加わらないように勧告している。たしかにクルシウムの攻囲戦などの特定の事実をあげてこれに反論することはできるだろう。(14) しかしわたしは事実ではなく、ローマの法と慣習をひいているのである。ローマ人は自国の法に違反することがもっとも少なかった民族である。そしてあれほど立派な法をもっていたのも、ローマだけなのである】［一七八二年版の追加］

第五章　つねに最初の合意に溯るべきこと

これまでわたしが否定してきたことをすべて容認したとしても、専制政治を擁護しようとする者の立場が少しでも強くなったわけではない。大衆を服従させることと、社会を統治することのあいだには、つねにきわめて大きな違いがあるものだ。それまでばらばらで暮らしていた人々が、次第にある一人に隷属するようになったとしよう。服従する人々の数がどれほど多いとしても、そこには一人の主人と多数の奴隷がいるだけであり、人民とその首長はどこにもいないのである。それは集合《アグレガシオン》かもしれないが、結合《アソシアシオン》ではない。そこには公益も政治体も存在しないのである。

この［主人となった］人間が世界の半ばを屈従させたとしても、一人の私人にすぎないことに変わりはない。彼の利害は、ほかの人々の利害とは切り離されているが、やはり私的な利害にすぎない。この人物が死ぬようなことがあると、その帝国は死後に分散してしまい、結びつきを失う。樫の木に火がついて燃えてしまえば、崩壊して一山の灰に崩れ落ちてしまうのと同じことだ。

グロティウスは、人民は自分を王に与えることができると語っている(15)。だとすると人民は、みずからを王に与える前にすでに人民であったことになる。この委譲の行為そのものが、一つの社会的な行為なのであり、公衆が討議した結果として行われた行為なのである。だから人民が王を選ぶ行為について検討する前に、人民がどのような行為によって人民となるのかを検討してみるべきだろう。この行為こそが、王を選ぶという行為に必ず先立つべきなのであり、これが社会の真の基礎だからだ。

実際に、全員一致で王を選んだ場合を除いて、少数者が多数者による［王の］選出にしたがうべき義務は、事前に合意されていないかぎり発生しようがない。百人の人々が主人を欲しいと望むとしても、主人を欲しいと思わない十人の人に代わって選ぶ権利は、どこから生まれるというのだろうか。そもそも多数決という原則は、合意によって確立されるものであり、少なくとも一度は全員一致の合意があったことを前提とするのである。

第六章　社会契約について

社会契約の課題

ここで、さまざまな障害のために、人々がもはや自然状態にあっては自己を保存できなくなる時点が訪れたと想定してみよう。自然状態にとどまることを望んでいる人々はこうした障害に抵抗するのだが、この時点になると障害の大きさが、人々の抵抗する力を上回ったのである。こうして、この原始状態はもはや存続できなくなる。人類は生き方を変えなければ、滅びることになるだろう。

人間は「何もないところから」新しい力を作りだすことはできない。人間にできるのは、すでに存在しているさまざまな力を結びつけ、特定の方向に向けることだけである。だから人間が生存するためには、集まることによって、「自然状態にとどまろうとする」抵抗を打破できる力をまとめあげ、ただ一つの原動力によってこの力を働かせ、一致した方向に動かすほかに方法はないのである。

このまとめあげられるべき力は、多数の人々が協力することでしか生まれない。しかし各人が自己を保存するために使える手段は、まず第一にそれぞれの人の力と自由である。だとすればこの力と自由を拘束して、しかも各人が害されず、自己への配慮の義務を怠らないようにするには、どうすればよいだろうか。この困難な問いは、わたしの主題に戻って考えると、次のように表現できる。

「どうすれば共同の力のすべてをもって、それぞれの成員の人格と財産を守り、保護できる結合の形式をみいだすことができるだろうか。この結合において、各人はすべての人々と結びつきながら、しかも自分にしか服従せず、それ以前と同じように自由でありつづけることができなければならない」。これが根本的な問題であり、これを解決するのが社会契約である。

社会契約の条項

この契約の条項は、その行為の性格によって明確に決定されるもので、わずかでも修正するならば、無効で空虚なものとなってしまうような性質のものだろう。だからこの契約の条項は、これまで明文化されたことは一度もなかったかもしれないが、どこでも同じであり、誰もが暗黙のうちにうけいれ、認めていたものに違いない。社会契約が破られるならば、各人は自分の最初の権利をとりもどすまでのことである。そのときには契約によって手にした自由は喪失するが、契約を締結するときに放棄したかつての自然の自由を回復することになる。

これらの条項は、正しく理解するならばただ一つの条項に集約される。社会のすべての構成員は、みずからと、みずからのすべての権利を、共同体の全体に譲渡するのである。この条項によるとまず、誰もがすべてを放棄するのだから、誰にも同じ条件が適用されることになる。そしてすべての人に同じ条件が適用されるのだから、誰も他人に自分よりも重い条件を課すことには関心をもたないはずである。

さらにこの譲渡は留保なしで行われる。そのために結合は完全なものであり、どの構成員もほかに何も要求するものをもたない。もしも特定の個人に何らかの権利が残されたならば、これらの人々と公衆のあいだで判決を下す上位の者がまったく存在しないのだから、そしてある意味では各人は自分のことについてみずから判決を下すことができるものだから、やがては［この特定の個人が］すべてのことについて判決を下すことができると考え始めるだろう。そうなると自然状態がつづくことになり、結合は圧制となるか、有名無実なものとならざるをえないのである。

要するに、各人がすべての者にみずからを与えるのだから、みずからをいかなる個人に与えることもない。すべての成員は、みずから譲渡したのと同じ権利を、［契約によって］うけとるのだから、各人は自分が失ったものと同じ価値のものを手にいれることになる。そして各人は、自分が所有しているものを保存するために、［契約を締結する前よりも］大きな力を手にいれる。

だから社会契約から、本質的でない要素をとりのぞくと、次のように表現することができることがわかる。「われわれ各人は、われわれのすべての人格とすべての力を、一般意志の最高の指導のもとに委ねる。(16) われわれ全員が、それぞれの成員を、全体の不可分な一部としてうけとるものである」

この結合の行為は、それぞれの契約者に特殊な人格の代わりに、社会的で集団的な一つの団体をただちに作りだす。この団体の成員の数は、集会において投票する権利のある人の数と一致する。この団体は、結合の行為によって、その統一と、共同の自我と、その生命と、その意志をうけとるのである。

このようにして設立されたこの公的な人格は、かつては都市国家《シテ》という名前で呼ばれていたものであるが[17]（注四）、現在では共和国（レピュブリック）とか、政治体という名前で呼ばれている。これは受動的な意味では成員から国家（エタ）と呼ばれ、能動的な意味では成員から主権者（スヴラン）と呼ばれる。さらに同じような公的な人格と比較する場合には、この人格は主権国家《ピュイサンス》と呼ばれるのである。

構成員は集合的には人民（プープル）と呼ばれるが、主権に参加する者としては市民（シトワヤン）と呼ばれ、国家の法律にしたがう者としては国民（シュジェ）と呼ばれる。これらの用語は混同して使われ、一方が他方と誤用されることが多い。正確な意味で使われるときに、それを区別する方法がわかっていれば十分なのである。

（注四）現代ではこの「シテという」語の真の意味はほぼ完全に見失われている。多くの人は都市国家《シテ》とは都市のことだと考え、市民《シトワヤン》のことを都会の住民《ブルジョワ》のことだと考えているのである。彼らは、都会を作るのは住宅であるが、公民国家《シテ》を作るのは、市民《シトワヤン》であることを知らないのである。この過ちのために、かつてのカルタゴ人は大きな犠牲を払うことになったのである。

わたしは、王の臣下《シュジェ》が市民《キーウィス》という名で呼ばれた例を知らない。古代のマケドニア人も、現代のイギリス人も、ほかのどの人民よりも自由に近づいているが、［王の臣下であるために］市民という称号は与えられないのである。フランス人だけがこの市民という呼び名を気軽に使っているが、それはこの呼び名の真の意味を知らないからだ。そのことはフランスの辞書をみてみればすぐにわかる。知っていて勝手に使っているとすれば、この語を濫用することで、大逆罪を犯すことになるだろう。この名詞はフランスでは徳を示す言葉であり、権利を示す言葉ではないのだ。

ボダンはジュネーヴのシトワヤンとブルジョワについて語ろうとしたことがあるが、この二つの語を取り違えてしまって、大きな過ちを犯したのである。[18]ダランベールはこの点について間違えることなく、［百科全書の］「ジュネーヴ」の項目で、この都市に住む四つの身分、外国人を含めると五つの身分を正しく区別していた（そのうちの二つだけが共和国を構成するのである)。わたしの知るかぎり、ほかのどんなフランス人も、市民《シトワヤン》の真の意味を理解していないのである。

第七章　主権者について

国民と主権者の関係

社会契約をこのように定式化することによって、結合の行為は、公衆とそれぞれの個人のあいだで結ばれる相互の約束を含むものであること、それぞれの個人はいわば自分自身と契約を結ぶのであるから、二重の関係で約束するものであることが分かる。この二重の関係とは、個人にたいしては主権者の一員として約束し、主権者にたいしては国家の成員として約束するということだ。民法では、誰も自分自身と結んだ約束には責任を負わないという規則が定められているが、この規則はこの契約には適用できない。自分にたいして義務を負うことと、自分がその一部を構成する全体にたいして義務を負うことには、大きな違いがあるからだ。

ここで指摘しておきたいことがある。まずすべての国民をこのような二重の関係のもとで考察することができるのであり、この二重の関係に基づいてすべての国民は、公的な決議［社会契約］によって主権者に義務を負う。しかしこの理由を裏返して、主権者を主権者自身に義務づけることはできないのである。だから主権者が違反することのできないような法律をみずからに課すことは、政治体の本性に反するものなのである。主権者はみずからとのあいだで、同一で単一の関係を結ぶことができるだけである。主権者がみずからと契約を結んだ場合には、それは［民法の規則で定められている］個人が自己と結んだ契約と同じ意味をもってしまうのである。こうして、すべての人民で構成された団体には、いかなる種類の基本的な法律を負わせることもできないし、社会契約すら負わせることができないのは明らかなのである。しかしこれは、この団体が他の団体と約束することができないという意味ではない（もちろん社会契約に反しないかぎりでのことだが）。他の団体にたいしては、この団体は一つの存在であり、一人の個人に等しいものとなるからである。

ところで政治体または主権者は、社会契約が神聖なものとして尊重されるかぎりで存在するものだから、最初の行為［としての社会契約］に背くようなことは、みずからに義務づけることも、他の団体にたいして義務として負うこともできない。たとえば自己の一部を譲渡するような義務や、他の主権者に服従するような義務を負うことはできないのである。この政治体は社会契約によって存在するようになったのであり、これに違反する行為は、みずからを滅ぼす行為である。そして滅びて無になったものからは、何も生みだされないのである。

多数者がこの契約によって一つの団体に統合された瞬間から、その成員を傷つけることは、その団体を攻撃することにほかならない。そしてこの団体を傷つけることは、そこに集まった成員から恨みを買うことである。だからこの契約の両当事者は、その義務と利益のために、たがいに援助しあうことを義務づけられるのである。そしてこの二重の関係のもとで、両者はこれに基づくあらゆる恩恵を結びつけるように、努力すべきなのである。

ところで主権者は、主権者となる個人だけで構成されているのだから、成員の利益に反する利益をもたないし、もつこともできない。そのため主権者の権力は、国民に何かを保証する必要はない。団体がそのすべての成員を害することを望むなど、ありえないことだからである。これから考察するように、政治体はそれを構成するいかなる個人も害することができない。主権者はただ主権者として存在するだけで、主権者として必要なすべてのものをつねにそなえているのである。

しかし国民の主権者への姿勢については、事情が異なる。国民が約束を守ることは共通の利益となることだが、主権者が国民の忠誠を確保する手段をみいださないかぎり、国民がその約束を守るという保証はないのである。

自由であることの強制

実際にすべての人は人間として、ある個別の意志をもつのであり、市民としてもっている一般意志に反することも、これと異なる意志をもつこともありうるのである。個人の特殊な利益は、共同の利益とはまったく異なる言葉で、個人に語りかけるかもしれない。各人は、ほんらいは独立した絶対的な存在であるから、共同の利益のためにはたすべき任務を、無償の寄付とみなして、その寄付の額の高さと比較すると、［その義務をはたさないことで］他人がこうむる被害のほうが小さいと考えるかもしれないのである。あるいは国家は法的な人格であり、生きている人間ではなく、理屈で考えだしたものにすぎないと判断し、国民としての義務をはたさずに、市民としての権利だけを享受しようとするかもしれない。このような不正がつづけば、やがて政治体は崩壊することになるだろう。

だから社会契約を空虚な［約束の］表現にしないために、この契約には、一般意志への服従を拒むすべての者は、団体全体によって服従を強制されるという約束が暗黙のうちに含まれるのであり、この約束だけが、ほかのすべての約束に効力を与えることができるのである。ただこれは、各人が自由であるよう強制されるということを意味するにすぎない。それぞれの市民はこのことを強制されることで、祖国にすべてを与えるのであり、これによって他人に依存することから保護されるのである。この条件のもとでこそ、政治機構の装置と運動が生みだされる。そしてこの条件だけが、市民のさまざまな約束を合法的なものとする。この条件なしでは市民の約束というものは、不条理で圧制的なものとなり、さらに大きな濫用をもたらすことになるだろう。

第八章　社会状態について

社会状態のもたらす変化

このように自然状態から社会《シヴィル》状態に移行すると、人間のうちにきわめて大きな変化が生じることになる。人間はそれまでは本能的な欲動によって行動していたのだが、これからは正義に基づいて行動することになり、人間の行動にそれまで欠けていた道徳性が与えられるのである。そして初めて肉体の衝動ではなく、義務の声が語りかけるようになり、人間は欲望ではなく、権利に基づいて行動するようになる。それまで自分のことばかりを考えていた人間が、それとは異なる原則に基づいてふるまわなければならないことを理解するのであり、自分の好みに耳を傾ける前に、自分の理性に問わねばならないことを知るのである。

社会状態では人間は、自然状態において享受していたさまざまな利益を失うが、その代わりにもっと大きな利益を手にするようになる。人間のさまざまな能力は訓練されて発展するし、思考の幅は広くなり、感情は高貴なものとなり、魂の全体が高められる。もしも人間がこの状態を悪用したために、脱出してきた自然状態よりもさらに低い地位にまで堕落するようなことさえなければ、人間はこの幸福な瞬間をずっと祝福しつづけることになるだろう。そのとき人間は、もとの自然状態から永久に離脱し、そのことによって愚かで視野の狭い動物から、人間に、知的な存在になったのであるから。

社会状態のもたらす利益と不利益

この損得を、分かりやすい項目で比較してみよう。まず人間が社会契約によって失ったものは、自然状態のもとで享受していた自由であり、彼が気にいり、しかも手にいれることができるものなら何でも自分のものにすることのできる無制限の権利である。人間が社会契約によって獲得したもの、それは社会的な自由であり、彼が所有しているすべてのものにたいする所有権である。失ったものと新たに入手したものの損得について思い違いをしないためには、[ここで比較した二つのものの]違いを明確に理解する必要がある。まず自然状態のもとで享受していた自由は、その人の力によって左右されるだけだが、社会的な自由は一般意志による制約をうけるという違いがある。また[自然状態での所有は]力による占有か、先に占有した者に認められる所有であるが、[社会状態での所有は]法律で認められた権原に基づいて初めて成立する所有であるという違いがある。

これまで述べてきた違いのほかに、社会状態で新たに獲得されたものとして、道徳的な自由を加えることができよう。人間が真の意味でみずからの主人となるのは、この道徳的な自由によってだけなのである。というのは欲望だけに動かされるのは奴隷の状態であり、みずから定めた法に服従するのが自由だからである。しかしこの問題についてはすでに十分すぎるほどに語ってきたし、この論文の主題は、自由という語にどのような哲学的な意味があるかということではないのである。

第九章　土地の支配権について

社会契約と所有権

共同体のそれぞれの成員は、共同体が形成された瞬間に、みずからを共同体に与える。すなわち自身と、みずから所有している財産を含むすべての〈力〉を、そのままの状態で共同体に与えるのである。この行為によって、所有物は持ち主が変わるわけだが、その性格が変わることはないし、主権者の所有物となるわけでもない。しかし公民国家《シテ》の力は個人とは比較にならないほどに大きなものであるために、公的な所有は実際にもっとも強く、もっとも解消することのできないものである。しかしそれだからといって、合法的なものになったわけではないし、とくに外国にたいしてはその合法性を主張できるわけでもない。というのは国家の内部では、社会契約がすべての権利の基礎となるために、国家は社会契約のおかげでそのすべての成員の財産を自由に処理することができるのだが、外国にたいしては、自国の個人からひきついだ、最初に占有した者の権利に基づく権利しか主張できないからである。

最初に占有していた者の権利［先占権］は、最強者の権利よりも現実的なものではあるが、これは所有権が確立されるまでは、真の権利となることはない。人は誰も、自分に必要なものを手にいれる自然な権利をもっている。しかし人がある財産を自分のものとして所有する積極的な行為をなした瞬間に、［それ以外の自然な権利を喪失して、共同体の］他のいかなるものも、入手できなくなる。自分の分け前が決まったのだから、それで満足すべきなのであり、共同体にたいしてはもはやいかなる［過分な所有の］権利ももたないのである。先占権は、自然状態ではきわめて弱いものだったが、すべての文明人がこれを尊重するのは、そのためである。先占権においてわれわれが尊重するのは、他人に属するものであるよりは、自分に属さないものなのである。

先占権の根拠

一般に、ある土地の先占権が正当なものとして認められるためには、次の三つの条件が必要である。第一に、その土地にまだ誰も住んでいないこと、第二に、みずからの生存に必要な面積だけしか占有しないこと、第三に、空虚な儀礼によってではなく、労働と耕作によってこの土地を占有することである。この労働と耕作こそが所有の唯一のしるしであって、法的な権原が認められていない場合にも、他人はこれを尊重しなければならないのである。

ところでその個人の生存のための必要と労働にたいして先占権を認めることは、この権利をそれが及びうる最大のところまで拡張してしまうことにならないだろうか。この権利には制限を加えてもしかるべきではないだろうか。共有の土地に足を踏みいれただけの人が、その土地を自由に処分できると主張するようなことにならないだろうか。その土地からしばらくのあいだ他人を追い払う力をもっているだけの人が、追い払われた人々からそこに戻ってくる権利を奪うようなことにならないだろうか。

ある個人や人民が、広大な領土をみずからのものと主張して、ほかの全人類をそこから締めだすようなふるまいをすることは、横領であり、処罰に値する行為ではないだろうか。それは自然が人間に共同のものとして与えた住居と食べ物を、ほかのすべての人から奪う行為ではないだろうか。［スペインの探検家の］ヌニェス・バルボアが海岸に上陸しただけで、カスティリヤ王の名のもとで、南の海［太平洋］と南アメリカの全土を、占有した［と主張した］とき(19)、それだけですべての先住民からこの土地を奪うことができ、世界のすべての君主をここから締めだす権利が認められたとでもいうのだろうか。こうした［空虚な］儀式は空《むな》しく増えるばかりであった。そしてカトリックの王［カスティリヤ王］は執務室にいながらにして、一挙に全世界を占有したと主張したのであり、あとは他の君主がそれまでに占領していた領土を、自分の帝国に含まれないものと認めるだけでよかったのである。

土地の所有権の成立

個々の人々の土地がどのようにして統合され、隣接した土地がどのようにして公共の領土となるか、主権者の権利が国民に適用され、次に国民の所有する土地へと拡大されることで、どのようにしてこの権利が人にたいする権利になるとともに、物にたいする権利となるかは、これで理解できよう。こうして占有者はさらに［主権者への依存を強めるのである。土地を占有している人々は、［土地を占有する］力を所有しているために、［主権者に］さらに忠誠を尽くさざるをえなくなるのであり、［占有権は主権者への忠誠の］保証となるのである。

古代の君主たちは、この利点を十分に理解していなかったようである。古代の王たちは、ペルシア人の王、スキタイ人の王、マケドニア人の王と自称していただけであり、みずからを国土の支配者というよりも、人々の首長とみなしていたようである。現代の君主たちはもっと賢く、フランスの王、スペインの王、イングランドの王などと自称している。土地を支配することで、住民も確実に支配できるのである。

この［社会契約による］譲渡において注目すべき点は、共同体は個人の財産を［譲渡されて］うけとるが、個人から財産を奪いとるわけではなく、土地の合法的な所有を個人に保証することである。こうして、これまではたんなる横領にすぎなかったものが真の権利に変わり、たんなる［所有物の］用益権が所有権に変わるのである。そのときかつてのたんなる占有者は、公共的な財産の保管者とみなされるようになり、所有者の権利は国民全体によって尊重されるようになる。そして外国人［による権利の侵害］からは、共同体が全力をもって保護するのである。だから個人が［財産を国家に］譲渡することは、公共の利益となるばかりではなく、個人みずからにとっても利益となることである。個人はいわば、自分が与えたすべてのものをそのまま手に入れることになるのである。逆説と思われるかもしれないが、これは同じ地所にたいして主権者が所有する権利と、所有者が所有する権利が異なるものであることからすぐに説明できるのであり、これについては以下［第二篇第四章］で説明する。

場合によっては、人々が何かを所有する前から団結して、次に全員にとって十分な土地を占領し、この土地を共同で享受するか、この土地を平等に、あるいは主権者が決めた比率で分有することもありうるだろう。この土地がどのような方法で獲得されるにしても、各人がみずから占有する土地にたいして所有する権利は、共同体がすべての土地にたいして所有する権利につねに従属するのである。それでなければ社会の絆は強靭なものとならず、主権の行使に現実的な力がそなわることはないだろう。

第一篇の最後の章の締めくくりとして、すべての社会組織の基礎として役立つはずのことを一つ指摘しておきたい。この［社会契約という］基本的な契約は、自然の平等を破壊するものではなく、自然が人間にもたらすことのある自然の不平等の代わりに、道徳的および法律的な平等を確立するものだということである。人間は体力や才能では不平等でありうるが、取決めと権利によってすべて平等になるのである（注五）。

（注五）悪しき統治のもとでは、この平等は見掛けだけのもの、幻にすぎない。この平等は貧者を貧困の状態に放置し、金持ちを横領の状態に放置するにすぎない。実際に法律というものは、つねに持てる者に有利に、何も持たざる者に不利に働くものである。だから社会状態が人間にとって好ましいものであるのは、すべての人がある程度のものを所有し、誰も過剰な財産を所有していない場合にかぎられるのである。

第二篇

第一章　主権は譲渡しえないことについて

こうして確立された原則から生まれる最初の帰結、そしてもっとも重要な帰結は、国家は公益を目的として設立されたものであり、この国家のさまざまな力を指導できるのは、一般意志だけだということである。というのは、社会を設立することが必要となったのは、個人の利害が対立したためであるが、社会が設立できたのは、これらの個人の利害を一致させることができたからである。さまざまな個人の異なった利害のうちに、ある共通な要素が存在したのであり、これが社会の絆となるのである。これらの異なった利害のうちに、すべての人の利害が一致するこの共通な要素が存在していなければ、いかなる社会も存立することができない。そして社会を統治するには、この共通の利益だけを目指すべきなのだ。

そこでわたしは、主権とは一般意志の行使にほかならないのだから、決して譲り渡すことのできないものであること、そして主権者とは、集合的な存在にほかならないから、この集合的な存在によってしか代表されえないものであることを明確に指摘しておきたい。権力は譲渡できるかもしれないが、意志は譲渡できない。

実際にある個人の個別意志が、ある点では一般意志と一致することがありえないわけではないが、少なくともこの一致が持続したものであるとか、恒常的なものであるとは考えられない。というのは個別意志とはその本性からして、みずからを優先するものであるが、一般意志は平等を好む傾向があるからである。個別意志が一般意志と一致することはつねに可能であるが、この一致を保証できるとは考えられない。この一致は人間の技によって作りだされるものではなく、偶然が作りだすものなのだ。

主権者［である人民］は、「わたしはこの人物が望んでいること、少なくともこの人物が望むと主張していることを、実際に望むものである」と言うことはできよう。しかし主権者は、「この人物が明日望むであろうことを、わたしも［明日］望むだろう」と言うことはできないのである。それはまず、意志が明日のことについてみずからを拘束するというのは道理にあわないことだからだ。さらに望んでいる当人の幸福に反することに同意するということは、意志の性質として考えられないことなのだ。だから［主権者である］人民が簡単に服従することを約束してしまったならば、その行為によって人民は解体してしまい、人民としての資格を喪失してしまうのである。支配者が登場した瞬間からもはや主権者はいなくなる。その瞬間に政治体は破壊されるのである。

だからといって、首長の命令が一般意志として通用することがありえないというわけではない。主権者に、首長の命令に反対する自由が与えられていて、あえてこの命令に反対しないときには、それは一般意志として通用するのである。全体が沈黙しているとき、人民は同意しているものとみなされるだろう。これについてはさらに詳しく説明しよう［第三篇第一八章］。

第二章　主権は分割できないことについて

主権を譲り渡すことができないのと同じ理由によって、主権は分割できない。すなわち意志は一般意志であるか（注六）、そうでないかのどちらかである。意志は人民全体の意志であるか、人民の一部の意志にすぎないかのどちらかである。それが人民全体の意志である場合には、表明された意志は主権の行為であり、法《ロワ》となる。それが一部の人民の意志にすぎない場合には、それは個別意志であるか、行政機関の行為にすぎず、せいぜい命令《デクレ》であるにすぎない。

ところがわが政治学者たちは、主権をその原則において分割することができないものだから、その対象において分割するのである。主権を効力と意志に分割し、行政権と執行権に分割し、課税権、司法権、交戦権に分割し、国内行政権と外国との条約締結権などに分割するのである。ときにはこれらのすべての部分を混ぜあわせ、ときにはそれを分離させる。主権を、寄せ集めた断片で作られた幻想のようなものにしてしまうのだ。それは人間を、目だけの身体、腕だけの身体、足だけの身体のように、一部分だけしかもたない多数の身体から構成しようとするようなものだ。聞くところでは日本の香具師《やし》は、見物人の前で子供の身体をばらばらにしてみせるという。次に手足を次々と放り上げると、五体のそろった子供が生きて落ちてくるのだという。わが政治学者たちの芸当も、ほぼこのようなものだ。街で披露するにふさわしいような手品を使って、社会という身体をばらばらにしてから、どんなやりかたなのか分からないが、これらの断片を集めて社会をまた組み立てるのである。

この誤りが生まれた原因は、主権についての正確な概念が作られていないことと、主権の行使にすぎないものを、主権の一部とみなしたことにある。たとえば宣戦布告の行為や、和平の締結の行為は、主権の行為とみなされていたが、それは間違いである。このどちらの行為も法そのものではなく、法の適用にすぎず、法を適用する事例を決定する特殊な行為にすぎない。いずれ、法という語に結びつけられている観念を定義するつもりだが〔第二篇第六章〕、そのときにこれは明らかになるだろう。

同じく、主権が分割されているというその他の事例について調べてみれば、主権が分割されていると信じられているすべての場合において、実際には分割されているわけではないことが明らかになるだろう。主権の分割された一部とみなされている権限はすべて、主権に従属しているものであり、［主権者の］至高の意志を前提として、その意志を執行する権限であるにすぎないことが明らかになろう。

この［概念の定義に］正確さが欠けているために、政治的な権利について論じる人々が、みずから定めた原則に基づいて、国王の権利と人民の権利を定めようとすると、きわめて大きな曖昧《あいまい》さが生じたことは、言葉に尽くせないほどである。グロティウスの［『戦争と平和の法』の］第一篇第三章と第四章をみれば、この博学な著者と訳者のバルベラックがいかに混乱し、詭弁《きべん》に落ち込んでいるかは誰の目にも明らかだろう。ここで著者と訳者は、みずからの見解にしたがって言い過ぎたり、言い足りなくなったりすることを恐れ、調停すべき権利がたがいに衝突してしまうことに困惑しているのである。

グロティウスは自分の祖国［オランダ］に不満を抱いてフランスに亡命した。そして自著をルイ一三世に捧げて、王にとりいろうとするあまり、人民からあらゆる権利を剝ぎとり、それを王のものとするために、あらゆる技を尽くしているのである。これは訳者のバルベラックの趣味でもあったらしく、その翻訳をイギリス王のジョージ一世に捧げているのである。しかし不幸なことにジェームズ二世が追放されたために

（バルベラックはこれを譲位と呼ぶ）、ウィリアム王を王位簒奪《さんだつ》者にしないように、慎重な表現を考えだし、歪曲し、言い逃れをせざるをえなかったのである。[20] この二人の著者が真の原理を採用していれば、すべての困難な問題は解決され、一貫した叙述をすることができたはずなのだ。ただしその場合には著者たちは残念ながら真理を語らざるをえなくなり、人民に与《くみ》することしか考えなかっただろう。しかし真理は財産をもたらさないし、人民は大使の地位も、教授の地位も、年金も与えてはくれないのだ。

（注六）意志が一般意志となるためには、かならずしも全員一致である必要はない。しかしすべての投票が数えられるべきである。形式の上で例外を設けることは、一般性を損ねるものだ。

第三章　一般意志は過ちうるか

一般意志と全体意志の違い

これまで述べたことから、一般意志はつねに正しく、つねに公益を目指すことになる。ただし人民の決議がつねに同じように公正であるわけではない。人はつねに自分の幸福を望むものだが、何が幸福であるかをいつも理解しているわけではない。人民は腐敗することはありえないが、欺かれることはある。人民が悪しきことを望むようにみえるのは、欺かれたときだけである。

一般意志は、全体意志とは異なるものであることが多い。一般意志は共同の利益だけを目的とするが、全体意志は私的な利益を目指すものにすぎず、たんに全員の個別意志が一致したにすぎない。あるいはこれらの個別意志から、「一般意志との違いである」過不足分を相殺すると（注七）、差の総和が残るが、これが一般意志である。

結社の否定

人民が十分な情報をもって議論を尽くし、たがいに前もって根回ししていなければ、わずかな意見の違いが多く集まって、そこに一般意志が生まれるのであり、その決議はつねに善いものであるだろう。しかし人々が徒党を組み、この部分的な結社が「政治体という」大きな結社を犠牲にするときには、こうした結社のそれぞれの意志は、結社の成員にとっては一般意志であろうが、国家にとっては個別意志となる。その場合には、成員の数だけの投票が行われるのではなく、結社の数だけの投票が行われるにすぎないのである。

こうして意見の違いが少なくなると、意志の一般性も低くなる。ついにはこれらの結社の一つがきわめて強大になって、他のすべての結社を圧倒した場合には、もはやわずかな数の差異の総和もなくなり、差異は一つだけになる。こうなるともはや一般意志は存在しない。ただ一つの個別意志が、一般意志を圧倒することになる。

だから一般意志が十分に表明されるためには、国家の内部に部分的な結社が存在せず、それぞれの市民が自分自身の意見だけを表明することが重要である（注八）。偉大なリュクルゴスの独特で崇高な制度は、これを目指していたのである。部分的な結社が存在するときには、ソロン、ヌマ、セルウィウスが行ったように、結社の数を増やして、不平等が発生するのを防ぐ必要がある。こうした周到な配慮こそ、一般意志がつねに輝きを失わず、人民が欺かれないための唯一の良策なのである。

（注七）ダルジャンソン侯は、「各人の利益はそれぞれ異なる原則をもつ。ある二人の個別な利益が一致するのは、第三者の利益と対立した場合である」と語っている。

彼はこうつけ加えることもできたはずである。「すべての人の利益が一致するのは、各人の利益と対立した場合である。利益の違いがなければ、共同の利益はいかなる障害物にもであわない。すべては自然に進行し、政治は技芸《アート》ではなくなる」と。

（注八）マキアヴェッリは次のように語っている。「実際には、国家に有害な対立もあるし、有益な対立もある。分派や党派を発生させる対立は国家に有害であり、こうしたものが発生しない対立は国家に有益である。そして国家に対立が発生しないようにすることはできないのだから、共和国の設立者は、派閥が形成されないようにすべきなのである」(21)（『フィレンツェ史』第七巻）。

第四章　主権の限界について

主権とは

もし国家または公民国家《シテ》が法的な人格であり、構成員の結合だけがこの人格の生命を維持するものだとすると、そして国家が配慮すべき事柄のうちでもっとも重要なのは、みずからが存続することだとすると、国家は普遍的で強制的な力を行使して、そのさまざまな部分を、全体にとってもっとも好ましい形で働かせ、配置する必要がある。自然はすべての人間に、自分の身体のすべての部分を自由に動かす絶対的な力を与えている。これと同じように社会契約は政治体に、そのすべての構成員にたいする絶対的な力を与えているのである。この一般意志によって導かれるこの力こそが、すでに述べたように主権と呼ばれる。

しかし国家のこの公的な人格のほかにも、これを構成している私的な人格も考慮にいれる必要がある。これらの私的な人格の生命と自由は、当然ながら公的な人格とは独立したものである。だから市民の権利と主権者の権利を明確に区別することが大切であり（注九）、市民が国民としてはたすべき義務と、市民が人間として享受できるはずの自然権を区別することが大切なのである。

社会契約において各人はその能力、財産、自由を［共同体に］譲渡するのであるが、共同体が使用するために必要とするのはその一部にすぎないのはたしかである。しかしどの程度のものを必要とするかを判定するのは、共同体そのものであることも認めるべきである。

市民が国家に提供することのできるすべての奉仕は、国家がそれを求めたときに、市民は直ちに提供しなければならない。しかし主権者の側としても、共同体にとって無用な拘束を、国民に求めることはできない。主権者はそれを望むことすらできないのである。というのは自然の法則と同じように理性の法則においても、原因なしには何ごとも起こらないからである。

一般意志が正しい理由

わたしたちは、約束によって社会体に結ばれているが、この約束は相互的なものであるからこそ、拘束力をそなえているのである。この社会体との約束は、人がこの約束にしたがって他人のために働くとき、同時に自分のためにも働くことになるような性格のものである。それではなぜ一般意志はつねに正しく、なぜすべての人は、各人の幸福を願うのだろうか。それはこの各人という語が語られるとき、それを自分のことだと考えない人はいないし、全員のために一票を投じるとき、自分のことを考えない人はいないからではないだろうか。

このことから次のことが明らかである。まず、権利の平等と、これから生まれる正義という観念は、各人がまずみずからを優先するということ、すなわち人間の本性から生まれたものである。次に一般意志は、それが真の意味で一般的なものであるためには、その本質が一般的であるとともに、その対象も一般的でなければならない。そして一般意志はすべての人に適用されるものであるから、すべての人から生まれたものでなければならない。最後に一般意志は、ある特定の個人的な対象だけに向けられた場合には、それが自然のうちにそなえていた正しさを失ってしまうのである。特定の個人的な対象に向けられた場合には、自分にかかわりのないものについて判断するのであるから、わたしたちを導いてくれる公正さについての原則が働かなくなるのである。

実際、決定すべき問題がある特定の権利や事実にかかわるものであって、あらかじめ一般的な契約で規定されていないときには、すぐにそれは訴訟となるのである。この訴訟の片方の当事者は利害関係のある者であり、他方の当事者は公衆である。この場合には、どのような法律にしたがうべきなのか、誰が裁判官として判決を下すべきなのか、分からないのである。その場合に一般意志の明確な決定に頼ろうとするのは、道理にあわないことである。このような場合には一般意志の判決というのも、片方の当事者が下す結論であり、他の当事者にとっては自分には無縁なもの、個別なものにすぎず、不正に走りやすく、過ちを犯しやすいものだからである。

一般意志が変質する場合

このように個別意志が一般意志を代表できないように、一般意志も個別なものを対象とするときには、その［一般意志という］性格を変えてしまって、人間についても事実についても、一般意志として判決を下すことはできなくなるのである。たとえばアテナイの人民がその首長を任命したり、罷免したりしたとき、ある者には名誉を授け、ある者には処罰を下したとき、さまざまな個別な命令によって、政府のあらゆる行為を無差別に遂行したとき、人民はもはやほんらいの意味での一般意志を所有していなかったのである。この場合には人民は主権者としてではなく、為政者として行動していたのである。これは一般的な考え方とは違っていると思われるかもしれないが、わたしがどう考えているか、説明する時間を与えていただきたい。

これまで述べてきたことから、ある意志が一般的なものとなるために必要なのは投票の数であるよりも、投票者を結びつける共通の利益であることが理解されよう。この制度では、各人が他人にしたがわせる条件には、自分もかならずしたがうからである。ここには利益と正義のすばらしい一致がみられるのであり、これによって公共の決議は公平なものとなるのである。ところが個別な利益にかかわる問題を議論するときには、この公平さという性格は失われてしまわざるをえない。判決を下す者のしたがう原則と訴訟の当事者のしたがう原則を結合し、一致させるような共通の利害が存在しないからである。

主権者の行為の性格

どちらの側から原理に遡っても、いつでも同じ結論に達する。すなわち社会契約は市民のあいだに平等を確立するのであり、市民はすべて同じ条件で約束しあい、すべての市民が同じ権利を享受するのである。またこの契約の性格からして、主権者のすべての行為、すなわち一般意志のすべての正当な行為は、すべての市民を同じ形で義務づけるし、すべての市民に同じ形で恩恵を与える。だから主権者はただ国家という団体を認めるだけであり、国家を構成する個々の市民を区別することはないのである。

それでは主権者の行為とは、ほんらいの意味ではどのようなものだろうか。それは上位にある者が下位にある者と結ぶ協約ではない。団体がその個々の成員と結ぶ協約である。この協約は、社会契約を基礎とするものであるから〈合法的な〉ものである。

これは、すべての人に共通するものであるから〈公正な〉ものである。全員の福祉だけを目的とするものであるから〈有益な〉ものである。公共の力と至高の権力によって保証されているものであるから〈確固とした〉ものである。

国民がこのような協約だけに服従する場合には、誰にも服従せず、自分自身の意志だけに服従する。主権者と市民のそれぞれの権利が適用される範囲を問うことは、市民たちはどこまで自分自身と約束することができるか、各人がどこまで全員と、全員がどこまで各人と約束することができるかを問うことである。

そのことから明らかになるのは、主権がどれほど絶対的であり、どれほど神聖であり、どれほど不可侵なものであったとしても、主権は一般的な協約の範囲を超えることがなく、超えることもできないということである。そしてすべての人は、この協約によって彼に残された財産と自由を十分に使うことができるのである。だから主権者は、特定の国民に、他の国民よりも大きな負担を課す権利はない。このような負担は個別なものを対象とするものであり、こうした問題には主権者の権限は及ばないからである。

社会契約で市民が獲得したもの

主権の限界がそのように確定されると、社会契約において、個人が実際に何かを放棄すると考えるのは、まったくの誤りであることが分かる。この契約を結ぶことで個人の状態は以前よりも実際に好ましいものに改善されているのであり、何かを譲り渡したのではなく、有利な条件で交換をしたにすぎないのである。不確実で危うい生活の代わりに、確実でよりよい生活を手にいれたのであり、自然状態における独立の代わりに、自由を手にいれたのであり、他人を害しうる能力の代わりに、みずからの安全を手にいれたのであり、他人が勝ることのある力の代わりに、権利を手にいれたのであり、社会的な結合のおかげで、この権利が他者によって侵害されることはなくなったのである。

個人は国家に生命を捧げたが、この生命は国家によってつねに保護されている。個人は国家を防衛するためには生命を危険にさらすが、これは国家から与えられたものを国家に返すだけのことではないだろうか。自然状態においては、もっと頻繁に、さらに大きな危険を冒しながら、これと同じことをしていたのではないだろうか。自然状態では闘いは避けがたかったし、自分の生命を保持するために役立つものを、自分の生命を賭けて守っていたのではないだろうか。必要とあらばすべての人は、祖国を防衛する戦争に赴かねばならないのはたしかである。しかし誰もみずからの生命を守るために闘う必要がなくなったのも、たしかである。わたしたちは、自分の安全が奪われたときには、みずからを守るために大きな危険を冒すのであるから、自分たちの安全を保証してくれるもののために、はるかに小さな危険を冒すのは、結局は利益になることではないだろうか。

（注九）注意深い読者は、ここに矛盾があると非難されるかもしれないが、結論を急がないでいただきたい。言葉とは貧しいものであるために、用語の矛盾を避けることができなかった。しばらくお待ちいただきたい。

第五章　生と死の権利について

死の権利について

個々の人間は、自分の生命を勝手に処分する［自殺の］権利を所有していないのに、自分が所有していないこの権利を主権者に譲渡することができるだろうかと問われるかもしれない。しかしこの問題が解きがたく思われるとすれば、それは問題の立て方が悪いからなのだ。すべての人は、自分の生命を守るために、生命を危険にさらす権利がある。火事から逃れようとして窓から身を投げた人が、自殺の罪を犯したと非難されたことが、かつてあるだろうか。船に乗るときに「死の」危険があったことを承知していたからといって、嵐の中で死んだ人を、自殺の罪で咎めようとしたことが、かつてあるだろうか。

社会契約は、契約の当事者の生命の保存を目的とするものである。目的を達成することを望む者は、そのための手段も望む。この手段には、ある程度の危険はつきものであり、さらにある程度の損害もつきものである。他人を犠牲にしても自分の生命を守ってもらおうとする者は、必要な場合には他人のために自分の生命を与えねばならない。法が市民に生命を危険にさらすことを求めるとき、市民はその危険についてあれこれ判断することはできない。だから統治者が市民に、「汝《なんじ》は国家のために死なねばならぬ」と言うときには、市民は死ななければならないのである。なぜならこのことを条件としてのみ、市民はそれまで安全に生きてこられたからである。市民の生命はたんに自然の恵みであるだけではなく、国家からの条件つきの贈物だったからである。

罪人の死刑

犯罪者に宣告される死刑についても同じように考えることができる。他人に害されないように保護されているからこそ、自分が殺人者になった場合には死刑にされることをうけいれるのである。この契約を締結することでわたしたちは、自分の生命を譲渡するのではなく、これを保証することを意図しているのである。だから契約を締結した当事者のうちに、自分がいずれ絞首刑になることを予測している者がいるとは考えられない。

また社会的な権利を侵害する悪人はすべて、その犯罪のために、祖国への反逆者となり、裏切り者となるのである。その人は法を犯すことで、祖国の一員であることをやめたのであり、祖国に戦争をしかけたことになるのである。だから国家を維持することと、この悪人を生かしておくことは両立できないことであり、どちらか片方が滅びなければならないのだ。だから罪のある者を殺すとき、それは市民を殺すのではなく、敵を殺すのである。罪人を裁判にかけて判決を下すという行為は、罪人が社会契約に違反したことを証明し、もはや国家の一員ではないと宣言することなのだ。ところが罪人は、少なくとも国家のうちに住んでいるという事実によって、自分が国家の一員であることを認めていたのだから、契約の違反者として国家から追放されるか、公共の敵として処刑されることで、国家から切り離される必要がある。このような敵は［他国のような］法的人格ではなく、一人の人間なのだから、［そこには戦争状態が存在しているのであり、］戦争に勝利した者には、負けた敵を殺す権利があるのである。

ここで犯罪者の処刑は、［主権者がかかわることのできない］個別な行為だと反論されるかもしれない。そのとおりである。だからこの処刑は、主権者が実行する種類のものではない。これは主権者が［他者に］委ねることはできるが、みずから実行することはできない権利なのである。わたしの考えはすべて一貫しているのであり、一度にすべてを説明できないだけなのだ。

特赦について

なお、死刑が頻繁に行われることは、統治の弱さや怠慢のしるしである。どんな悪人でも、何かの役に立てることができるものだ。生かしておくことが危険な者を除いて、たとえみせしめの目的でも、殺す権利は誰にもないのである。

特赦を与える権利と、法によって定められ、裁判官が宣告した刑罰を、ある罪人から免除する権限は主権者だけにある。裁判と法よりも上に立つのは主権者だけだからである。しかしこれについての主権者の権限は明確なものではなく、行使する機会も少ないものである。よく統治されている国では処罰される人も少ないものだが、それは特赦が頻繁に行われるからではなく、犯罪者が少ないからである。国が衰えると犯罪の数も多くなり、処罰を免れる犯罪者の数も増えざるをえない。ローマ共和国では、元老院も執政官も、犯罪者に特赦を認めようとはしなかった。人民も、ときにはみずから下した判決を取り消すことはあっても、特赦を認めることはなかったのである。特赦が頻繁に行われることは、やがては犯罪の処罰が行われず、特赦そのものが不要となることの予兆であり、その行き着くところがどのようなものかは、すぐに理解できるはずだ。わたしの心は騒ぎ、筆が鈍るのを感じる。こうした問題はもっとふさわしい人に論じてもらうことにしたい。これまで過ちを犯したことがなく、みずからのために特赦を必要と感じたことのない人に。

第六章　法について

法はなぜ必要か

社会契約を締結することで、われわれは政治体にみずからの存在と生命を与えたのである。次に必要なのは、立法によって、政治体に活動と意志を与えることである。社会契約は政治体を創設し、結合する最初の行為にすぎず、この政治体がみずからを保存するために何をなすべきかについては、まだ何も決めていないからである。

秩序に適《かな》った善なるものは、人間たちの規約とは独立して、事物の本性からして善であり、秩序に適っているのである。すべての正義は神に由来するものであり、神だけがその源泉である。しかし人間がこのような高みから［すなわち神から］正義をうけとる術《すべ》を知っていたのなら、政府も法も必要ではないだろう。たしかに理性だけから生まれる普遍的な正義というものはある。しかしこの正義が人間たちにうけいれられるためには、それは相互的なものでなければならない。

この問題を人間という観点から眺めてみると、自然が制裁を加えてくれるわけではないから、人間たちのあいだでは正義の法は空しいものである。善人たちは万人とともにこの正義の法を守ろうとするが、善人とともにこの正義の法を守ろうとする人がいないなら、この正義の法なるものは悪人を善とし、正義を悪とするものにすぎない。だから権利と義務を結びつけ、正義にその目的を実現させるためには、規約と法律が必要になるのだ。すべてのものが共有されている自然状態では、わたしが何らかの義務を負うのは、約束した相手にたいしてだけだ。わたしが他人の所有物として認めるのは、自分には無用なものだけだ。しかし社会状態では事情が異なる。法によってすべての権利が定められているからだ。

法の定義

しかしそれでは法とはどのようなものなのだろうか。法を形而上学的な言葉で定義して満足しているうちは、どんなに議論しても、理解しあうことはできないだろう。また自然法とは何かという問いに答えられたとしても、国家の法とは何かという問いについて、理解が深まるわけではない。

一般意志は個別な対象にはかかわらないことは、すでに指摘した。実際にこの個別な対象は国家の内部にあるか、国家の外部にあるかのどちらかである。その対象が国家の外部にあるならば、一般意志はその［国外にある］対象とは無縁なものであり、そこには一般的な関係は存在しない。その対象が国家の内部にあるならば、それは国家の一部である。その場合には、全体［国家］とその一部［対象］のあいだに一つの関係が生まれるが、その関係は二つの別々な部分を作りだすことになる。その一つは部分［対象］であり、もう一つは全体［国家］から部分［対象］をとりのぞいたものである。しかし一部をとりのぞかれた全体はもはや全体ではない。だからこの関係がつづくかぎり、もはや全体は存在しない。大きさが著しく異なる二つの部分が存在するだけである。だからどちらの意志も、他方にたいしては一般的なものではありえない。

しかしすべての人民がすべての人民にかんする法律を定めるとき、人民は自分のことしか考えていない。ここに一つの関係が生まれるとしても、全体が分割されるわけではなく、全体の対象を眺める一つの視点と、同じく全体の対象を眺める別の視点があるにすぎない。そのときは［法で］定められる対象も、［法を］制定する意志も、どちらも一般的なものである。わたしが法と呼ぶのは、この行為である。

わたしは法の対象はつねに一般的なものであると主張するが、それは法が［対象である］国民を一つの全体としてあつかい、個々の行為を抽象的なものとしてあつかうということである。［対象としての］人間を個人としてあつかうことはなく、その人の行為を個別なものとしてあつかうことはないのである。だから法は新たな特権を定めることはできるが、特定の人物を名指《なざ》して特権を与えることはできない。法は複数の市民階級を作りだして、それぞれの階級に入るために必要な資格を定めることはできるが、特定の個人を名指して、いずれかの階級に入ることを許可することはできない。法は王政と世襲制を定めることはできるが、国王を選ぶことも、王家を指名することもできない。要するに立法権には、個別の対象にかかわる機能はまったくないのである。

立法の権限

この観点からみると、以下のことは自明なことであり、問うまでもないことである。すなわち法を作る権限は誰にあるのかと、問うまでもない。法は一般意志の行為だからである。統治者は法律よりも上位に立つのかと、問うまでもない。統治者も国家の

［構成員の］一員だからだ。法が不正でありうるかということも、問うまでもない。いかなる人も、自分自身にたいして不正を行うことはできないからだ。最後に国民が法にしたがいながら、しかも自由でありうるのはどうしてかということも、問うまでもない。法は国民の意志を記録したものにすぎないからである。

また誰であろうと、一人の人間が独断で命令したものは、法ではありえないことも明らかである。法とは、意志の普遍性と対象の普遍性を結びつけるものだからだ。主権者であっても、個別の対象について命じた場合には、それは法《ロワ》でなく、命令《デクレ》にすぎず、主権者の行為ではなく、行政機関の行為である。

だからわたしは、どのような政治形態のものでも、法によって統治されている国家をすべて共和国と呼ぶのである。こうした国家においてこそ、公共の利益が支配するのであり、公共の事柄がなおざりにされることがないからだ。すべての合法的な政府は共和的である（注一〇）。政府とは何かについては、いずれ説明しよう。

立法の条件

ほんらい法とは、社会的な結びつきを作りだすためのさまざまな条件のことにほかならない。法を定めるのは、法にしたがう人民でなければならない。社会的な結びつきを作りだすための条件を定めるのは、その結びつきに参加する人々の役割である。しかしこの条件はどのようにして定められるのだろうか。突然の霊感でも感じて、全員一致で決めるのだろうか。政治体には、みずからの意志を表明するための〈器官〉があるのだろうか。政治体がその法令《アクト》を定め、前もって公表しておくためには、先見の明が必要なのだが、誰が政治体にこのような先見の明を与えたのだろうか。政治体はどうすれば、その法令を必要とされる瞬間に発表することができるのだろうか。

先見の明のない大衆が、自分たちの必要なものが何であるかを理解しているのはごく稀《まれ》なことだし、自分たちがそもそも何を求めているかも知らないことが多いのである。だとすると大衆はどのようにして、法の体系化という大規模で困難な事業を、独力で遂行することができるのだろうか。人民はつねにみずからの幸福を望むものだが、幸福とは何かをつねにみずから悟れるとはかぎらない。一般意志はつねに正しいのだが、この意志を導く判断がつねに啓蒙されたものとはかぎらないのである。

必要なこと、それは一般意志に対象をありのままに眺めさせること、場合によってはあるべき姿で眺めさせることである。一般意志が探し求めている正しい道を示すこと、個別意志の誘惑から守り、みずからの場所と時間をしっかりと見つめさせ、目の前にあるわかりやすい利益の魅力と、遠く離れて隠されている危険を、秤量《ひょうりょう》させることである。

個人は、自分の幸福が何であるかは理解できるのだが、それでいてこれを退けるのである。公衆は幸福を望んでいるが、それが何であるかを理解できない。どちらにも導き手が必要なのだ。［善を望みながらも、悪をなす］個人には、みずからの意志を理性にしたがわせるように強制しなければならない。［幸福が何かを知らない］公衆には、それが欲するものを教えねばならない。しかし公衆が啓蒙されると、社会体の知性と意志が一致するようになり、さまざまな部分がきちんと調和するようになり、ついには全体が最大の力を発揮するようになる。だからこそ立法者が必要なのである。

（注一〇）共和的という言葉で、わたしは貴族政と民主政だけを考えているわけではない。一般意志、すなわち法によって導かれるすべての政府は共和的である。合法的な政府であるためには、政府と主権者を区別する必要がある。政府は主権者の［意志の］執行機関でなければならない。そうであれば、君主政でも共和的でありうるのである。これは第三篇で明らかにするつもりである。

第七章 立法者について

立法者に求められる資格

それぞれの国民にはそれぞれにもっともふさわしい社会的な規範があり、それをみつけだすためには優れた叡智が必要とされる。こうした叡智をもつ者は、人間のすべての情念を熟知していながら、いかなる情念にも動かされない者でなければならない。すべての人間の性質に通じていながら、それとはまったく関係をもたずにいなければならない。自分の幸福は国民の幸福とはかかわりがないのに、国民の幸福のために喜んで尽力しなければならない。そして時代の進歩の彼方にみずからの栄光を展望しながら、この世紀のために働き、後の世界においてその成果を享受することができなければならない（注一一）。人間に法を与えるのは、神々でなければならないだろう。

カリグラ帝は『王の権力について』事実問題として議論を展開したが、プラトンは統治についての著作において、自分の求める政治家と王について、権利問題としてカリグラと同じ議論を展開しているのである。[22] しかし偉大な統治者が世に稀であるのが正しいとしたら、偉大な立法者とはいったいどんな存在なのだろうか。偉大な統治者は、偉大な立法者が提案した手本にしたがうだけでよいのだ。立法者は機械を発明する技師であり、統治者はこの機械を組み立て、作動させる職人にすぎない。モンテスキューは「社会が成立するときに、最初に制度を作るのは国家の指導者である。そして次には、制度が指導者を作りだす」と語っている。[23]

一つの人民に制度を与えることを企てるような者は、みずからにいわば人間性を変革する力があると確信できなければならない。個人としての人間は、それだけで完全で孤立した一つの全体を構成しているが、これをより大きな全体の一つの部分に変えることができなければならない。そして個人がいわばその生命と存在を、この全体からうけとるようにしなければならない。人間という〈構成〉を変えて、さらに強いものにしなければならない。われわれが自然からうけとるのは独立した身体としての存在であるが、これを部分的で精神的な存在に変革しなければならないのである。

要するに立法者は、人間からその固有の力をとりあげて、その代わりに人間にとってこれまで無縁だった力を与えねばならないのであり、人間は他人の手助けなしには、この力を働かせることはできないのである。人間の自然の力が失われて無力なものとなればなるほど、新たに獲得された力は強く、持続的なものとなり、その制度も確実で完璧なものとなる。だから立法が、実現できる最高度の完璧さに達したということができるためには、それぞれの市民が、ほかのすべての市民の援助なしでは、独力では無に等しく、何もなしえないときであり、すべての人が獲得した力が、すべての個人が自然にもっていた力の全体と匹敵するか、これを上回るときなのである。

立法者はあらゆる点において、国家における〈異例な人〉である。その天分においても、その任務においても、異例な人でなければならないのである。立法者とは、行政機関でもないし、主権者でもない。立法者の任務は、共和国を創設するということであり、これは作られた制度には含まれていないものである。その任務は卓越した特別な仕事であり、人間の世界とはいかなる共通点もない。人々を支配する者は、法を支配してはならないとされているのであり、同じように法を支配する者は、人々を支配してはならないのだ。人々を支配するとき、立法者の法は彼の情念の〈しもべ〉となって、その不正を永続させるにすぎないことが多いだろう。そして立法者の個人的な視点が、その作品の神聖さを損なうことは避けられないだろう。

リュクルゴスはその祖国［スパルタ］に法を与えるまえに、まず王位を捨てた。当時のほとんどのギリシアのポリスは、外国人に法の制定を委ねる習慣があった。近代のイタリアのさまざまな共和国も、この習慣を模倣することが多かった。ジュネーヴ共和国もこの方式を採用して成功した（注一二）。最盛期のローマでは、国内において専制政治による犯罪的な支配が復活して、ほとんど滅びそうになった。それは立法の権威と主権を同じ人々のもとに集中させたからである。

立法権の根拠

しかしローマの十大官であっても、みずからの権威のみで法を成立させる権利があると主張するほどの傲慢さはそなえていなかった(24)。彼らは人民にたいして「われわれが諸君に提案するものは、諸君の同意なしでは法律となりうるものではない。ローマ人よ、みずから諸君の幸福を作りだすべき法の作成者となりたまえ」と語ったのである。だから法を作成する者は、立法権を所有する者ではなく、またこの権利を所有してはならない。立法権を所有するのは人民であり、この権利は他者に譲渡することのできないものであり、たとえ人民がこの権利を捨てることを望むとしても、捨てることはできないのである。というのは、基本的な契約［社会契約］によると、個人を拘束することができるのは一般意志だけであり、ある個別意志が一般意志と一致していることを保証することができるのは、人民の自由な投票による決定だけだからである。このことはすでに指摘したが、ここで繰り返しておくのも、無用なことではあるまい。

立法の逆説とその解決方法

こうして立法という仕事には、どうしても両立することができないと思われる二つのものが存在しているのである。一つは人間の力では遂行できないと思われる企てであり、もう一つはこの企てを遂行するための権威だが、この権威は無にひとしいものなのである。

ほかにも注目すべき困難な問題がある。賢者たちが大衆に向かって、大衆の言葉ではなく、賢者の言葉で語ろうとしても、大衆は耳を傾けないだろう。しかし人民の言葉に翻訳できない観念は、数えきれないほど多いのである。あまりに一般的な見解も、あまりにかけ離れた事柄も、大衆の理解を超える。各人は、自分の個別の利益に有利な統治計画だけを好ましく思うものである。そして善き法律が継続的な不自由を強いるときには、そこから好ましい結果がえられるとしても、そうした法律の利点はなかなか理解しないものである。

生まれつつある人民に、政治の好ましい原則を納得させ、国家の理性の基本的な規則にしたがわせるためには、結果が原因になりうることが必要だろう。すなわち、ほんらいは社会的な精神は、政治的な制度そのものによって生まれるものであるが、その社会的な精神が政治的な制度の創設そのものを司《つかさど》ることが必要になるだろう。そして人々は、法が生まれる前から、法によって作りだされるべき人間になっていることが必要になるだろう。このように立法者は、力も説得も利用することができないので、暴力なしに人々を導き、説き伏せることなく納得させることができるような、別の秩序の権威に依拠せざるをえないのである。

こうした理由から建国者はいかなる時代にあっても天の助けに頼ったのであり、自分たちの叡智は神々からうけとったものだと、神々を褒めたたえたのである。それは人民に、自然の法則にしたがうように国家の法律にしたがわせるためであった。人民の形成と公民国家《シテ》の形成のうちに同じ力が働いていることを認めさせ、そして自由な心で服従し、公益のための軛《くびき》を従順に担わせるためだったのである。

このような崇高な理性は、ふつうの人間には理解できない高みにあるものである。立法者はこの崇高な理性が決定した法律を、あたかも神々の口から語られたものであるかのように装った。そして人間の思慮分別に訴えても動かすことはできない人々を、神の権威に頼って動かしたのである（注一三）。

しかし神々に語らせたり、自分が神の言葉を語っているのだと主張して、人々に信じてもらったりすることは、誰にでもできることではない。立法者の偉大な魂こそが真の意味での奇跡であり、この奇跡によって立法者はみずからの使命を人々に信じさせるのである。石版に文字を刻みこませたり、神託を買収して自分は神的なものと秘密の交わりを結んでいると装うことなら、どんな人にでもできることだ。あるいは鳥を飼い慣らして、自分の耳に言葉を囁かせてみたり、人々をだますためにその他の卑しい手段をみつけだしたりすることなら、どんな人にでもできることだ。このような方法しか知らない人でも、運が良ければ一群の愚か者たちを集めることはできるかもしれない。しかし帝国を建設することはできないだろうし、できたとしてもこの法外な事業は、彼が死んだら滅びるだろう。空しい威信から生まれるのは、ひとときだけの絆である。絆を永続的なものとするのは、叡智だけなのである。

いまも存続しているユダヤの法と、一〇世紀ものあいだ世界の半ばを支配してきたイシュマエルの子［ムハンマド］の法は、これらを制定した人々の偉大さを、いまなお告げている。そして高慢な哲学者や盲目な党派心をもつ輩《やから》は、これらの法律を制定した人々は幸運な山師にすぎないと考える。しかし真の政治家はこうした制度のうちに、永続的な事業を司る偉大で強力な精神の現れをみいだし、称えるのである。

ただしこのことから、ウォーバートンのように、(25) 政治と宗教はわれわれのうちにおいてもなお、共通の目的をもつと結論してはならない。諸国民が誕生する際には、宗教は政治の道具として役立つものだと結論すべきなのである。

（注一一）人民は、立法能力が衰退し始める頃になって、やっと有名になる。スパルタ人がギリシアの他の地方で有名になるまで、リュクルゴスの制度のおかげでスパルタ人がどれほど長い世紀にわたって、幸福を享受していたか、あまり知られていないのである。

（注一二）カルヴァンをたんなる神学者だと考えている人は、彼の天分の豊かさを知らないのだ。カルヴァンはジュネーヴの賢明な法令書の編纂において大きな役割を演じたのであり、これは彼の綱要［『キリスト教綱要』］と同じ程度に、名誉となる仕事なのである。時代とともにわたしたちの信仰にどんな革命が起きようとも、祖国と自由への愛を抱きつづけるかぎり、この偉大な人物の記憶は、いつまでも祝福されつづけることだろう。

（注一三）マキアヴェッリは次のように語っている。「じつのところ、今までにどんな立法者でも神力の助けを借りないで、特別な法律を制定したことは一度もないのである。そうしなければ、人々を納得させられなかったからである。実際に賢者ならその法律の利点を見分けることができただろうが、こうした利点を明確に説明することができず、他人を説得することができなかったからである」(26)（『ティトゥス・リウィウス論』一篇一一章）

第八章　人民について

法に適した人民

建築家が大きな建物を建造しようとするときには、土地を観察し、掘り下げて土壌の質を調べて、土地がその重みに耐えることができるかどうかを調べるものだ。同じように賢明な立法者なら、まずそのものとして優れた法律を編纂するのではなく、その法律を与えようとする人民が、その法律に耐えられるかどうかをその前によく調べ、それが確認されてから、法律を作成するものだ。

プラトンがアルカディア人とキュレネ人のために立法することを断ったのはそのためである。どちらの民も豊かであり、［法律が要求する］平等を嫌っていることを知っていたからである。クレタ島の法律は優れたものだったが、人民は邪悪だったのも、そのためだ。［クレタ島の王の］ミノスが法律を定めたとき、すでに人民は悪徳にそまっていたのである。

地上には、優れた法律には決して耐えられないのに繁栄した民は無数にいる。優れた法律をうけいれることができた国民があったとしても、それはその国民の歴史のうちのごく短い期間にすぎなかった。人間と同じく、人民は青年期をすぎると従順ではなくなるものであり、老人になるともはや聞き分けがなくなるものだ。慣習が定まり、偏見が根を下ろすと、改革しようとするのは危険であり、無益な企てである。人民が病にかかると、それを治療してやろうと言っても、手を触れられることも嫌うのである。まるで医者の姿を目にしただけでおびえる愚かで臆病な病人のようである。

ある種の病は人間の頭を混乱させ、過去の記憶を奪うことがあるが、同じように国家が存続しているあいだにも、激動の時期が訪れることがある。この激動期に起こる革命は、ある種の発作が個人にもたらすのと同じ作用を人民にもたらすのである。恐怖の念から過去は忘却され、国家は内乱で焼かれ、いわばその灰の中から蘇《よみがえ》り、死の腕からぬけだして、若さをとりもどすことがある。これこそリュクルゴスのときのスパルタであり、タルクイニウス家の支配の後のローマであり、現代では暴君を追放したオランダとスイスの姿である。

しかしこうしたことはごく稀である。これがごく例外的なものであるのは、例外的な出来事が起きた国家の体制がつねにきわめて特殊なものだったためである。同じ人民においては、こうした稀な出来事は二度とは起こらないはずである。人民が自由になることができるのは、まだ未開な状態にあるときであり、社会の活力が消耗したあとでは、もはや自由になることはできないからだ。その場合には騒動が起きて人民が消耗させられることはあっても、革命が起きて人民が再生することはできないのだ。鉄の鎖が断ち切られると、人民は分散し、もはや人民として存立しなくなる。そのときに人民に必要なのは支配者であって、解放者ではない。自由な人民よ、次の原則を記憶しておくがよい。人は自由を獲得することはできるが、［ひとたび自由を失うと］

もはや二度と回復することはできないのだ。

人間の場合と同じように国民においても、法律にしたがうことができるのは成熟した年齢になってからであり、この時期を待たねばならないのだ。しかし人民が成熟したかどうかを見極めるのは、必ずしもたやすいことではない。そして成熟する前に試みると、失敗に終わるものだ。生まれながらに規律をうけいれる人民がいる一方で、生まれてから十世紀たたないと、規律をうけいれようとしない人民もいるのだ。

ロシアの実例

ロシア人が真の意味で開化されることはないだろう。開化の時期が早すぎたからである。ピョートル大帝は、模倣の才能に優れていたが、真の天才はもっていなかった。帝には創造する才能が、無から何かを作りだす才能が欠けていたのである。帝が作りだしたものには、優れたものもあったが、その多くは場違いなものだった。帝はロシアの人民が未開な民であることは理解していたが、まだ文明に開化するほどには成熟していないことは認識していなかった。人民を鍛練させるべきときに、人民を開化しようとしたのである。まずロシア人を作りだすべきときに、帝はいきなりドイツ人やイギリス人を作りだそうとした。ロシアの臣民はまだ開化していないのに、帝はすでに開化していると人民に思い込ませた。そのためにロシアの臣民は永久に開化することができなくなったのである。フランスの教師は生徒を、これと同じやりかたで教育する。だから生徒は幼いあいだに一瞬の輝きを示すが、その後はもはや使いものにはならないのである。ロシア帝国はヨーロッパを征服しようとするだろうが、反対に自分が征服されてしまうだろう。ロシアの隣人にして臣民であるタタール人こそが、ロシアの主人となり、ヨーロッパの主人となるだろう。この革命はわたしには不可避なものと思われる。ヨーロッパのすべての国の国王が、この革命を促進するように手を貸しているのだ。

第九章　人民について（続き）

国家の規模

人の身長には、自然によって定められた均整の限度というものがある。この限度を超えると巨人になるか、小人になるのだ。国家の最善の体制についても、同じように国家の広さの限界というものがある。大きすぎると目がとどかないところがでてくるし、小さすぎると独力では国家を維持できなくなる。すべての政治体において、超えることのできない力の最大値とでもいうものがあり、国家の規模が大きくなりすぎると、その最大値を超えてしまうことが多い。社会の絆は、長くなりすぎると弛《たる》むのだ。一般に小さな国はよく均整がとれているという点で、大きな国よりも強いものだ。

この原則は多くの理由から証明できる。まず、距離が遠くなればなるほど、行政が困難になるのは、梃《てこ》が長ければ長いほど、その末端にかけた重しの力が強くなるのと同じである。さらに、途中の段階が多くなればなるほど、行政の費用は高くなる。というのは、まずそれぞれの都市に固有の行政があり、その費用は［都市の］人民が負担する。次にそれぞれの地区ごとに固有の行政があり、その費用も［地区の］人民が負担する。さらにそれぞれの州、太守領、総督領など、大きな行政地域がある。上にいくほど、かかる費用も高くなるが、その費用はすべて不幸な人民が負担するのである。最後に最高行政府があって、すべてを押し潰す。このような多くの重荷が人民の負担になり、その力を枯渇させつづけるのである。人民はさまざまな秩序によって、より善く統治されるどころか、支配者がただ一人しかいない場合よりも、まずく統治されているのである。そして非常の事態への備えもほとんど残されていない。人民が国に頼らねばならなくなった時には、国はいつも破滅に瀕しているのである。

それだけではない。［国が大きすぎると］政府に必要な力と敏捷さが欠け、法律を遵守させ、圧制を防ぎ、悪弊を是正し、遠隔の地で起こりがちな叛乱の企てを予防することができない。また人民は、じかに見たこともない首長を愛することも、広すぎて世界そのもののように思える祖国を愛することも、ほとんど馴染みのない同胞を愛することもできない。

習俗が異なり、暮らしている風土も対照的で、同じ統治形式をうけいれることのできないさまざまな州に、同じ法律を適用しても、うまくゆくはずがない。しかし州ごとに異なる法律を定めたのでは、いまのところは同じ首長のもとで、たえず連絡しながら暮らし、たがいに往来し、通婚しているさまざまな民族も、［もとは］習俗が異なるのであり、［異なる法律のもとで］自分の所有物をみずからのものとして主張することができるのかどうかもわからなくなって争いと混乱がもたらされるだけである。

最高行政府の所在地には、［各地から］たがいに見知らぬ人々が集められるが、こうした群衆のあいだでは人々の才能は埋もれ、美徳は無視され、悪徳は罰せられない。首長たちは仕事に忙殺されていて、自分の目では何も調べない。国家を統治しているのは役人たちである。そして遠隔地の多くの役人たちは、中央の権力から逃れようとするか、これを欺こうとするので、この中央の権力を維持するための措置だけで、公的な行政の配慮が手一杯になる。人民の幸福のための措置をとる余裕はなく、残されているのは、首長たちが必要な際にみずからを防衛するための措置だけである。国家の規模がその体制と比較して大きすぎると、みずからの重みのために弱体化し、それに押し潰されて崩壊するのである。

さらに国家はその強固さを維持するためにはある程度の土台が必要であり、それなしでは、避けがたく発生する振動に耐え、みずからを維持するための努力をすることができない。なぜならすべての人民は、あたかもデカルトの［宇宙論で世界が構成されているとされた］渦巻きのように一種の遠心力をそなえていて、たがいにぶつかりあいながら、隣国の人民を犠牲にして広がろうとする傾向があるからである。だから弱い国はつねに併合される危険に直面している。どんな国の人民も、ほかのすべての国の人民とある種の平衡状態を作りだして、たがいの圧力がほぼ等しくなるようにしなければ、自己を保存することがほとんどできないのである。

このように国家には、拡大しようとする根拠と、縮小しようとする根拠の両方がある。そしてこの二つの根拠のあいだで、国家を維持するためにもっとも望ましい比率を発見するためには、政治家のなみなみならぬ手腕が必要とされる。一般に、拡大しようとする根拠は外的で相対的なものにすぎず、縮小しようとする根拠は内的で絶対的なものであるから、拡大しようとする根拠よりも縮小しようとする根拠を優先する必要がある。何よりも求めるべきなのは、健全で強固な体制である。そして広い領土によってえられる資源よりも、善き統治によって生まれる活力に頼るべきなのである。

それでも外国を征服する必要性が国の体制のうちに含まれていて、自国を維持するためにはつねに膨脹しつづけねばならない国もあったのである。こうした国はこの［外国を征服するという、自国にとっては］幸福な必要性があることを、みずから祝福していたかもしれない。しかしこの必要性は繁栄の終局の時期と、その没落が避けられない時期を同時に示すものだったのである。

第一〇章　人民について（続き）

領土と人口の関係

政治体は二つの尺度で測ることができる。一つは領土の広さであり、もう一つは住民の多さである。この二つの量のあいだに適切な関係が存在している場合には、真の意味で国家は繁栄するのである。国家を構成しているのは人間であり、人間を養っているのは領土である。だからこの二つの量のあいだに適切な関係があるというのは、住民を養えるだけの広さの領土があり、領土が養うことのできる数の住民がいるということである。

一定の数の住民のもつ最大の力は、この比率が適切な場合に生まれるのである。というのは、国土が広すぎると、土地の維持の費用がかかり、土地は十分に耕作されず、または作物が余ってしまう。［土地が余っていると隣国からの侵入を招くので］これは自国を防衛するための戦争の近因となる。土地が不足していると、国家は［食料の不足を］補うために［隣国から購入しなければならず］、隣国の意のままになる。これが［隣国を］侵略する戦争の近因になる。

その国の位置のために［隣国から食料を購入する］貿易か、あるいは［隣国に侵略して土地を奪う］戦争の、そのどちらかしか選べない人民は、本質的に弱いものである。このような人民は隣国に依存しているので、偶然の出来事に左右される。不安定で一時的な生活を営むしかないのである。こうした人民は［隣国を］征服することでその境遇を一変させるか、征服されて無となるか、そのどちらかである。こうした国家は小さくなるか大きくなることでしか、自由を維持することができない。

土地の広さと住民の数のあいだの適切な関係というものを、計算で示すことはできない。土地については、その土地ごとに土壌の性質、肥沃度、作物の性質、風土の影響などが異なるからである。またその土地の住民の気質もそれぞれ異なる。肥沃な国土に暮らしながら、わずかしか消費しない住民がいる一方で、痩せた土地で多量に消費する住民もいるのである。さらに女性の出産率の高さ、国土が人口の増加に寄与する条件と、人口の増加を阻害する条件、立法者の定めた制度が人口増加にどの程度まで寄与することが期待できるかなどの要素も、考慮にいれる必要がある。だから立法者は、［こうした制度の設立にあたっては］現在の条件だけで判断してはならず、将来に予測できる条件に基づいて、判断しなければならない。そして現在の人口に依拠するのではなく、将来に見込める人口の自然増加に注目する必要があるのである。

地勢の影響

最後にそれぞれの国の特別な事情のために、ほんらいよりも広い土地が必要となるか、広い土地をもちうる場合が無数にある。たとえば山の多い国であれば、住民は分散してまばらに居住することができるだろう。山国の自然の産物、すなわち森林や牧場はあまり維持するのに手間がかからず、これまでの経験から判断すると、女性の出産率は平地よりも高い。国土の広い面積が傾斜地であり、平坦な土地はごくわずかしかなく、このわずかな平坦地で耕作するしかないのである。これにたいして海辺の土地では、ほとんど不毛な岩がちの土地や砂地においても、人々は密集して暮らすことができる。大地からえられる作物は少ないとしても、これを漁撈の収穫物でほぼ補うことができるし、海賊による攻撃を防衛するためにも人々は密集して暮らさなければならず、人口が過剰になれば、植民によって国の負担を軽減することができるからである。

建国の時期

国民を形成するためには、さらに別の条件を考慮にいれる必要がある。この条件は他の条件で代替することができず、これなしには他のすべての条件も無効になるほどに重要なものである。すなわち［立法の時点で］国民が豊かな暮らしと平和を享受していることである。［軍隊で］大隊が編成される場合を考えれば分かるように、国家の秩序が定められる時期というものは、その集団がもっとも［攻撃に］抵抗しにくく、もっとも破壊されやすい瞬間なのである。このように新たな組織が姿をみせようとする瞬間においては、人々は［集団の全体の］危険よりも、自分の地位について考えることに熱心だからである。むしろ無秩序の状態にいる人々のほうが、しっかりと抵抗するものなのだ。この危機の瞬間に、戦争や飢饉や内乱が発生した場合には、国家はかならず倒壊してしまう。

こうした嵐の中で国家が設立された例が少ないというわけではない。しかしこうした国家では、政府そのものが国家を倒壊させるのである。権力を簒奪しようとする者は、このような騒乱の時期を招きよせ、あるいはこうした時期が到来するのを待っていて、人民が冷静であれば決して承認しないような破壊的な法律を、公衆の恐怖に乗じて承認させるのである。どのような状態で建国されたかということは、立法者と暴君の建国を区別するためのもっとも確実な特徴の一つなのである。

立法に適した人民の特性

それでは立法に適した人民はどのような特性をそなえているだろうか。それは起源が同じであったり、利害が同じであったり、約束によって結びついていたりするために、すでにある種の結びつきをもっていて、まだ真の法による軛のもとにない人民である。根強い慣習も迷信ももっていない人民である。隣国から急に侵略されても潰れてしまうことがなく、隣国間の争いに巻き込まれることがなく、一つ一つの隣国からの侵略には独力で抵抗することができ、自国が侵略された場合には、他国の援助をうけることができ、他国が侵略された場合には援助することのできる人民である。すべての構成員がたがいに顔見知りになることができ、一人の人間として担い難いような負担を、どの構成員にも強制する必要のない人民である。ほかのどの国にも依存せず、ほかのどの国からも依存されない人民である（注一四）。富裕でも貧困でもなく、自給自足できる人民である。最後に、古代の人民の堅固さと近代の人民の従順さを兼ねそなえた人民である。

立法という仕事で困難なのは、何を作りだすかではなく、何を破壊すべきかを判断することにある。そして立法が成功することが稀なのは、自然の素朴さを社会の欲求と結びつけるのが困難だからである。実際のところ前記の条件がすべてそなわっている人民をみつけるのは、たやすいことではない。うまく構成された国家が少ないのはそのためである。

ヨーロッパにはまだ立法が可能な国が一つだけある。それはコルシカ島である。この勇敢な人民は、勇気と堅実さをもって自由をとりもどし、防衛した。誰か賢者がこの人民に、その自由を守りぬいてゆく方法を教えるだけの価値があると思うのである。わたしはいつかこの小さな島が、ヨーロッパを驚嘆させるに違いないと感じている。(27)

（注一四）隣接した二つの国があり、その一方が他方に依存しているとすれば、それは依存する国にとっては辛い条件であり、依存される国にとってはきわめて危険な条件である。依存されている国は、賢明であれば、他国を依存からすみやかに解放するだろう。メキシコの［アステカ］帝国に囲まれていたトラスカラ族の国は、［海がないために塩が不足していたが」塩を帝国から買うよりも、無償でうけとるよりも、塩なしで済ませることを選んだのである。賢いトラスカラ族は、この［無償での塩の提供という］恩恵の背後に潜む罠を見抜いたのである。この大帝国に囲まれていた小国は、自由を守りぬき、ついには大帝国の滅亡の一因となったのである。(28)

第一一章　立法のさまざまな体系について

立法の目的

あらゆる立法の体系は、すべての人々の最大の幸福を目的とすべきであるが、この最大の幸福とは正確には何を意味するかを探ってゆくと、二つの主要な目標、すなわち自由と平等に帰着することがわかる。自由が目標となるのは、［国民が自由を失って］個別的なものに依存していると、国家という政治体からそれだけ力が奪われるからである。平等が目標となるのは、それがなければ自由が存続できないからである。

社会的な自由とは何かについては、すでに説明してきた［第一篇第八章］。平等という語で、すべての人の権力と富の大きさを絶対に同じにすることと理解してはならない。権力の平等とは、［一人の市民のもつ権力があまりに大きくなって］いかなる場合にも暴力にまで強まることがないこと、そして［すべての権力が］つねに地位と法律に依拠して行使されることを意味する。富の平等とは、いかなる市民も他の市民を買えるほどに富裕にならないこと、いかなる市民も身売りせざるをえないほどに貧しくならないことを意味するものと理解すべきである。このことは、［権力と富が］豊かな者も、みずからの財産と勢力の行使を抑制し、貧しき者も、貪欲と羨望を抑制することが前提となるのである（注一五）。

こうした平等は、実際には存在しえない机上の空論だという意見もあるだろう。しかし［権力と富の］濫用が避けられないものだからといって、それを規制することまでもが不要となるというのだろうか。たしかに、平等が破壊されるのは、自然な成り行きというものである。だからこそ、立法の力で、平等を維持するように努めるべきなのである。

国の状況にふさわしい制度

この自由と平等が、すべての善き制度の一般的な目標であるが、それぞれの国の置かれた状況と住民の気質から生まれてくる固有の状態にあわせて、どちらも修正する必要がある。この固有の状態にふさわしい特殊な制度の体系を、それぞれの人民に与えるべきなのである。この体系はその人民にとっては最善のものではないかもしれないが、その体系が運営される国にとっては最善のものなのである。

たとえば土地が痩せていて、不毛だとしよう。そして住民の数と比較して国土が狭すぎるとしよう。それなら工業と手工業に力をいれ、こうした産業の製品と交換して、不足している食糧を手にいれるのである。反対に肥沃な平野があり、豊かな丘陵に恵まれていたとしよう。そして住民の数と比較して、国土が広すぎるとしよう。それなら農業に力をいれて、住民の数を増やすべきである。そして手工業というものは、領土のいくつかの限られた場所にわずかな数の住民を集めて、国の人口を減らす役割をはたすにすぎないものだから、国内から追放するのである（注一六）。

国に、長くて便利な海岸線がそなわっているとしよう。それなら海を覆うほどの船を建造し、貿易と航海に力をいれるのである。その国は短いが、輝かしい生涯を送るだろう。国の海岸が岩だらけで、船も近づけず、波が空しく押し寄せるだけだとしよう。それなら未開のままで、魚を主食として暮らすがよい。その国の人民は他国よりも平穏で、おそらくより善い生活、そして確実に幸福な生活をすごすだろう。

要するに、すべての人民に共通の原則というものはあるが、それぞれの人民に固有の違いのために、こうした原則をある個別的なやりかたで調整し、その人民にふさわしい立法を定めるべきなのである。だからこそ、かつてのヘブライ人、最近のアラブ人は宗教を主要な目標としていたし、アテナイは文芸を、カルタゴとテュロスは商業を、ロードス島は航海を、スパルタは戦争を、ローマは徳［勇気］を主要な目標としていたのである。『法の精神』の著者は、多くの実例を示しながら、立法者がどのような技をもって、それぞれの人民の異なった目標にあわせて制度を調整していくべきかを説明しているのである。

環境と法の関係

国家の体制を真の意味で堅固で永続的なものとするためには、自然の状態と法の定めがきわめて調和していて、同じ問題にたいしてはどちらも協力して対処することが必要である。法は自然の状態をいわば保証し、これに同伴し、それを修正するだけにとどめるようにするのが望ましい。しかし立法者がその目的を誤解して、自然の状態の成り行きから生まれる原理とは違う原理を採用した場合には、気づかぬうちに法が脆弱《ぜいじゃく》になり、国の体制が変質して、国内の争いが絶えないだろう。たとえば自然の原理が自由を目指しているのに、立法者の原理が隷属へと向かった場合、自然の原理が富の増加を目指しているのに、立法者の原理が人口の増加へと向かった場合、あるいは自然の原理が平和を目指しているのに、立法者の原理が征服へと向かっている場合などである。そうするとやがては国家は破壊されるか変質してしまい、敗《ま》けることを知らない自然がふたたび支配するようになるのである。

(注一五) だから国家に安定性を与えたいならば、この両極端の違いをできるだけ小さくすることである。百万長者も乞食も存在しないようにしなければならない。この二つの身分はもともと不可分に結びついているのであり、どちらも公共の幸福に有害なのである。乞食の身分からは、暴君の政治を扇動する者が生まれ、百万長者の身分からは暴君そのものが生まれる。この両者のあいだで、公共の自由が売り買いされるのである。一方がそれを買い、他方がそれを売る。

(注一六) ダルジャンソン侯は次のように語っている。「海外貿易の一部の部門がもたらす利益は、王国全体にとっては見掛けだけのものである。これは一部の人々を富裕にするし、一部の都市を豊かにすることはできるが、国民全体がそれで利益をえることはなく、人民もそれによって善くなることはない」

第一二章　法の分類

基本法、民法、刑法

全体の秩序を定め、公的な根柄に最善の形式を与えるためには、さまざまな関係を考慮する必要がある。考慮すべき第一の関係は、政治体が全体としてみずからに働きかける行為である。これは全体が全体とかかわる関係であり、主権者と国家との関係である。この関係はやがて検討するように、さまざまな中間的な要素との関係で構成されるのである。

この関係を規制する法律は国家法と呼ばれ、また基本法とも呼ばれるが、この法律が賢明な形で定められている場合には、こう呼ばれるだけの理由があるのである。それぞれの国家において、国家の秩序を定める賢明なやり方が一つしかないのであれば、それを発見した人民は、このやり方を固守しなければならない。しかし設立された秩序が悪しきものである場合には、善き秩序をもたらすことを妨げる法を基本法と呼ぶべき理由はない。人民はいかなる場合にも、自国の法を、たとえそれが最善のものであったとしても、変更する権利があるのである。人民が好《す》き好《この》んでみずからに害を加えるとしても、それを妨げる権利を誰がもっているというのだろうか。

考慮すべき第二の関係は、政治体の構成員の相互的な関係、または構成員と全体の政治体の関係である。この関係においては、構成員の相互的な関係はできるかぎり弱め、構成員と政治体の関係はできるかぎり強める必要がある。そうすることで、すべての市民は他のすべての市民への依存からは完全に独立し、公民国家《シテ》にきわめて強く依存するようにしなければならない。これはつねに同じ方法で実現できる。国民の自由を確立するのは、国家の力だけだからである。この第二の関係から民法が生まれる。

考慮すべき第三の関係は、人間と法の関係である。これは法に服従しない者を処罰する場合である。この関係から刑法が制定されるのである。刑法とは特別な種類の法というよりも、すべての法「への違反」にたいする制裁なのである。

習俗

これらの三種類の法のほかに、第四の法があるが、これがもっとも重要な法である。この法は、大理石や銅版に刻みこまれるものではなく、市民たちの心に刻みこまれる法である。これは真の意味で国家を作りだすものであり、日々新たな力をえるものである。ほかの法が古くなり、滅びてゆくときに、こうした法に新たな生気を与え、あるいはこれに代わるものである。人民のうちにその建国の精神を保たせるものであり、知らず知らずのうちに権威の力を習慣の力としてゆくものである。すなわち習俗、慣習、とくに世論のことである。現代の政治学者は、法のこの部分は知らないようだが、ほかのすべての法が成功するかどうかは、この部分にかかっている。偉大な立法者は、個々の規定のことだけを念頭においているようにみえるときにも、ひそかにこの部分に配慮しているのである。習俗は、生まれるまでに長い時間がかかるが、この部分こそがアーチの要石《かなめいし》なのであり、個々の規定はアーチの一部にすぎないのである。

これらのさまざまな種類の法のうちで、わたしの主題にかかわってくるのは、政府の形態を定める国家法だけである。

第三篇

さまざまな政府の形態について検討する前に、まだ政府という言葉の意味が十分に説明されていないので、この言葉を正確に定義することから始めよう。

第一章　政府一般について

政府の定義

最初に断っておきたいのだが、この章は時間をかけて読んでいただきたい。注意深く読もうとしない読者にわからせる術《すべ》を知らないからである。

自由な行為であれば、それはつねに二つの原因が協働して生みだされる。その一つは精神的な原因であり、これは行動を決定する意志である。もう一つは身体的な原因であり、これが行動を実現する力となる。ある物に向かって歩みを進める場合を考えてみよう。その行為が行われるためには、まず第一にわたしがそこに行くことを望むことが必要であり、かつわたしの足がそこまでわたしを運んでいくことが必要である。［歩くことのできない］中風患者はたとえ走ろうとしたところで、また速く走れる人でも走ろうと思わなければ、二人とも最初の場所にとどまったままだろう。

　政治体を動かす原動力もまた同じであり、力と意志で政治体は動かされる。政治体の力は、執行権と呼ばれ、意志は立法権と呼ばれる。この二つが協働しなければ何ごともできないし、何ごともしてはならないのである。

　すでに述べたように、立法権は人民に属するものであり、人民以外の誰にも属しえない。これにたいして執行権は、すでに述べた原理から、立法者としての、また主権者としての人民一般には属しえないことはすぐに理解できる。この権力は個別な行為だけにかかわるものだからであり、個別な行為は法律の規定する範囲にはないし、主権者の権限の範囲にもない。主権者のすべての行為は、法を定めることだからである。

　だから公共の力には適切な代行機関が必要である。この機関が公共の力を結集し、一般意志の指導にしたがってこの力を行使しながら、国家と主権者を結びつける役割をはたすのである。この代行機関は、いわば公的な人格のうちで、個人において魂と肉体を結びつけているものと同じ役割をはたすのである。これが国家のうちで政府が必要となる理由である。政府が主権者と混同されることが多いが、これは間違いである。政府は主権者ではなく、主権者の召使い《ミニストル》［執行人］にすぎない。

それでは政府とは何だろうか。政府とは、国民と主権者のあいだで意志を伝達するために設置された中間的な団体である。これは法律の執行と、社会的な自由と政治的な自由の確保を任務とするものである。

この団体の構成員は、行政官、王、あるいは支配者と呼ばれる。この団体は統治者《プランス》と総称される（注一七）。だから人民が首長に服従する行為を契約と呼ぶべきではないという主張は、きわめて理に適っているのである。[29]人民が首長に服従するのは、まったくのところ［権力の行使を］委任しているからであり、［権力を行使する者を］雇用しているからなのである。この場合には首長は、主権者のたんなる官吏《オフィシエ》として、主権者の名において主権者から委任された権力を行使しているにすぎないのである。だから主権者はこの権力を思いのままに制限し、変更し、とりもどすことができるのである。この権限が［とりもどせない形で］譲渡されるということは、社会体の本性とは両立しえないものであり、結合の目的に反することである。

このようにわたしは、執行権の合法的な行使を、統治または最高行政と呼ぶ。そして行政を委任された人間または団体を、統治者または行政官と呼ぶのである。

政府の比例計算

政府にはさまざまな中間的な力が働くのであり、こうした力の関係が、全体と全体の関係、すなわち主権者と国家の関係を形成するのである。主権者と国家の関係を理解するためには、連比の二つの外項の関係を思いうかべてほしい。比例中項が政府なのである。政府は主権者から命令をうけとり、これを人民に与える。国家が優れた均衡を保つためには、すべてを相殺した上で、政府そのものの積［二乗］と、主権者であり、国民でもある市民の積が等しくならなければならない(30)。

さらにこの三つの項のどれか一つでも変えると、比例のバランスがたちまちに崩れてしまうだろう。主権者が統治しようと考えたり、行政官が立法しようと考えたり、国民が服従することを拒んだりしたならば、必ずや秩序が崩れて無秩序になり、力と意志が協働できなくなり、国家は崩壊して専制政治か無政府状態になるだろう。さらにどの比例にも比例中項は一つしかないのだから、一つの国家において善き政府は一つしかありえない。しかし人民のあいだの力関係を変えることのできる事柄は無数に考えられるのであり、同じ人民であっても時代が異なれば、異なった政府がふさわしいものとなりうる。これは異なった人民にあっては、異なった政府がふさわしいのと同じである。

この比例の両端の項［国民と主権者］を支配する関係は、さまざまなものでありうる。これを理解しやすくするために、人民の数の例をあげてみよう。これは説明しやすい関係だからである。

国家を構成する市民の数を一万人と想定しよう。主権者は団体として一体になったものとしてしか考えることはできないが、それぞれの個人は国民としての資格においては、一人の個人とみなされる。だから主権者と国民の比率は、一万対一である。ということは、国家のそれぞれの構成員は、完全な一人の個人として主権に服従しているが、主権における持ち分は、一万分の一にすぎない。国家を構成する市民の数が十万人でも、国民としての地位には変化はなく、各人は等しく一人の個人として法の全面的な支配下にある。しかし投票の効力は一〇万分の一に減少し、法律を制定する際に行使できる影響力は、一万人の国の国民の一〇分の一になる。このように国民としてはつねに一人の個人であるから、個人にたいする主権者の比率は、市民の数が増大するほど大きくなる。だから国家が大きくなればなるほど、自由は小さくなるのである。

比率が大きくなると言ったのは、比の値が一対一から遠ざかるという意味である。このように幾何学的な比《ラポール》が大きくなるほど、日常の言葉でいう関係《ラポール》は薄くなるのである。幾何学的な比《ラポール》は量で考えられ、指数で計算されるが、国家との関係《ラポール》は同一性で考えられ、類似性によって評価されるのである(31)。

ところで個別意志と一般意志の関係が稀薄になると、すなわち習俗と法の関係が稀薄になると、人々を抑制する力を強くする必要がある。だから統治が優れたものであるためには、人民の数が増大すればするほど、［政府は］強い力をもたねばならないのである。

他方で国家の規模が大きくなると、公的な権威を委任された人々は、権力を濫用したいという誘惑に陥りやすくなるし、権力の濫用の手段にも事欠かなくなる。だから［国家が大きくなって］政府が人民を抑制する力が強くなればなるほど、主権者が政府

［の権力の濫用］を抑制するための力も、ますます強くなる必要がある。ただしこれは絶対的な力の大きさのことではなく、国家のさまざまな部分における相対的な力の大きさのことである。

この二重の関係から、主権者、統治者、人民を連比で考えたことは、たんなる恣意的な思いつきではなく、政治体の本性から生まれた必然的な帰結だったということが分かる。連比の二つの外項の一つは国民としての人民であり、これは不変であり、一として表現される。だから複比が増減するたびに、単比も同じように増減し、したがって比例中項も変動することになる。(32) これによって明らかになるのは、ただ一つの絶対的に正しい政府の構成などというものは存在しないのであり、国家の大きさが異なれば、適切な政府の性質も変わってくるということである。

あるいはこの体系を嘲笑して、この比例中項をみつけるには、人民の数の平方根を計算して、それで政府という団体の構成員の数を決めればよいと言う人もいるかもしれない。(33) そのような異論には、この人民の数というのは一つの実例としてあげただけであり、わたしが示した関係《ラポール》は、人民の数だけではなく、一般に多数の原因が組み合わさった作用の量によって測られるものだと答えよう。さらに簡単に説明するために、わたしはしばらく幾何学の比例の実例を借りたが、精神的な事柄については幾何学の精密さはあてはまらないことを知らないわけではない。

政府は、それが含まれる政治体の縮図にすぎない。政府とは特定の能力をそなえた法的な人格であり、主権者のように能動的になることも、国家のように受動的になることもある。さらにこれを同じような複数の関係に分割することもできる。こうして新しい比例が生まれるのであり、このように生まれた比例のうちに、政府のさまざまな組織の順位にしたがってさらに新しい比例が生まれる。最後にはもはや分割できない最後の比例中項に達する。ただ一人の首長あるいは最高行政官であるが、これはこの級数の中間に位置するものであり、分数級数と整数級数のあいだの単位として表現することができるだろう。

政府の特殊な位置

さてここではこのように項を増やすのではなく、政府は人民とも主権者とも異なる国家の新しい団体であり、人民と主権者を媒介するとだけ考えておこう。

国家という団体と政府という団体には、次のような本質的な違いがある。国家はそれだけで存在するが、政府は主権者がいなければ存在しないということだ。だから統治者の支配的な意志は、一般意志あるいは法にほかならないし、それ以外のものであってはならない。統治者の力は、公的な力が集中されたものにすぎない。統治者がみずからの判断によって独裁的な行為や恣意的な行為に走ると、全体の結びつきが緩み始める。

ついに統治者が主権者の意志とは別に、ある能動的な個別意志をもつようになると、そしてこの個別意志にしたがうために、統治者に委ねられていた公的な力を濫用するようになると、いわば法律上の主権者とは異なる事実上の主権者が登場することになる。こうして社会的な結びつきは消滅してしまい、政治体は解体するのである。

他方で政府という団体が、国家という団体とは異なる存在として、現実の生命をもつためには、そして政府の構成員のすべてが一致して行動しながら、それが設立された目的を実現するためには、ある特殊な自我が必要である。政府の構成員に共通した感受性のようなもの、ある力、自己保存を目指した独自の意志が必要なのである。政府が特殊なものとして存在するためには、会議や評議会を開催し、討議して決定する権力を所有し、さまざまな権利や権原や特権が与えられる必要があるのであり、これが統治者だけのものとして認められるべきである。さらに行政官の地位には、その仕事の難しさに応じて、高い名誉が与えられるべきである。

このように政府は従属的ではあっても全体的なものであり、これを国家という全体的なものの下位にどのように位置づけるかは、困難な問題である。政府はみずからの構造を強化しながらも、国家という全体の構造を損なわないようにしなければならない。政府は自己保存のために使われる特殊な力と、国家の保存のために使われる公共の力をつねに区別していなければならない。要するに、政府は人民のためにつねにみずからを犠牲にするよう心掛け、みずからのために人民を犠牲にすることがないようにしなければならない。

政府は人為的な団体であり、同じく人為的な団体である国家によって作られたものである。だから政府の生命は借りものの生命であり、従属的なものにすぎない。しかし政府がある程度は敏捷に力強く活動できないわけではないし、ある程度はいわば健康を享受することもできないわけではない。最後に政府がその設立の目的から完全に逸脱することは許されないものの、それが設立された方法に応じて、ある程度はその目的から逸れることもできるのである。

政府と国家の関係

こうしたさまざまな違いから、政府と国家の関係は多様なものとなりうるのである。国家は偶然で特殊な関係によって変動するのであり、政府と国家の関係は、これにしたがって変わらねばならない。それ自体としては最良な政府であっても、それが属する政治体としての国家の欠陥にあわせて、国家との関係を変えなければ、最悪の政府になることも多いからである。

(注一七)だからヴェネツィアでは、統領《ドージェ》が列席していないときでも、元老院は統治者閣下と呼ばれたのである。

第二章　さまざまな形態の政府が作られる原理について

統治者と政府の違い

このようなさまざまな違いが生まれる原因を説明するには、さきに国家と主権者を区別したのと同じように、ここで統治者と政府を区別する必要がある。

行政官［統治者］の団体［政府］を構成する人々の数は、多いことも少ないこともある。すでに述べたように、国民にたいする主権者の比例は、人民の数が多いほど大きくなる。同じように類推することで、行政官と政府の比例についても、同じことが言えるのは明らかである。

政府の総力はつねに国家の総力であり、決して変わることはない。だから政府がこの総力を政府の構成員のために使えば使うほど、人民のために使う残された力は少なくなる。

こうして、行政官の人数が多いほど、政府は弱くなるのである。この原則は基本的なものであり、さらに詳しく解明してみよう。

行政官の三つの意志

行政官の人格には本質的に異なる三つの意志が存在する。第一の意志は、行政官個人に固有の意志であり、自己の特殊な利益だけを求める。第二の意志は、行政官たちに共通の意志であり、これは統治者の利益だけを目的とするものであり、団体意志と呼ぶことができるだろう。この意志は、政府にかんしては一般意志であるが、政府が所属する国家にかんしては個別意志である。第三の意志は、人民の意志または主権者の意志であり、全体としての国家についても、全体の一部としての政府についても、一般意志である。

完璧な立法においては、第一の特殊な個別意志は皆無でなければならない。そして第二の政府に固有の団体意志は、ごく限られたものでなければならない。こうして第三の一般意志または主権者の意志が他のすべての意志よりも優越し、他のすべての意志を律する意志とならなければならない。

反対に自然の秩序に放任すると、さまざまな意志は集中度が高いほどに活動的になる。だから［主権者に分散されている］一般意志がもっとも弱く、団体意志が二番目に強く、個別意志がもっとも強くなるものである。だから政府の構成員の意識において優先されるのは、第一に自分自身であり、第二に行政官であり、最後に市民である。これは社会秩序が要請するものとはまったく逆の順序なのである。

政府の規模と国家

ここで政府の全体が、ただ一人の人間の手のうちにあると想定してみよう。その場合には、統治者の個人意志と団体意志が完全に同一のものとなり、団体意志は可能なかぎりでもっとも強くなる。ところで行使される力は、意志の強さに比例するものであり、政府の力の絶対量は変動しない。だからさまざまな政府のうちで、もっとも活動的な政府は、ただ一人の政府である。

これとは反対に、政府に立法権を与えるか、主権者を統治者にするか、市民全員を行政官にしてみよう。この場合には団体意志は、一般意志と一致するために一般意志と同じ程度の活動力しかもてない。そして個別意志がほしいままに活動することになる。こうして政府の力の絶対量は同じでありながら、活動力と相対的な力は最小になるのである。

こうした関係は疑問の余地のないものであり、別の問題を考察しても、これが裏づけられる。たとえばそれぞれの行政官が、みずからの所属する団体［である政府］で行う活動と、それぞれの市民がみずからの所属する団体［である人民集会］で行う活動を比較してみると、行政官の活動のほうが能動的であることは明らかである。だから個別意志は、主権者の行為のうちでよりも政府の行為のうちで、はるかに大きな影響力をもつことになる。それぞれの行政官はつねに政府のある職務を委託されているが、それぞれの市民は主権のいかなる職務も委託されていないからである。

さらに国家が大きくなればなるほど、国家の現実の力は大きくなる（ただし規模の拡大に比例して大きくなるわけではないかもしれない）。しかし国家の大きさが同じであれば、行政官の数が増大しても、政府の力が大きくなることはない。政府の力は国家の力であり、国家の力は増大していないからである。だから［行政官の数が増えると］政府の相対的な力、または活動力は低下するばかりであり、その絶対的な力、または現実的な力は増大しないのである。

また政務の処理を委託された人物の数が増大すると、処理の速度は緩慢になるものであり、あまりに慎重を期すると、好機を捉えることができず、機会を逸してしまうのである。そして議論を重ねすぎると、議論が実を結ばないこともあるのはたしかである。

行政官の数が多くなると、政府の力が弱くなることは、これで証明されたと思う。さらに人民の数が増大するほど、人民を抑制する力をますます大きくすべきであることは、すでに証明した。そこで行政官と政府の比率は、国民と主権者の比率の逆にならねばならないことになる。すなわち、国家が大きくなればなるほど、政府は小さくならなければならない。人民の数が増大するほど、［政府の力を強めるために、行政官である］首長たちの数は減少しなければならないのである。

ここでは政府の相対的な力だけを問題にしているのであり、その力の正しさについては語っていない。というのも以上とは逆に、行政官の数が増えるほど、団体意志は一般意志に近づくのであり、行政官が一人になると、団体意志はすでに指摘したように、個別意志になるからである。このようにどちらにしても一長一短である。政府の力と意志は、つねに反比例の関係にあるのだから、これが国家にとってもっとも好ましい比例になるようにするのが、立法者の腕の見せ所なのである。

第三章　政府の分類

三つの政体

前章では、政府のさまざまな種類と形態の違いを決定するのが、政府を構成する人々の数であることを示してきた。本章では、この分類がどのように行われるかを説明しよう。

第一に主権者は、政府を人民の全体または人民の最大多数に委託することができる。この場合には行政官となる市民の数は、行政官でないたんなる市民の数よりも多くなる。政府のこの形態は民主政と呼ばれる。

第二に主権者は、政府を少数の人々に委託することができる。この場合には、行政官となる市民の数は、たんなる市民の数よりも少なくなる。政府のこの形態は貴族政と呼ばれる。

最後に主権者は、政府の任務の全体を一人の行政官に集中させることができる。そしてほかの行政官は、この唯一の行政官から権力を配分されるようにするのである。この第三の形態はもっともよくみられるものであり、君主政または王政と呼ばれる。

これらの形態、少なくとも第一と第二の形態にはさまざまな違いが発生するものであり、かなり変動の範囲が広いことに留意する必要がある。というのは、民主政は人民の全体を行政官にすることもできるし、最少でも人民の半数にまで行政官の数を減らすことができる。貴族政も、最大では人民の半数を行政官にすることができるし、行政官の数をごくわずかに減らすこともできる（何人までというのは、正確には決められない）。王政でさえ、ある程度の［権力の］分割は可能である。スパルタの政体では、つねに王を二人とすることが決められていた。ローマ帝国では同時に八人までの皇帝がいたことがあるが、それでも帝国が分裂していたとは言えないのである。このようにそれぞれの政府の形態は、別の政府の形態と混じりあうことがある。だから名称は三つしかないとしても、実際には政府は国家の市民の数と同じだけ、さまざまな形態をとりうるのである。

それだけではなく、同じ政府もさまざまな部分に分割することができ、それぞれの部分において［政府の］形態を変えることができるのである。だからこの三つの形態を組み合わせることで、多数の混合的な形態が生まれるのであり、それぞれにすべての単一形態を掛け合わせることができるのである。

最善の政体

どのような形態の政府が最善であるかという問いは、あらゆる時代にさかんに議論されてきた問題だが、どの政体も、ある場合には最善であり、他の場合には最悪でありうることが考慮されなかったのである。

さまざまな国家において、最高行政官の数は市民の数と反比例すべきだとするならば、一般に民主政は小国にふさわしく、貴族政は中程度の国にふさわしく、君主政は大国にふさわしいということになる。この規則はすでに述べた原理からすぐに引きだすことができる。しかし例外を作りだすさまざまな状況があり、それらをすべて検討することはできないのである。

第四章　民主政について

民主政の欠陥

法律を作る者は、それをどのように執行すべきか、どのように解釈すべきかを、誰よりもよく知っているものである。だから立法権を所有する者が同時に行政権を所有する政体が最善のものと思われるものである。しかしまさにそのことが、民主政の欠陥となるのである。というのも統治者と主権者はほんらいは区別されるべきであるが、この政体では統治者と主権者が同じ人格となっているので、政府のない政府を作りだしてしまうのである。

法律を作る者が、法律を執行することは好ましくない。人民という団体が、一般的な目的から注意を逸らせて、特殊な事柄に注目することは好ましくないからである。公務に私的な利害が影響することほど危険なことはない。立法者が特殊な目的を「法律に」もちこむ場合にはかならず腐敗するのであり、それよりも政府が法律を濫用するほうが、まだ弊害が少ない。このように国家が腐敗している場合には、国家はその根のところが病んでいることになり、いかなる改革も行えないのである。政府を濫用しない人民であれば、独立を濫用することもないだろう。つねによく統治する人民であれば、そもそも統治される必要もないのである。

真の民主政

だから民主政という概念を正確に定義するならば、真の民主政はこれまで存在したことはなく、これからも存在することはないだろうと言わざるをえない。多数者が統治し、少数者が統治に服するということは、自然の秩序に反するのである。人民が公務を執行するためにつねに集まっていることは、想像もできない。統治の形態を変更しないかぎり、公務を執行するために「少数の人間だけで構成された」委員会を設立することはできないのである。

実際に、政府の職務が多数の役所に分割されている場合には、もっとも人数の少ない役所がやがて最大の権威を獲得するようになるというのは、一般的な原則として提示することができると思う。［人数が少ないと］仕事をすばやく処理できるために、仕事がこの役所に集まってくることからも、それは明らかである。

さらにこの政府を存続させるためには、じつに多様な要素が必要であり、こうした要素を確保するのはきわめて困難なのである。第一に、非常に小さな国家であり、人民がすぐに集会を開くことができ、どの市民もすぐに他のすべての市民と知り合いになれる必要がある。第二に、人民の習俗がきわめて素朴であり、さまざまな議論をせずに多くの事務を処理できる必要がある。第三に、地位や財産がほぼ平等でなければならない。それでないと権利と権威の平等が長続きすることはない。最後に奢侈《しゃし》はごく稀であるか、まったく存在しないことが必要である。というのは奢侈は富の結果であり、富を必要とするからである。奢侈は富める者を所有によって腐敗させ、貧しい者を羨望によって腐敗させる。さらに奢侈は祖国を柔弱と虚栄の支配のもとに置く。奢侈は国家からすべての市民を奪いとり、ある市民を他の市民に隷属させ、すべての市民を偏見の奴隷にする。

だからある有名な著作家は、共和国の原理が徳であると考えた(34)。前記の条件は徳なしには存在しえないだろうからである。しかしこの天才的な人物も、必要な区別をしておかなかったために、適正を欠く判断をすることがあったし、明晰さを欠くことも多かったのである。そして主権はどこでも［すべての人民のものであるという意味で］同一のものであること、好ましい政体をもつすべての国家においては、どのような政府の形態を採用するかで多かれ少なかれ違いは生じても、この同一の原理がつねに適用されねばならないことを見逃したのである。

ついでに述べておくと、民主政や人民の政体ほど、内戦や内乱の発生しやすい政府はないのである。民主政ほど政体を変えようとする試みが激しく、継続的につづけられる政体はないからであり、そしてその政体を維持するために、民主政ほど警戒と勇気が必要とされる政体はない。民主政においては市民は力と忍耐力で武装し、ある徳の高い知事がポーランドの議会で語った言葉を、心の底から叫ぶ必要があるのである。「わたしは奴隷の平和よりも、危険な自由を選ぶ」と（注一八）。

もしも神々からなる人民であれば、この人民は民主政を選択するだろう。これほどに完璧な政体は人間にはふさわしくない。

（注一八）ポズナニ州の知事で、ポーランド国王ロレーヌ公の父君である。

第五章　貴族政について

貴族政の起源

貴族政には、政府と主権者という二つの明確に異なる法的な人格が存在する。だから貴族政には二つの一般意志が存在することになる。一つはすべての市民のための一般意志であり、もう一つは政府の構成員のためだけの一般意志である。政府は望むままにみずからの構成員を規制できるが、人民にたいしては主権者の名において、すなわち人民自身の名においてしか語りかけることができない。これは決して忘れてはならない重要なことである。

最初に生まれた社会は、貴族政によって統治されていた。家長たちが集まって公共の問題を討議し［て決定し］、若者たちは［年長者たちの］経験のもつ権威に素直にしたがっていた。祭司《プレートル》、長老《アンシエン》、元老院《セナトゥス》、年寄り《ゲロンテス》などの名称はこうして生まれたのである。[35]

北アメリカの未開の民族はいまなおこのように統治を行っており、しかもとてもよく治められている。

しかし制度による不平等が自然の不平等を凌《しの》ぐようになり、年齢よりも富や権力が重視されるようになると（注一九）、貴族政は選挙制になった。やがて権力と財産が父から子に譲られるようになると、貴族の家柄が生まれ、政府の統治者の職は世襲になり、二十歳の元老院議員すら登場するようになったのである。

貴族政の類型と利点

だから貴族政には、自然なもの、選挙によるもの、世襲によるものという三つの形態がある。自然な貴族政は素朴な人民にしか適さないし、世襲による貴族政は、あらゆる政府の中でも最悪のものである。第二の選挙による貴族政が最善であり、これこそがほんらいの意味での貴族政である。

貴族政の利点は、［主権と行政権という］二つの権力が明確に区別されること、そして政府の構成員を選べることにある。人民の政体［民主政］の場合には、すべての市民が生まれながらにして行政官であるが、貴族政では行政官の数は少数に限定されるし、選挙によってしか行政官になりえないからである（注二〇）。選挙によって選ばれる人物は、誠実であるか、知識が豊富であるか、経験に富んでいる人であり、公衆が好み、尊敬を寄せるその他の特質をそなえた人である。だから選挙で選ばれたことが、その後に善政を敷く保証となるのである。

また貴族政では、集会を容易に招集できるし、懸案を十分に討議して、秩序正しく、迅速に処理できる。また軽視されがちな無名の民衆が［国家を］代表する場合よりも、尊敬すべき元老院議員が代表するほうが、外国における国の信用も維持しやすいのである。

要するにもっとも賢明な人々が多数者を支配するという［貴族政の］政体は、支配する者が自分たちの利益を目指すのでなく、多数者の利益のために支配することがたしかな場合には、もっとも自然で、もっとも優れた秩序なのである。政府の機関をやたらに増やす必要はないし、選ばれた百人の人で立派に処理できることを、二万人の人に委ねる必要はないのである。ただし貴族政において警戒すべき点がある。政府という団体が、一般意志の規則にしたがって公共の力を働かせるよりも、みずからの利益のために働かせるようになりやすいこと、そのほかの避けられない傾向のために、執行権の一部が法の規定から除外されやすいことである。

貴族政に固有の長所としては、民主政のような小さな国である必要がないこと、それほど素朴な民の国である必要がないことがあげられる。善き民主政では、法が直接に公共の意志にしたがって執行されるためには、こうした［小さな国と素朴な民という］条件が必要とされるのである。さらに貴族政はそれほど大きな国を必要としない。大きな国では、国民を支配するために各地に首長が分散する必要があり、首長はその任地で主権者のようにふるまい始め、次第に独立し、やがては主人になってしまう可能性があるのである。

だから貴族政では人民の政体よりもわずかな徳しか必要でないことになる。しかしこの政体で必要とされる別の徳がある。富める者たちは節制の徳を示すべきであり、貧しい者たちは、［自分の暮らしに］満足するという徳を示すべきなのである。貴族政では厳密な平等はふさわしくないからである。スパルタでも、厳密な平等はみられなかった。

この貴族政という政体は、ある程度は財産の不平等を許容するが、それは一般的には、公務の遂行のために自分の時間のすべてを捧げることのできる人々に公務を委ねるためである。アリストテレスの主張とは異なり、富裕な人を優先するためではない。反対に貧しい人々を選ぶことによって、人間の値打ちには富よりも重要な基準があることを、ときに人民に教えることが大切である。

（注一九）古代［のローマ］において、オプティマーテースという語が［語のほんらいの意味である］最善の者という意味ではなく、最強の権力者という意味で使われていたのはたしかである。

（注二〇）行政官の選挙方法を、法律で定めておくことがきわめて重要である。選挙を統治者の意志に委ねておくと、やがては世襲の貴族政になるのは避けられないことは、［イタリアの］ヴェネツィアと［スイスの］ベルンの二つの共和国が実例を示している。そのためにヴェネツィアはすでに国家としては崩壊してしまったが、ベルンは元老院が賢明だったために、国家が維持されている。これはじつに名誉のあることだが、きわめて危険な例外でもある。

第六章　君主政について

君主政の長所と短所

これまでは統治者を、法の力によって統一された法的で集団的な人格として考察してきたのであり、この人格が国家の中で執行権を委託されていると考えてきた。ここでこの権力が、ただ一人の自然的な人格、すなわち一人の現実の人間のうちに集中されている場合を検討する必要がある。法によってこの人物だけが権力を行使する権利を与えられているのであり、この人格が君主または王と呼ばれる。

ほかの二つの政体では、［それぞれの］個人は一つの集合的な存在によって代表されるのであるが、それとは反対に君主政においては、一つの集合的な存在が一人の個人によって代表されているのである。だから統治者を構成する法的な統一は、同時に身体的な統一でもあり、この統一のうちに統治者のさまざまな機能がごく自然に結び合わされている。ほかの政体では、法律によってこれらのさまざまな機能を結合させるのに、ひどく苦労するものなのである。

このように君主政では、人民の意志と統治者の意志、国家の公共の力と政府の特殊な力、これらのすべてが同一の原動力によって働く。いわば機械のすべてのバネが同一の人物の手中にあり、すべてが同じ目的に向かって進むのである。だからそこにはたがいに反対の方向に向かって、たがいの力を殺《そ》ぐような運動はまったくない。ほかのどのような政体でも、これほどわずかな努力で、これほど大きな活動を生みだすことができるとは想像できない。アルキメデスは［梃《てこ》の力で］浜辺に静かに座ったまま、巨船を楽々と進水させたと伝えられるが、この逸話は、政務室から広大な王国を統治し、座ったままのようにみえながら、すべてを動かしている君主を思わせる。

君主政ほどに活力のある政府はほかにないとしても、同じく君主政ほどに、個別意志が強い力をもち、他の意志を楽々と支配する政府はほかにないのである。すべてが同じ目的に向かって進んでゆくのはたしかだが、目指す目的は公共の幸福ではないのである。だから統治の力そのものが、かえってつねに国家を害するように働くのである。

国王たちは絶対的なものであることを望んでいる。そのための最善の方法は、人民に愛されることにあると、人々は遠くから国王に叫ぶ。この原則はきわめて美しいものであり、ある意味では真理である。しかし不幸なことに、宮廷ではこのような原則はつねに嘲笑されるのである。人民の愛から生まれる権力は、たしかにもっとも大きな権力である。しかしこの権力は危うく、不確実なものである。統治者たちはこのような権力では決して満足しないだろう。

どんなに善き国王でも、支配者としての地位を失わないでいられるかぎり、好きなときに悪人としてふるまうことを望んでいるのである。政治理論を説く者は、人民の力が国王の力となるのだから、人民が繁栄し、人口が増大し、強い力をそなえることは、国王にとってもっとも利益となることだと国王に説教するだろうが、空しいことである。国王たちはそれが嘘であることを熟知しているのだ。国王の個人的な利益は何よりも、人民が弱く、貧しくて、国王には決して反抗できないことにある。

たしかに人民がつねに統治者に完全に服従するのであれば、人民の力は国王の力となり、隣国を威圧することができるのだから、人民が強いことは統治者の利益になることは、わたしも認めよう。しかしこの利益は二次的なもの、従属的なものにすぎないし、この二つの仮定は両立できないものだから、統治者たちはつねに自分にもっとも利益となる原則を選択するのは当然なのである。サムエルはこのことをヘブライ人に力説したのであり(36)、マキアヴェッリも十分な根拠をもってこれを示したのである。

マキアヴェッリは国王に教訓を与えるふりをしながら、人民に大切な教訓を与えたのである。マキアヴェッリの『君主論』は共和主義の宝典なのだ（注二二）。

君主政と国家の規模

すでに一般的な関係の考察から、君主政は大国にしかふさわしくないことを確認してきた。君主政そのものについての考察からも、この結論が正しいことが分かる。国家の行政に携わる人々の数が増大するほど、統治者の臣民にたいする比率は小さくなり、次第に同数に近づく。民主政ではこの比率は一対一、すなわちまったく同数になるのである。反対に政府が小さくなるほど、この比率は大きくなる。政府がただ一人の手の中にあるときに、この比率は最大になる。ただしその場合には統治者と人民を隔てる距離が大きくなりすぎて、国家はつながりを欠くようになる。そのつながりを作るために、中間の身分が必要とされる。こうして王侯、高官、貴族が媒介役として必要になるのである。こうした身分は小国にはふさわしくないものである。小国を滅ぼすのは、こうした身分の存在なのである。

しかし大国を善く統治するのは困難なことであり、ただ一人の人でこれを善く統治するのはさらに困難なことである。そして国王が統治を代理に任せるとどのようなことになるかは、周知のことだろう。

君主政はある本質的で不可避な欠陥のために、つねに共和政よりも劣ったものとならざるをえないのである。共和政においては人民の声が働くために、その地位を立派にはたすにふさわしい見識と能力のある人物でなければ、高位の地位につくことはほとんどない。しかし君主政において出世する人物は多くの場合、ちっぽけな間抜け、ちっぽけな詐欺師、ちっぽけな陰謀家だけであり、小才を働かせることで宮廷で高位に昇りつめることがあっても、顕職に就くとその無能がすぐに公衆に暴露されるのである。人民は君主よりもこうした人物の選択において誤ることが少ない。だから君主政では大臣の地位に就く人物に真の才能があることはごく稀であり、共和政の政府の首脳に愚か者が就くことも、ごく稀である。ただしある偶然の幸運によって、生まれながらに統治の才能に恵まれた人物が君主政で政務を担当するようなこともある。すると人々は、それまでに多数の［愚かな］為政者のために、国家がほとんど崩壊の寸前にいたっていただけに、こうした優れた人物の考えだす手段に驚くことになる。そしてこの人物の統治は、君主政において一つの時代を画すことになるのである。

王の資質

君主政が善く統治されるためには、その国の大きさ、すなわち領土の広さが、統治する人物の能力にふさわしいものであることが必要である。統治することは、征服することよりも困難な業である。十分な長さの梃《てこ》があれば、指一本で地球を動かすことだってできよう。しかし世界を支えるには、ヘラクレスの肩が必要である。大国であれば、かりにそれが大きすぎるほどの規模の国家でなくても、どんな君主にも〈大きすぎる〉のだ。

反対に国家がその首長にとって〈小さすぎる〉場合には（こんなことはめったにないが）、やはり統治はうまくゆかないものだ。首長はいつも大きすぎることを企てて、人民の利益を忘れるものであり、あり余る才能を濫用して、人民を不幸にするものだからだ。首長に才能がありすぎて人民を不幸にすることは、才能に欠けるために人民を不幸にすることと、あまり変わらない。君主政ではいわば、国王が変わるたびに、新たな国王の才能におうじて、国家の規模を拡大したり縮小したりすることが必要になるだろう。これにたいして貴族政では、元老院の才覚に制限があるために、国家に一定した限界が設けられることになり、かえってうまく統治されるのである。君主政では統治者がただ一人であるので、その最大の問題は統治者の継続性が維持されないということである。民主政と貴族政はこの欠陥からは免れていて、統治は中断されずに継続されるのである。国王が死ぬと、別の国王が跡を継ぐことが必要になる。次の国王が選ばれるまで、危険な中断がはさまれる。そして選挙は嵐を呼ぶ。市民が無私無欲で廉潔でないかぎり（これは君主政ではほとんどありえないことだ）、選挙は陰謀と腐敗に塗《まみ》れることになる。国家を金で買った者［次代の王］は、やがては国家を金で売り渡すようになるものだし、強い者から強請《ゆす》られた金を、弱い者から取りたてて埋め合わせようとするのは、避けがたいことである。このような政体では、いずれはすべてが金次第ということになり、国王のもとでの平和は、空位のあいだの混乱よりもさらに悪しきものとなるのである。

世襲制の問題

この害悪を予防するために、どのような手が打たれたのだろうか――王位をある家族の世襲としたのである。そして王位継承の順序を定めて、国王が死んだ際に発生するさまざまな紛争を予防することにしたのである。そして選挙という悪しき方法の代わりに、摂政という別の悪しき方法を採用し、賢明な統治を諦めて、外見の平穏を優先したのである。優れた国王を選びだす際に避けられない争いを防ごうとして、子供や怪物や愚か者を首長として戴《いただ》く危険のほうを選んだのである。どちらの危険を選ぶかという選択を迫られて、ほとんど成功の確率のないほうを選択したことに、人々は気づかなかったのである。「シケリアのシュラクサイの僭主の」ディオニュシオスは息子の恥ずべき行為を咎めて、「わたしがそんなことをしたことがあるか」と難詰《なんきつ》したとき、息子は「でもあなたの父親は国王ではなかったのです」と答えたが、それはもっともなことだったのである。

他人に命令するように育てられた人をみると、その人が正義感と理性を喪失してしまうべく、すべてのことが力を合わせているかにみえる。若い王子に統治のための教育を与える努力をしていると聞くが、こうした教育が王子のためになるとは思えない。王子たちにはまず服従することから教えるべきだろう。歴史に名を残した偉大な王たちは、統治のための教育などうけたことはなかったのである。統治という学は、学びすぎると身につかない学であり、命令することよりも服従することで身につくものなのだ。「というのも善いことと悪しきことを見分ける簡便な方法は、他人が国王となって汝を支配するときに、汝が何を望み、何を望まないかを考えてみることだからだ[37]」（注二三）。

この統治者の継続性が欠如していることで生まれる王政の欠陥の一つは、統治が一貫性に欠けることである。王政では統治する君主、あるいは君主の代理として統治する人物の性格におうじて、ある時はその政策により、ある時は別の政策によって統治される。そのために長期にわたって一定の目標や一貫した方針を貫くことができないのである。このようにたえず変動するために、国家が採用する原則は次々と移り変わり、国家が採用する計画も次々と移り変わる。統治者がつねに同一であるほかの政体では、このような変化は発生しないのである。

一般的に［君主政のもとでは］宮廷が権謀術数において勝るとすれば、［貴族政の］元老院は智恵において勝り、それにたいして共和国は一貫性のある持続的な方針をもって目的に向かって進む。そして［君主政の宮廷の］すべての大臣に、そしてほとんどすべての国王に共通の原則は、すべてのことにおいて前任者と反対のことを行うことにあるから、君主国では内閣が変動するたびに、国家そのものもひっくり返ってしまうのだ。

この継続性の欠如に注目すれば、君主政を擁護する政治家たちにお馴染みの詭弁に反論することができる。この詭弁では、国政を家政に譬え、国王を家父に譬えるばかりではなく（この譬えの誤謬はすでに指摘した）、行政官に必要なすべての徳が国王にそなわっているものと勝手に想定し、国王が理想の君主になっているものと想定する。そしてこの想定によれば、君主政はあらゆる政体のうちで最善のものになる。君主政はほかのどんな政体よりも強力であり、それが最善の政府となるためには、団体意志が一般意志と一致さえすればよいからだ。

しかしプラトンが指摘するように（注二三）、生まれつき統治の才能のある国王というものはきわめて稀である。だから自然と偶然が協力して、こうした人物を王位につけるということは、そうたびたびあるものではない。そして君主の教育は、この教育をうけた者を必ず腐敗させるとすれば、支配者たるべく教育された人間たちから、いったい何を期待できるものだろうか。だから君主政そのものと、特定の国王の善政を混同するのは自己欺瞞というものだ。君主政がどのようなものであるかを理解するためには、才能の乏しい人物や邪悪な人物が国王となったときに、どのように統治するかを調べるべきなのだ。なぜなら［君主政とは］このような人物を王位につけ、王位についた国王をこのような人物にしてしまう政体だからである。

こうした難点は、わが著述家たちも見逃したわけではないが、だからといって困惑させたわけでもなかった。そして文句を言わずに服従するしかないと彼らは主張する。神は立腹されたときには悪しき王をお送りになる。だから天罰として甘受すべきなのだと。たしかにご立派な説教だが、政治学の書物で語るよりも、教会の説教壇で語るほうがふさわしい性質のものではないかと思う。奇跡を約束しながらも、治療方法としては患者に忍耐を教えることしか知らない医者がいたら、どう呼ばれるだろうか。悪しき政府のもとでは耐え忍ぶしかないことは、誰でも知っていることだ。問題は、どうすれば善き政府をみつけることができるかということなのだ。

（注二一）マキアヴェッリは誠実な人であり、善良な市民だった。しかしメディチ家との結びつきのために、祖国の圧制のうちにあって、自由への愛を偽装しなければならなかったのである。呪うべき人物［チェーザレ・ボルジア］をみずからの著作の主人公に選んだことからも、彼のひそかな意図がよく現れている。『君主論』で語られている政治的な原則と、『ティトゥス・リウィウス論』や『フィレンツェ史』で語られている政治的な原則の大きな違いを確認してみれば、この深遠な政治学者の書物が、これまではごく皮相で腐敗した読者しか獲得してこなかったことは明らかである。ローマの教皇庁は、マキアヴェッリの書物を厳かに禁書に処した。それは彼の著書がまざまざと描いていたのは、ローマの教皇庁の姿だったからだと思う。

(注二二) タキトゥス『歴史』第一篇第一六章。

(注二三) プラトン『国家』。

第七章　混合政体について

厳密に言えば、単一の政体というものは存在しない。首長がただ一人でも、複数の行政官をしたがわせる必要がある。人民の政府でも、一人の首長をもたねばならない。だから執行権は分割されるものだが、多数者と少数者のあいだでは、執行権の分散の大きさに違いがでてくるものだ。だから多数者が少数者に依存する場合と、少数者が多数者に依存する場合の違いが生まれてくるのだ。

執行権が［さまざまな部分のあいだで］均等に分割されることもある。たとえばイギリスの政府を構成するさまざまな部門は、たがいに相互依存の関係にあるし、ポーランドでは政府を構成するさまざまな部門がそれぞれ独立した権威をもち、どの部門も完全な権威を所有していないのは、その実例である。ポーランドのような形式は好ましくない。政府に統一がなく、国家に結びつきがないからである。

単一の政体と混合政体のどちらが望ましいだろうか。これは政治家のあいだでさかんに議論されている問題だが、わたしはすべての政体について指摘した時と同じように答えねばならない。

単一の政府は、それが単一であるということだけで、そのものとしては最善である。ただし執行権が十分に立法権に従属しない場合、すなわち統治者と主権者との結びつきが、人民と主権者の結びつきよりも強い場合には、政府を分割して、この欠陥を是正しなければならない。そうすれば、分割されたすべての部分は、国民にたいする権威を失うことはないし、また分割されていることによって、それぞれの部分が全体として主権者に加える圧力を減らすことができるからだ。

さらにこの欠陥は、中間的な行政職を設置することでも是正できる。この行政職は政府を変えることなく、二つの権力を均衡させて、それぞれの権利を維持させる役割をはたすのである。この場合には政府は混合されたのではなく、調整されたのである。

これとは逆の欠陥も、同じ方法で是正できる。政府があまりにも弱い場合には、執政官を設置して、政府の力を集中させることができる。これはすべての民主政で行われていることである。前の場合に政府を分割したのは、政府の力を弱めるためだったが、［複数の役職を設けることで政府を分割する］こちらの場合には、政府を強めることを目的としている。極端に強い政府も、極端に弱い政府も、どちらも単一の政府でみられることだが、混合政体は中庸をもたらすのである。

第八章　すべての国にすべての政治形態がふさわしいものではないこと

課税の原則

自由はどんな風土でも実を結ぶわけではないから、すべての人民が自由を享受できるわけではない。モンテスキューの示したこの原理は、考えれば考えるほどに正しいものと思われてくる。(38) 反論しようとすればするほどに、新しい証拠がでてくるので、この原理はますます確実になるのである。

世界のどんな政府でも、公的な人格［政府］は消費するだけで、何も生産しない。それでは消費するものはどこから入手するのか。国家の構成員の労働からである。公共の必要物は、個々人の生産物の剰余のうちから提供される。だから人々の労働によって必要とする以上のものが生産される場合だけに、社会状態は存続できることになる。

この余剰分の大きさは、世界のどの国でも同じであるわけではない。大量に余剰が生産される国も、ほどほどしか生産されない国もある。さらに余剰の生産量がゼロである国も、マイナスである国もあるのだ。この余剰分の大きさは、風土の肥沃度、その土地に必要な労働の種類、その土地の生産物の性質、住民の体力、住民が消費する量、この余剰分の大きさに影響するその他のさまざまな同様な要因によって決定されるのである。

さらにすべての政府が同じ性格であるわけでもない。本性からして非常に多くの余剰分を要求する政府も、それほど要求しない政府もある。この違いが生まれるのは、公的な税金は、［政府が］それを要求する相手から遠ざかるほど、重い負担になるという［第二篇第九章で説明した］例の原則のためである。この負担の重さを計る基準は、課税額の多寡ではなく、税金がそれを支払った人のところに戻ってくるまでの道程の長さにある。税金が迅速に、そして規則的に人民のもとに戻ってくるならば、納税額の多寡は問題ではない。人民はつねに富み、財政はつねに健全である。しかし人民の支払う金額がどれほど少なくても、いつも払うばかりで人民のもとに戻ってくることがない場合には、やがて人民は力尽きてしまう。国家は決して富むことがなく、人民はいつまでも貧しいままである。

このことから、人民と政府の距離が大きくなるほど、租税の負担は重くなることが確認できる。だから民主政においては人民の負担はもっとも軽く、貴族政では重くなり、君主政において人民の負担はもっとも重くなる。だから君主政は富裕な国民だけに適した政体であり、貴族政は富裕度も国の規模も中程度の国に適し、民主政は小さく貧しい国に適している。

実際にこの問題についての考察を深めるほどに、自由な国と君主政の国の違いがこの点にあることが分かってくる。自由な国ではすべてが共同の利益のために利用されるが、君主政の国では、公共の力と個人の力が相反的な関係にあり、片方が強まると他方は弱まるのである。最後に、専制政治は臣民を幸福にするために統治するのではなく、臣民を統治するために貧しくしてしまうのである。

風土と政体

これまで考察してきたことから、それぞれの風土に固有の自然的な原因を考慮することで、その風土の力に適応しうる統治形態を示すことができること、そして、その風土にふさわしい人民の種類を示すこともできることは明らかである。投入した労働に釣りあった生産物がえられない不毛の貧しい土地は、耕作せずに荒れ地にしておくしかないし、野生の民族だけがこうした土地に住みうるのである。また人々の労働からは、生存するために必要な量しか生産できない土地は、未開の民族に住まわせておくべきである。こうした土地ではどのような政体も成立しないだろう。投入した労働からえられる生産物の余剰分が中程度の土地は、自由な国民にふさわしい。土壌が豊かで肥沃な土地では、わずかな労働で多量の生産物がえられるので、君主政によって統治されることが望ましい。臣民が生産した余剰の生産物は、君主が奢侈によって消費するためのものとなる。こうした余剰分は、個人が消費するよりも、政府がとりあげたほうが望ましいからである。たしかに例外はある。しかしこうした例外は規則の正しさを証明するものなのだ。例外的な国では、遅かれ早かれ革命が起きて、自然の成り行きにふさわしい状態に戻るのである。

ただし一般的な法則と、その法則の結果に影響を与えることのできる特殊な原因は、つねに区別しなければならない。［特殊な原因のために肥沃な］南のすべての土地が共和国で覆われるようになり、［貧しい］北のすべての土地が専制国で覆われるようになったとしても、風土の効果のために、専制政治が［南の］暖かい国に適していること、未開な状態は［北の］寒冷な国に適していること、その中間の地帯では、善き政体が適していることが真理であることに変わりはないのである。

またこの原則は認めても、適用には異論があるかもしれない。たしかに寒冷な地方にも肥沃な国がありうるし、南国にもきわめて不毛な国がありうるかもしれない。しかしこの異論は、この問題をすべての観点から調べないために生まれるものである。すでに指摘したように、［土地の肥沃度だけではなく］労働、体力、消費などのさまざまな関係を考慮にいれる必要があるのだ。

ここで面積が等しい二つの国があるとしよう。一方の国が五だけ生産し、他方の国は一〇を生産すると想定しよう。五しか生産しない国の住民が生産物のうちの四を消費し、一〇生産する国の住民が九を消費するとしよう。前の国の剰余生産の比率は五分の一であり、後の国の剰余生産の比率は一〇分の一である。そうすると剰余生産の比率は、生産物の比率の逆になり、五しか生産しない土地が、一〇生産する土地の二倍の剰余を生むことになる。

奢侈の風土的な違い

しかしここで問題なのは、生産が二倍だということではない。実際に寒い国の肥沃度が、一般に暖かい国の肥沃度と同じだと考える人はいないだろう。しかしあえて肥沃度が同じだとしよう。イギリスの肥沃度がシチリア島と、ポーランドの肥沃度がエジプトと同じだと想定しよう。エジプトよりも南の国がお好みなら、まだアフリカとインド諸島があるが、ポーランドの北にはもはや何もない。ところで同じだけの生産量を確保するために、耕作方法になんと大きな違いがあることだろう。シチリア島では土地を浅く耕すだけですむが、イギリスでは土地を耕すのにどれほどの手間をかけていることだろうか。さて同じ量を生産するために、人手が余分に必要となれば、剰余も必然的に少なくなるはずである。

それだけではない。暑い国では寒い国と比較して、同じ人数の人間でも消費量がはるかに少ないことも忘れてはならない。暑い国では風土の影響で、健康を維持するためには消費を控えざるをえないのである。ヨーロッパ人が暑い国を訪れて、本国と同じように生活しようとすると、赤痢や消化不良でみな死んでしまうのである。シャルダンはこう語っている。「われわれはアジアの人々と比較すると、肉食獣であり、狼である。ペルシア人は粗食だが、それは土地があまり耕されていないからだという人もいる。しかしわたしは反対に、ペルシアで食料があまり生産されないのは、ペルシアの住民は他国の住民ほど、多量の食料を必要としないからではないかと思う。ペルシア人の粗食が、この国の食料不足によるものだとしたら、貧しい人々だけが小食のはずだ。ところがこの国では誰もが小食なのだ。それに土地の肥沃度におうじて多食の地方と小食の地方に分かれるはずだが、どの地方でも節食しているのだ。ペルシア人は自分たちの生活様式をきわめて誇りに思っていて、それがキリスト教徒の生活様式よりも優れていることは、自分たちの顔色をみれば分かるだろうと主張している。たしかにペルシア人の顔色はむらがなく、皮膚は美しく、きめが微細で光沢がある。ところがペルシアの属国のアルメニア人は、ヨーロッパ風の生活をしているが、顔色

は悪く、吹き出物ができている。身体は肥満し、鈍重である」と。(39)

赤道に近づくほどに、人々は小食になる。彼らは肉を食べない。常食しているものは米、トウモロコシ、クスクス、粟、キャッサヴァである。インド諸島に住む数百万もの人々の一日の食費は、一スーもかからない。ヨーロッパでも北の諸国に住む人々と、南の諸国に住む人々では食欲に違いがある。スペイン人であれば、ドイツ人の夕食の一食分で、一週間でも生きてゆけるだろう。住民の食欲が旺盛な地方では、飲食物にも奢侈の傾向がみられる。イギリス人ならテーブルに肉を並べるのが奢侈のやりかたである。しかしイタリア人なら砂糖と花で客をもてなすだろう。

衣装の奢侈にも同じような違いがある。季節の変化が速く、しかも激しい風土では、着物は良質だが素朴である。［季節の違いに対処するためではなく］着飾るためだけに衣装を変える土地では、実用性よりも華美が優先される。衣装がそのまま奢侈の現れとなるのである。ナポリでは、金色の飾りのついた上着を着ただけで、靴下も履いていない人々がポジリポの丘を散歩している姿が毎日のようにみられる。これは住宅についても言えることだ。外気のために健康を害する恐れがない場合には、住宅は豪奢だけを追求するようになる。パリやロンドンでは、［外気が入らないようにした］暖かく居心地のよい住宅が好まれる。マドリッドには贅沢な客間はあるが、窓は外気を遮断してくれないし、寝室はまるで納戸のようである。

暖かい国の食物は滋養に富み、美味である。これが第三の違いだが、第二の違いにも影響してくる。イタリアではなぜあれほど多量の野菜を食べるのだろうか。それは良質で滋養に富み、おいしい野菜がとれるからだ。フランスでは野菜は水ばかりで育てられるために、滋養がなく、料理では飾りものである。しかもこれを栽培するために必要な土地の面積は[イタリアよりも]狭いわけではなく、栽培に必要な労力もほぼ同じである。

これは実験で確認されていることだが、[北アフリカの地中海に面した]バルバリア地方の小麦は、ほかの点ではフランスの小麦に劣るが、碾《ひ》いたときには、多量の小麦粉がえられる。さらにフランスの小麦を碾いてえられる小麦粉の量は、北国の小麦よりも多い。そこで一般に赤道から極地にかけて、これと同じような[小麦粉の生産比率の低下の]傾向が存在するものと推測できる。同じ量の生産物から、少量の食物しかとれないとしたら、これは明らかに不利なことではないだろうか。

これらのさまざまな考察に、新たな考察をここでつけ加えよう。こうした考察に依拠しながらも、同時にそれを裏づけるものでもある。暖かい国は寒い国よりも［生産活動のために］多くの住民を必要としないにもかかわらず、より多くの人間を養うことができるのである。このために余剰はさらに二倍になり、つねに専制政治に有利になるのである。住民の数が同数だとしたら、国土の面積が広いほど、叛乱は起こしにくくなる。というのは人民が秘密のうちに迅速に集まることができない一方で、政府はたやすく叛乱の陰謀を見破り、連絡網を断つことができるからである。反対に多くの人民が密集して生活している場所では、政府が主権者の機能を簒奪《さんだつ》するのは困難になる。人民の指導者たちは、御前会議で国王が安泰に議論しているのと同じように安全に、自分の部屋で議論することができるし、軍隊が兵営に集まるのと同じように迅速に、群衆が広場に集まってくるからだ。だから圧制的な政府にとっては、遠く離れた距離から働きかけることが望ましい。あたかも梃《てこ》の原理のように、政府の力は遠くに設けられた拠点を利用することで、対象が遠く離れるほど強くなるのである（注二四）。反対に人民の力は集中しなければ発揮されない。地面に撒き散らされた火薬は、一粒ずつしか発火しないために効果を発揮できない。それと同じように、人民の力は拡散していると、消滅してしまうのである。だから圧制にもっとも適した国は、人口密度の低い国である。猛獣は荒野でしか支配できないのである。

（注二四）このことはすでに第二篇第九章で、大国の不便について述べたことと矛盾しない。前のところで問題としたのは、政府がその構成員にたいしてどのような権威をもてるかであったが、この章で問題にしているのは政府がその臣民にどのように力を発揮できるかにあるからである。政府の構成員が各地に分散していると、政府が遠くから人民に働きかけるための［挺の］支点としては役立つ。しかしこうした構成員に直接に働きかけるための［挺の］支点がないのである。だから一方では梃の長さが政府の強みとなり、他方ではそれが政府の弱みとなるのである。

第九章　善き政府の特徴について

だから善き政府とはどのようなものかという問いは、結局のところは決定できない問い、解決できない問いを提示するものなのである。あるいはお望みなら、人民の絶対的および相対的な状況のあらゆる可能な組み合わせと同じ数だけ、正しい答えがあると言うべきだろう。

しかし特定の人民が善く統治されているか、悪く統治されているかは、どのような特徴で判断できるかという問いであれば別であり、この問いには実際に答えることができるはずである。

ところが実はこの問いにも、誰もが独自のやりかたで答えようとするために、まったく解決できていないのである。国民が誇りに思うものは公共の平穏であり、市民が誇りに思うものは個人の自由である。国民が望むものは財産の安全であり、市民が望むものは身柄の安全である。国民がもっとも善き政府と考えるのは、もっとも厳格な政府であり、市民がもっとも善き政府と考えるのは、もっとも寛大な政府である。国民は犯罪が処罰されることを要求し、市民は犯罪が予防されることを要求する。国民は隣国を恐れさせることを望み、市民は隣国からむしろ無視されることを望む。国民は貨幣が流通していることに満足し、市民は人民にパンが与えられることを要求する。これらの問題や、同じようなその他の問題について意見が一致したとしても、それで問題の解決に近づいたことになるのだろうか。精神的なものの量を計る正確な尺度というものは存在しないのだから、特徴について意見が一致したとしても、評価で一致できるものだろうか。

わたしは［善き政府についての評価において］次のように単純な特徴があるのに、それが見逃されていることには、いつも驚きを感じてきた。人々は悪意をもって、これについて意見を一致させないでいるのではないかと疑いたくなるくらいである。そもそも政治的な結社を作るための目的は何だろうか。それはその構成員の保護と繁栄である。それでは結社の構成員が保護され、繁栄していることを示すもっとも確実な特徴は何だろうか。それは住民の数であり、人口である。だから［善き政府について］これほど議論されている特徴を探して、ほかの場所に赴く必要はない。ほかのすべての条件が等しいならば、外的な手段に頼らず、帰化を考慮にいれず、植民などの手段によらず、市民の人口が殖え、増大してゆく政府が善き政府であることは間違いのないことである。人民が減り、衰微してゆく政府が最悪の政府である。統計学者よ、これからは君の仕事だ。数え、測定し、比較せよ（注二五）。

（注二五）人類のこれまでの世紀において、どの世紀がその繁栄に好ましい時代であったかを判断するにも、同じ基準を適用して判断しなければならない。人々はこれまで、学芸や芸術が開花した世紀をあまりに称えすぎてきた。そしてその文化の隠された目的を考察せず、そのもたらした痛ましい結果を考慮しないできたのである。「そして無知な人々は、すでに隷従の端緒であったものを、人間にふさわしい生活と呼んでいたのである」(40)。わたしたちはさまざまな書物で語られている原則のうちに、著者たちが隠している卑しい利害を見抜けないだろうか。そう、ある国がその光輝のうちに人口を減らしていくならば、著者たちがどう言おうと、その国は万事うまくいっているわけではないのである。ある詩人が一万リーヴルの年金をもらっているからといって、その世紀がすべての世紀のうちで最良の時代とは言えない。見掛けの平穏さや支配者たちの平静さよりも、むしろ国民の全体、とくにもっとも多数を占める身分の人々が幸福に暮らしているかどうかに注目すべきなのだ。雹《ひょう》はいくつかの郡を荒らすことはあるが、飢饉をもたらすことは稀である。暴動や内乱は支配者たちに大きな脅威となるが、人民に真の不幸をもたらすことはない。人民に圧制を加える地位を手にいれようとする争いが行われているあいだは、人民は一休みすることができるものだ。人民の恒久的な状態がどのようなものであるかによって、人民は実際に繁栄するか、災厄《さいやく》に悩まされるかが決まるのだ。すべての人が軛のもとであえいでいる時こそ、すべてが衰える時であり、支配者たちが人民を気ままに滅ぼさせる時であり、「彼らは荒野を作りだしておきながら、それを平和と呼ぶ」[41]のである。貴族たちの争いがフランスの王国に騒乱をもたらしていた頃も、パリの大司教補が懐中に短刀をしのばせて高等法院に赴いた時も、フランス臣民がまじめで自由な安楽のうちで、幸福な生活を営み、多数の人口を維持することを妨げるものではなかった。かつての［古代］ギリシアは、もっとも残酷な戦争のうちでも繁栄していた。血は川のように流れたが、全土は人々で満ちあふれていた。マキアヴェッリはこう語っている。「殺人と追放と内乱のただなかで、わが共和国はさらに勢いを強めたようである。あらゆる不和が共和国を弱めたが、それよりも市民の徳、習俗、自立によって共和国はさらに強くなったのである。わずかな騒乱は人々の心に活気を与える。人類を真の意味で繁栄させるのは平和ではなく、むしろ自由である」[42]

第一〇章　政府の悪弊と堕落の傾向

政府の堕落の二つの道

個別意志はたえず一般意志に抵抗して働くものだが、同じように政府はつねに主権に抗して働こうと努める。この試みが大きくなるほど、国家の体制は悪化する。そして統治者の意志に抵抗して、それと均衡を保つことを試みる団体意志はほかには存在しないのだから、いずれは統治者が主権者を抑圧して、社会契約を破棄するような事態が訪れるに違いない。これは老衰や死がついに人間の身体を破壊するのと同じことだ。政治体が誕生した時からこうした悪が内在するのは不可避なことであり、この悪が弛《たゆ》みなく、政治体を破壊しようとするのである。

政府が堕落するには、一般に二つの道がある。政府が縮小して堕落する道と、国家が解体する道である。

政府の縮小

政府が縮小する道は、構成員の数が多数者から少数者になる道筋であり、すなわち民主政から貴族政になり、貴族政から王政になる道である。これは［政府のたどる］自然な傾向なのである（注二六）。反対に政府の構成員の数が少数者から多数者になる道筋をたどる場合には、政府のタガが緩むことになるが、この逆の道を進むことはありえない。

実際に政府がその形を変えるのは、そのバネが磨り減って、以前の形式を維持できないほどに弱くなった場合だけである。この状態で政府が拡大すると、タガが緩んでしまい、バネの力はゼロになり、政府の寿命はますます短くなる。だからバネが弱くなった場合には、それを巻き直して引き締める必要がある。それでなければバネが支えている政府は滅亡してしまうだろう。

国家の解体

国家が解体する場合には、二つの道筋がある。

第一の場合は、統治者がもはや法律にしたがって国家を統治せず、主権を簒奪した場合である。この場合には大きな変動が発生する。政府ではなく、国家が縮小するからである。というのは、大きな国が解体して、その内部に別の国家が形成されるのであるが、その新しい国家は政府の構成員だけで形成されていて、これが支配者として、暴君として、残りのすべての人民を支配するのである。だから政府が主権を簒奪した瞬間から、社会契約は破棄されているのであり、すべてのふつうの市民は、自然な自由の状態に戻ったのである。もはや市民は、服従することを強制されるかもしれないが、服従する義務はないのである。

［第二に］政府の構成員が、団体としてしか行使してはならない権力を、個別に簒奪した場合にも、同じように国家は解体する。これも明白な法律違反であり、さらに大きな混乱を巻き起こす。この場合にはいわば行政官と同じ数の統治者がいることになり、国家は政府と同じように分割されて、解体するか、形式を変えるのである。

国家が解体すると、政府の悪弊はそれがどのようなものであろうと、無政府状態と呼ばれるものとなる。あえて区別すれば、民主政は衆愚政に堕落し、貴族政は寡頭政に堕落する。君主政は僭主政に堕落するとつけ加えたいところだが、この語は曖昧であり、説明が必要だ。

通俗的な意味では僭主《せんしゅ》とは、正義や法律を顧慮することなく、暴力をもって支配する王のことだ。正確な意味では僭主とは、その権利がないのに王の権力をわがものとする個人のことである。［古代の］ギリシアでは僭主という語を、この意味で理解していた。ギリシアでは合法的な根拠なしで王となった者は、名君でも暗君でも、僭主と呼ばれたのである（注二七）。だから僭主と簒奪者はまったくの同義語である。

異なるものには異なる名前をつけるべきだから、わたしは王権の簒奪者を僭主と呼び、主権の簒奪者を専制君主と呼ぶ。僭主は、法律を犯して王権を奪ったものの、法律にしたがって治める者である。専制君主は、みずからは法に拘束されないと考える者である。だから僭主は専制君主でないこともありうるが、専制君主はつねに僭主である。

(注二六) ヴェネツィア共和国は、入り江の小島において段階的に建国され、次第に発展していったが、その発展はこの道筋を示す顕著な実例である。驚くべきことに、建国からすでに一二〇〇年も経過しているのに、ヴェネツィア人は一一九八年の評議会閉鎖(セラル・ディ・コンシリオ)以来の発展の第二段階にとどまったままなのである。古代の統領《ドージェ》については非難が集まっているが、〔匿名の著作である〕『ヴェネツィアにおける自由の考察』がどう語ろうとも、統領がヴェネツィアの主権者ではなかったのはたしかなのである。

わたしの主張に反論するために、君主政から貴族政へ、貴族政から民主政へと、反対の道筋で移行した実例として、ローマ共和国の例がもちだされるかもしれない。しかしわたしはそう考えない。

ローマでロムルスが最初に設立した制度は混合政府であったが、すぐに専制政治に堕落したのだった。新生児が成人する前に死亡してしまうように、特別な原因のために国家がいわば〈早死に〉したのである。タルクィニウス王家が追放された時こそ、真の共和国の建国を画する時代だった。しかし当初は貴族階級がまだ廃止されていなかったので、建国の仕事はまだ中途であり、共和国はまだ恒久的な形式にいたっていなかったのである。正当な統治形式のうちでは最悪の形式である世襲の貴族政が残されていて、民主政と摩擦を起こしていたので、統治形態はつねに不安定で動揺していた。マキアヴェッリが明らかにしたように、ローマの制度が初めて安定したのは、護民官の制度が確立されてからのことである[43]。この時期になって真の政府、真の民主政が初めて確立されたのである。実際にこの時期にあっては人民はたんに主権者であるだけでなく、行政官でもあり、判事でもあった。元老院は、政府の力を緩和させたり、集中させたりするための下級の役所にすぎなかった。執政官《コンスル》そのものも、貴族であり、最高の行政官であり、戦時には絶対的な権限を認められた総指揮官ではあったが、ローマでは人民の長にすぎなかった。

しかしその後、ローマの政府は自然の傾向にしたがって、貴族政に大きく傾くことになった。ただし貴族階級は自滅した。現在のヴェネツィアやジェノヴァでは、貴族の団体のうちで貴族政が行われているが、この時代のローマでは貴族と平民で構成された元老院という団体のうちで貴族政が行われたのである。そして護民官が実権を簒奪するようになってからは、護民官の団体のうちでも貴族政が行われるようになったのである。というのも言葉は変わっても実態に変わりはないので、人民たちの代わりに人民を統治する支配者がいる場合には、どういう名前で呼ばれようと、それは貴族政なのである。貴族政の悪弊のために内乱になり、三頭政治が登場した。そしてスッラ、ユリウス・カエサル、アウグストゥスが事実上の王として［順に］支配するようになった。やがてティベリウスの専制政治のもとで国家が解体したのである。だからローマの実例はわたしの原理に反するものではなく、これを証明するものなのである。

（注二七）「なぜなら、かつて自由が享受されていた国において、恒久的な権力を行使する者はすべて僭主とみなされ、そう呼ばれた」（コルネリウス・ネポース『ミルティアデス伝』八章）。たしかにアリストテレスは僭主と国王を区別して、僭主とは自分の利益だけのために統治する者であり、国王は臣民の利益のためだけに統治する者であると語っている（『ニコマコス倫理学』八巻一〇章）。しかし一般にギリシアの著述家はすべて、僭主という語を別の意味で理解していたことは、とくにクセノフォンの『ヒエロン』からも明らかである。ただしアリストテレスの定義にしたがうならば、世界が始まってからというもの、王は一人も存在しなかったことになる。

第一章　政治体の死について

これまで述べてきたことは、もっとも善く構成された政府にとっても自然で、避けがたい傾向なのである。スパルタやローマですら滅びたのだ。永続を望みうる国家などあろうか。だから国家の体制を安定させることを望むならば、それを永続させようとしてはならない。成功するためには、不可能なことを試みてはならないし、人間の創造したものを、人間の条件があてはまらないものにできるなどと思い上がってはならないのである。

政治体は人間の身体と同じように、その誕生の時点から死へと向かい始めるのであり、みずからのうちに破壊の原因を宿している。しかし政治体も人間の身体も、頑丈なものと虚弱なものがあり、長期間にわたって自己を保存できるものと、短期間しか自己を保存できないものがある。人間の身体の体質は自然のものであるが、国家の政治体の体質は人間の技で作られる。人間の生命を長くすることは、人間には不可能な技だが、国家に最善の政体を与えることによって、国家の生命をできるかぎり長くすることは人間の技である。より善い政体の国家もやがて滅びるだろうが、予想外の出来事のために早死にすることがないかぎり、そうでない国家よりも長生きするだろう。

政治体の生命の原理は主権にある。立法権は国家の〈心臓〉であり、執行権はそのすべての部分を動かす国家の〈脳〉である。脳が麻痺しても、個人はまだ生きている。その人は知能は働かせないが、死んではいないのである。ところが心臓が停止すると、動物は死ぬのである。

国家が存続するのは法律の力ではなく、立法権によってである。昨日の法律は今日になれば強制する力を失うが、「人々が異議を唱えずに」沈黙していることは、「法律を」暗黙のうちに承認しているものとみなされる。主権者が法律を廃止することができるのに、それを廃止しないということは、その法律を承認しつづけているものとみなされるのである。あることを主権者が望むと宣言した場合には、取り消されないかぎり、つねに望みつづけていることになるのである。

それでは古い法律があれほどに尊ばれるのはどうしてだろうか。それは古いということそのものによってである。これほど長いあいだ古い法律が維持されたのは、昔の人々の意志が優れていたからだと考えるべきなのである。もし主権者がそれを有益なものとして承認していなかったなら、千回でもそれを撤回したことだろう。善き体制をもつ国家では、法律の力が弱まるどころか、たえず新たな力を獲得しているのはそのためである。古いものが好まれるために、古い法律は日に日に尊敬されるべきものとなる。反対に法律が古くなるにつれて力が弱くなるようなところではどこでも、もはや立法権がなく、国家が生命を失っているのである。

第一二章　主権を維持する方法

人民集会

主権者は立法権のほかにはいかなる力も所有していないので、法によってしか行動できない。そして法とは、一般意志の真正な行為にほかならないので、主権者は人民が集会を開いているときしか行動できない。人民の集会！　とんでもない妄想だと言うかもしれない。今日ではそれは妄想であるが、二千年前にはそれは妄想などではなかったのである。それでは人間の本性が変わったとでもいうのだろうか。精神的な事柄において何が可能で、何が不可能であるかを決める境界は、わたしたちが思うほどに狭いものではない。この限界を狭くしているのは、わたしたちの弱さであり、悪徳であり、偏見である。下劣な人間は、偉大な人間が存在することを決して信じようとしない。卑屈な奴隷は、自由という語を耳にすると、嘲笑するような笑みを浮かべるものだ。

これまで行われてきたことに基づいて、これから何をなしうるかを考えてみよう。古代ギリシアの共和国については語るまい。ローマ共和国は偉大な国家だったし、ローマという都市は大都会だったと思う。最後の住民調査によると、ローマには四十万人の武装可能な市民が居住していたという。またローマ帝国の最後の人口統計によると、属領民、外国人、女性、子供、奴隷を除いて、帝国には四百万人以上の市民が数えられている。

この首都とその周囲の地区に住む膨大な数の人民がたびたび集まるなど、どれほど困難だったことだろうと、人は想像するに違いない。しかしローマの人民が集会を開かずにすませた週はほとんどなかったし、週に数回の集会を開いたこともある。ローマの人民は主権者としての権力だけでなく、政府の権利の一部も行使していた。彼らはある種の公務を処理していたし、訴訟事件を裁く役割もはたしていた。そしてこの人民は、市民として集会を開くのとほぼ同じ頻度で、行政官として公共の広場に集まっていたのである。

さまざまな国の初期の時代に遡ってみると、マケドニアやフランク族のような君主政の国でも、古代の政府の多くで、同じような会議が開かれていたことが分かる。いずれにしても［ローマの人民集会という］一つの疑問の余地のない事実だけでも、すべての難問にたいする答えとなるのである。この［集会が存在したという］事実から、［今でも集会を開催できるという］可能性へと議論を進めてゆくのは、正しいことだと思われる。

第一三章　主権を維持する方法（続き）

定期集会

人民が集会において、一連の法を認可し、国家の政体を定めたとしても、それだけでは十分ではない。人民が集会において、恒久的な政府を設置し、行政官の選挙方法を最終的に決定したとしても、それだけでは十分ではない。予想外の出来事が起きたときには臨時集会を開催すべきであり、さらにいかなることがあっても延期したり、廃止したりすることのできない定例の集会を定期的に開催する必要がある。すなわち定められた日に、人民が法律の定めによって正規に招集されるべきであり、ほかにはいかなる招集の手続きも不要な集会が開催される必要があるのである。

しかし定められた日に開催されるだけで合法的なものとみなされるこうした集会を除いて、国民のあらゆる集会は、集会の招集を任務とする行政官が、あらかじめ定められた手続きにしたがって開催したものでないかぎり、すべて非合法とみなす必要がある。こうした非合法の集会で決議されたものはすべて無効とみなす必要がある。集会を招集する命令そのものが法で定められたものでなければならないからである。

合法的な集会を招集する頻度については、多くの点を考慮にいれる必要があり、ここでその正確な規則を提示することはできないだろう。ただ一般的に、政府の力が強いほど、主権者は頻繁に自己の意志を表明すべきだということは指摘できる。

首都の問題

ここで問われるかもしれない。なるほどただ一つの都市［で構成される国家］ならこれも可能かもしれないが、国家に多くの都市が存在する場合にはどうすべきだろうか。主権を分割するのだろうか、それとも主権を一つの都市に集中させ、ほかの都市はその都市に従属させるのだろうか、と。

わたしはそのどちらも正しくないと答えるだろう。第一に主権は単一なものであり、それを分割することは、破壊することだからである。第二に、一つの都市も一つの国家も、他の都市や他の国家に合法的に従属することはできないからである。なぜなら政治体の本質は、服従と自由が一致することである。だから［服従する主体である］国民と［自由の主体である］主権者という言葉は、コインの裏表のようなものであり、この二つの語の意味は市民という単一の語によって統一されているからである。

さらにわたしは、多くの都市を一つの公民国家《シテ》に統合することも、正しくないことだと答えるだろう。このように統合することで、自然に発生する不都合を解決できると思い上がってはならないのである。小国しか望まない人々に、大国の悪弊を説明する必要はない。それでは小国に、大国に抵抗する力をどのようにして与えるべきだろうか。そのためには、かつてのギリシアの諸都市が［ペルシアの］大王に抵抗したように、最近ではオランダやスイスがオーストリアの［ハプスブルク］王家に抵抗したようにすればよいのだ。

しかし国家を適切な規模にまで縮小できないとしても、まだ別の方策が残されている。それは決して首都というものの存在を認めないことだ。政府の所在地を各都市に持ち回りで移動させ、各都市で順番に国家の会議を招集すればよいのだ。

住民は全土にむらなく分散させ、国家のどの都市にも同一の権利を所有させ、いたるところに豊かさと活力をもたらすのである。そうすれば国家は最大の力を所有するようになり、もっとも善く統治されるようになるだろう。都市の城壁は、取り壊した農家の残骸によらねば築かれないことを忘れてはならない。首都に新たな宮殿が聳《そび》えるのを見るたびに、わたしは田園がすべて廃墟になっていくのを見るような気分になるのである。

第一四章　主権を維持する方法（続き）

政府権限の停止

人民が主権者の集団として合法的に集会を開いた瞬間に、政府のすべての裁判権は停止し、すべての執行権は停止する。そして最下層の市民の身柄といえども、最高の行政官の身柄と同じように、神聖で不可侵のものとみなされる。代表される者［すべての人民］がみずから出席している場には、代表する者［行政官］というものはもはや存在しないからである。ローマの民会で起きた騒動の大部分は、この規則を知らなかったか、あるいは無視したために発生したものである。このような集会では、執政官も人民のたんなる議長にすぎず、護民官もたんなる演説者《オラトゥール》にすぎず（注二八）、元老院は完全に無用のものにすぎない。

この［政府の権限の］停止期間のあいだに、統治者はその時点での上位の統治者を承認するか、承認すべきだとされていたので、これは統治者には厭《いと》わしい期間だっただろう(44)。また人民の集会は、政治体を庇護し、政府に轭をかける役割をはたすものであり、いつの時代にも支配者が恐れるものであった。そこで支配者たちは市民が出席する意欲をなくすように手配し、反対し、妨害し、［甘い］約束を提供するための手間を惜しむことはなかったのである。

市民たちが貪欲で、怠慢で、臆病で、自由よりも休息を好む人々であった場合には、強まる一方の政府の圧力に長いあいだ抵抗することはできないものである。こうして［政府の］抵抗力はますます強まり、主権はついに消滅する結果となり、［古代の］多くの都市国家《シテ》は、寿命が尽きる前から崩壊し、滅んでいったのである。

しかし主権者と専制的な政府のあいだに、中間の権力が介在することもあったので、次にこれについて説明する必要がある。

（注二八）これは現在のイギリスの議会でこの名称に与えられている意味［演説者《オラトゥール》＝下院議長《スピーカー》］で考えてほしい。執政官と護民官の職務は類似したものであるため、すべての権限が停止されたとしても、双方は摩擦を繰り返しただろう。

第一五章　代議士または代表者

代議士

市民たちの主要な仕事が公務ではなくなり、市民たちが自分の身体を使って奉仕するよりも、自分の財布から支払って奉仕することを好むようになるとともに、国家は滅亡に瀕しているのである。［兵士として］前線に出兵しなければならないというなら、市民は［傭兵の］軍隊に金を払って、自分は家にとどまろうとする。会議に出席しなければならないというなら、市民は代議士を任命して、自分は家にとどまろうとする。怠惰と金銭のおかげで、市民たちはついに兵隊を雇って祖国を奴隷状態に陥れ、代議士を雇って祖国を売り渡したのである。

商業や工芸に熱中し、貪欲に利益を求め、軟弱になり、安楽を愛する。こうして市民たちは身をもってなすべき奉仕を、金銭で代用しようとするのである。［みずから奉仕する代わりに］思いのままに利益を増やし、そしてその利益の一部を［公共の奉仕のために］支払うのだ。［奉仕する代わりに］金を払っているがよい、やがては鉄鎖につながれることになるだろう。財政という語は奴隷の言語であり、「古代の」都市国家《シテ》においては知られていなかったものだ。真に自由な国では、市民はすべてをみずからの手で行い、金銭で代用させはしない。自分の義務から逃れるために金を支払うどころか、金を払ってでも、みずからの義務をはたすだろう。一般の意見とは反対に、わたしは租税よりも賦役《ふえき》のほうが自由を損なうことが少ないと考えている。

国家の体制がより善くなるほど、市民の心のなかでは私的な問題よりも公的な問題のほうが優先されるようになる。私的な問題そのものが少なくなるのだ。というのは、市民の全体の幸福の大きさで、各人の私的な幸福のかなりの部分が補われるので、個人がみずからの私的な幸福に配慮する必要がなくなるからである。うまく運営されている公民国家《シテ》では、市民たちは集会に駆けつけてゆくものだが、悪しき政府のもとでは、市民たちの誰も、集会に出席するために一歩でも動こうという気にはならないものだ。誰も集会で決議されることに関心をもたないからであり、集会では一般意志が支配しないことが予測できるからであり、最後に自宅での「私的な」仕事に忙殺されるからである。善き法律はますます善き法律を作りだすが、悪しき法律はますます悪しき法律を作りだす。国事について、誰かが「それがわたしに何の関係があるのか」

と言いだすようになったら、すでに国は滅んだと考えるべきなのである。

国の集会において、［市民みずからではなく］代議士や代表者に出席させるという考えが生まれたのは、祖国愛が衰え、私的な利益を目的とする活動が増大し、国家が巨大な規模になり、他国を征服し、政府の悪弊が顕著になったことによる。ある国［フランス］では、［人民のことを］あえて第三身分と呼ぶほどだ。そして［第一身分である聖職者と第二身分である貴族という］この二つの身分の特殊利益が第一と第二の地位に置かれ、公共の利益は第三位にすぎなくなる。

主権は譲渡されえず、代表されえない

主権は譲渡されえない。同じ理由から、主権は代表されえない。主権は本質的に一般意志のうちにあり、そして意志というものは代表されるものではない。一般意志は一般意志であるか、一般意志ではないかのどちらかで、その中間というものはないのである。だから人民の代議士は人民の代表ではないし、人民の代表になることはできない。代議士は人民の代理人にすぎないのである。代議士が最終的な決定を下すことはできないのだ。人民がみずから出席して承認していない法律は、すべて無効であり、それはそもそも法律ではないのである。イギリスの人民はみずからを自由だと考えているが、それは大きな思い違いである。自由なのは、議会の議員を選挙するあいだだけであり、議員の選挙が終われば人民はもはや奴隷であり、無にひとしいものになる。人民が自由であるこの短い期間に、自由がどのように行使されているかをみれば、［イギリスの人民が］自由を失うのも当然と思われてくるのである。

代表という考え方は近代になってから生まれたものだ。それは封建政治から、あの不正で非合理的な政府からうけついだものなのだ。この政体のもとでは人類は堕落し、人間《オム》という名前そのものが不名誉に塗《まみ》れていた。古代の共和国でも、君主政においてすら、人民には代表者はいなかった。この代表という言葉さえ、知られていなかった。とても奇妙なことだが、ローマでは護民官はきわめて神聖なものとされていたが、これが人民の役割を簒奪することができるなどとは、想像もされていなかった。あれほど多数の群衆の中にいても、護民官は民会の決議にかける法案を［群衆の力をあてにして］職権で通過させようとしたことは一度もないのである。ただし時としては人民の数があまりに多くて、［代表によらずに決議しようとして］混乱が起きたことも考えておくべきだろう。［護民官］グラックス兄弟の時代に起きたことだが、市民の一部は屋根の上から投票したのである。

権利と自由だけが大切なものであるときには、不便さなど問題にはならない。この賢明な人民のもとでは、すべてのことが適切に配慮されていた。人民は護民官もあえてしなかったことを先駆警吏たちにさせていたが[45]、その警吏たちが人民を代表しようとするのではないかと心配する必要はなかったのである。

たしかに護民官がときに人民を代表することもあったが、これは〔現在の〕政府が主権者を代表するやりかたを考えてみれば、理解できよう。法律は一般意志を宣言したものだから、立法権において人民が代表されえないのは明らかである。しかし法律を実行に移すための力にすぎない執行権においては人民は代表されうるし、代表されねばならない。このことから、この問題を詳しく検討してみれば、〔真の〕法律をもっている国民がきわめてわずかであることが理解できるはずである。ともかく護民官は執行権の行使にはまったくかかわっていなかったので、その職務の権限において、ローマの人民を代表することはできなかった。そして元老院の権限を奪った場合にかぎって、人民を代表することができたのである。

ギリシアのポリスでは、人民がなすべきすべてのことを、人民自身が行っていた。

人民はたえず広場《アゴラ》に集まってきた。ギリシア人たちは貪欲ではなかったし、住んでいる土地も温暖だった。市民の代わりに奴隷が労働をしていたし、市民が大きな関心をもっていたのは、自分たちの自由だった。それではもはやギリシア人のような利点をもたない国で、この権利をどうすれば保存できるだろうか。［ギリシアよりも北方にある］わたしたちの風土は厳しく、それだけ必要とするものも多い（注二九）。一年のうちの半年は、［寒さで］公共の広場は使えない。わたしたちの重苦しい言語は、戸外ではよく聞き取れない。わたしたちは自由よりも利益を重視する。そして奴隷になることよりも、貧しくなることを恐れているのだ。

奴隷問題

何だと、奴隷がいなければ自由は維持できないと言うのか。そうかもしれない。［自由と隷属の］両極端は接しているのだ。自然のなかに存在しないものは、不便をもたらすのであり、何よりも市民社会ではその不便は大きくなるのである。不幸な状況にある市民社会では、他人を奴隷にしなければみずからの自由を保存することはできず、奴隷を極端に隷属させなければ、市民は完全に自由であることはできないこともある。それがスパルタの状況だった。わたしたちのような近代人は奴隷を所有しないが、諸君自身が奴隷なのだ。わたしたちはみずからの自由を売って、奴隷の自由を買っているのである。そのほうがよいのだと自慢しても空しい。わたしはそこに人間の姿ではなく、卑屈さをみいだすからだ。

だからといってわたしは、奴隷を所有すべきだとか、奴隷を所有する権利が合法的だと主張しているわけではない。わたしはその反対のことをすでに証明しているのだ。わたしはみずからが自由だと信じている近代人が、なぜ代表者をもつようになったのか、古代人がなぜ代表なるものを認めなかったのかという理由を説明しただけだ。いずれにしても、人民が代表をもった瞬間から、人民は自由ではなくなる。人民は存在しなくなるのだ。

すべての事柄を考慮にいれると、公民国家《シテ》がごく小規模でないと、わたしたちの国で主権者がその権利の行使をつづけることは、今後は不可能だと思われる。しかし国が小さいと征服される恐れはないだろうか。そのようなことはない。わたしはいずれ（注三〇）、大国がもつ強い対外的な力と、小国のたやすい統治と優れた秩序を結びつける方法を示したいと思う。

(注二九)寒冷な国で、オリエントの諸国のような奢侈と怠惰の風習を採用しようとすることは、オリエントの諸国の人民がつながれている鎖をみずから求めるようなものである。しかも寒い国では鎖につながれるようになるのは[環境から考えて、オリエント諸国よりも]必然なのである。

(注三〇)これはわたしがこの論文の続編で、対外関係を論じながら、連邦制度を考察する際にとりあげようと考えていた主題である。これはまったく新しい素材であり、そのための原則を定める必要があるのだ。

第一六章　政府の設立は決して契約ではない

立法権と執行権の関係

立法権が確立されると、次の問題は執行権を同じように確立することである。執行権は、個別的な行為によってしか機能しないものであるため、立法権の本質をなすものではなく、そもそも別のものだからである。主権者が、主権者としての地位を確立する前に執行権を所有することができると考えると、権利と事実が著しく混同されることになり、何が法であり、何が法でないかをもはや見分けることができなくなる。そしてこのように本性を喪失した政治体は、暴力を防ぐために設置されたにもかかわらず、たちまちのうちに暴力の餌食になってしまうだろう。

社会契約によって市民は誰もが平等である。だからすべての人がなすべきことは、すべての人が決定することができる。反対に、いかなる人も自分が行わないことを、他人になすように要求する権利はない。そして主権者が政府を設立する際に統治者に与えるのが、まさしくこの権利なのである。この権利は政治体に生命を与え、機能させるために不可欠なものなのである。

執行権と契約

この政府の設立という行為を、人民がみずからに認めた元首と人民との契約であると主張する論者が多い。この契約でそれぞれの当事者に定められた条件のもとで、元首は命令する義務を負い、人民は服従する義務を負うのだというのである。しかしこれが奇妙な契約の結びかたであるということには、誰もが同意するだろうとわたしは確信する。それはともかく、この見解が適切なものかどうか、調べてみよう。

第一に、至高の権利は譲渡することができず、変更することもできない。この権利を制限するということは、これを破壊するということである。主権者がみずからよりも上位の者を認めるというのは、不条理で矛盾したことである。主人に服従するようにみずから義務づけるということは、完全な自由［自然状態］に戻るということにほかならないのだ。

さらに人民がある特定の個人と結ぶこの契約が個別的な行為であるのはたしかである。だからこの契約は法ではありえないし、主権の行為でもありえない。すなわちこれは非合法的な行為である。

また、この契約の両当事者には自然の法だけが適用されるのであり、相互の約束を保証するものは何もないことも明らかである。これは社会状態にはどうみてもふさわしくないものである。力をもつ者はいつでも思いのままに力を行使することができるのだから、他人に次のように言う人間の行為も、契約と呼んでもいいことになる。「あなたにわたしのすべての財産を差し上げます。ただしあなたが好きなだけの財産をわたしに返還してくださることがその条件です」

国家における契約は一つしかない。それは結合の契約［社会契約］である。それが唯一の契約なのだから、ほかにはいかなる契約も存在しない。公的な契約でありながら、この結合の契約に違反しないようなものは、想像することもできないのである。

第一七章　政府の設立について

民主政体への移行

それでは政府を設立する行為はどのようなものとして理解すべきなのだろうか。わたしはまず、この行為が複合的なものであり、法の制定と法の執行という、他の二つの行為で構成されていることを指摘したい。

法の制定という行為において、主権者はある形式のもとで政府という団体が設置されることを定める。この行為が［一般的なものであり］法であることはたしかである。

法の執行という行為において、人民は設立された政府を担う指導者たちを指名する。この指名の行為は個別的な行為であり、これは第二の法ではない。これは第一の法の帰結であり、政府の機能である。

ここで難しいのは、政府が存在する前に、どうして政府の行為がありうるのか、主権者もしくは国民にすぎない人民が、特定の状況においてどうして統治者または行政官になりうるのかを理解することである。

そしてこの点にこそ、政治体の驚くべき特性の一つが明らかになるのである。政治体はこの特性によって、一見したところ矛盾しているさまざまな機能を調和させるのである。この特性は、主権が民主政にすみやかに転換することによって生まれるものである。これによって明確な変化もなしに、全員の全員にたいする関係だけが変わる。そして市民は行政官になり、〔市民の行為は〕一般的な行為から個別的な行為に移行し、法の制定から法の執行へと移行するのである。

この関係の変化は、実例のない巧みな机上の空論というものではない。イギリスの議会では毎日のように起きていることである。イギリス議会の下院は、特定の状況においては、問題をさらに十分に審議するために、全院委員会となる。それまでは主権者の会議だったものが、こうしてたんなる〔人民の代理人の会議である〕委員会に変身してしまうのである。そして下院は、全院委員会として決定した結論を、今度は下院としての自己自身に報告する。そして別の〔全院委員会としての〕資格においてすでに決定した事柄を、もう一つの［下院としての］資格において新たに審議するのである。

このように一般意志の単一の行為によって、現実に政府を設立できるというのが、民主政体に固有の利点である。この仮の政府はつぎに、採用される政体が民主政であれば、そのまま政権を掌握する。民主政でない場合には、法律によって定められている形式の政府を、主権者の名において設立する。こうしてすべてが規則どおりに進められる。これ以外の方法では、これまで定めた原理に反することなく、合法的に政府を設立することはできないのである。

第一八章　政府の越権を防止する方法

公僕としての為政者

これまで説明してきたことから、第一六章で検討してきたことが確認される。すなわち政府を設立する行為は、決して契約ではなく、一つの法であること。執行権を委ねられた人々は、決して人民の主人ではなく、その公僕であること。人民は好む時に、彼らを任命し、解任することができること。執行権を委任された人々の役割は、契約を結ぶことではなく、服従することであること。こうした人々が国家から課せられた任務をひきうけるのは、市民としての義務をはたすものにすぎず、委任された条件については、いかなる意味でも議論する権利がないこと、である。だから人民が世襲制の政府を設立したとしても、それがある王家が支配する君主政であるか、市民の一つの身分が支配する貴族政であるかを問わず、人民は［支配者と］ある約束をしたわけではない。［こうしたさまざまな統治形態は］人民が別の統治形態を採用したいと考えるまでに定められた仮の統治形態にすぎないのである。

政体の変革

このような［統治形態の］変更はつねに危険なものであり、公共の利益に反するようになるまでは、既存の政府を変えようとしてはならないのはたしかである。しかしこの戒めは政治的な原則にすぎず、法的な規則ではない。国家には、軍事的な権力を将軍たちに委ねておく義務はないし、政治的な権力を指導者たちに委ねておく義務もないのである。

このような場合に求められるのは、合法的で規則に適った行為と内乱を目指す暴動を区別するために、そして人民全体の意志と一つの党派の意志を区別するために必要なすべての手続きを、できるかぎり慎重に守ることであるのはたしかである。この場合にこそ、権利をできるかぎり厳密に解釈しなければならないのであって、どうしても拒みきれないときにしか、不穏な要求には譲ってはならないのである。ところがこの慎重さの義務を統治者が悪用して、人民の意志に反して権利を維持しながら、人民の権利を簒奪したと主張されないようにすることがある。与えられた権利しか行使していないような見せかけを作りだしながら権利を拡大すること、そして治安の維持という名目のもとで、善き秩序を回復しようとする人民の集会を妨げることは、統治者にはきわめてたやすいことだからである。こうした統治者は沈黙をやぶることを禁じておいて、その沈黙を利用する。あるいは不法行為を犯すように故意に導いておいて、この不法行為を利用する。そして人々が恐怖のために沈黙していると、政府を支持しているのだと勝手に思い込み、あえて口を開く者は罰するのである。

ローマの十大官は、最初は一年の任期で選ばれたが、一年で辞めずに次の年まで地位を維持し、民会の開催を禁じて、自分たちの権力を永続的なものとしようとしたのは、このやりかたの実例である。世界のすべての政府は、ひとたび公的な権力を与えられると、このたやすい方法に頼って、やがては主権を簒奪しようとするのである。

わたしがすでに提案した人民の定期集会は、この不幸な事態を防ぎ、その到来を遅らせるために適した方法である。集会の開催のために招集の手続きが不要な場合には、とくに適したものとなる。統治者がこの集会を妨げれば、みずから法を侵犯している国家の敵であることを公言することになるからだ。

社会契約を確認する二つの議案

社会契約の維持だけを目的としたこの集会では、開会にあたって必ずつぎの二つの議題を提案しなければならない。これは決して省略してはならないし、二つの議案は別々に採決しなければならない。

第一議案　主権者は政府の現在の形態を保持したいと思うか。

第二議案　人民は、いま行政を委託されている人々に、今後も委託したいと思うか。

ここではすでに証明したはずのことを前提にしている。すなわち国家には廃止できない基本法というものは何一つないこと、社会契約でも廃止できることである。全市民が集会して、満場一致で社会契約を破棄するならば、それはきわめて合法的な行為であるのは疑問の余地がないからである。グロティウスは、[46]誰でも自分の属する国家を見捨てて、国外に出ることによって、自然の自由と財産を回復できると考えている（注三二）。だから個人が別々になしうることを、集合した市民の全体がなしえないと考えるのは不合理なことだろう。

（注三二）もちろん義務を免れるため、あるいは祖国がわたしたちを必要とする［戦争のような］時に、祖国に奉仕しないために国を去ることはできない。こうした逃走は犯罪であり、罰せられるべきである。それは離脱ではなく、脱走である。

第四篇

第一章　一般意志は破壊できないこと

素朴な国家の理想

多数の人間が結びついて一体になっていると感じているかぎり、そこには共同体を維持し、市民全体の幸福を高めようとするただ一つの意志しかない。その場合には、国家のあらゆる原動力は活気に満ちて単純であり、その原則は明快で光り輝いているものである。利害が混乱することも、矛盾することもない。共同の幸福はいたるところに明確に示されており、常識さえあれば見分けることができるのだ。

平和、団結、平等は、政治家の巧妙な手腕の〈敵〉である。正直で単純な人は、その単純さゆえに欺かれにくいものである。術策や巧みな口実も、こうした人々を騙《だま》すことはできない。欺かれるためにはずるさが必要なのだが、そのずるさに欠けているのである。この世でもっとも幸福な国にあって、農民たちが樫の木の下に集まって国事を決め、いつも賢明にふるまっているのを見ると、他の国民のいわゆる洗練された方式を軽蔑しないではいられないのである。(47) 他の諸国は多数の技巧や秘策の駆け引きによって有名にはなったが、同時に不幸になったのである。

このように［素朴に］治められている国家では、ごくわずかな法律しか必要ではない。そして新しい法律を公布する必要が迫ってくれば、その必要性は誰にでも理解できる。これを最初に提案する者も、たんにすべての人々が感じていることを、口にだすにすぎない。そして各人がその法律を定めようと決心しており、他のすべての人々も同じように考えていることを確信しているのだから、その法律を承認させるためにどんな術策も雄弁も必要ないのである。

理論をもてあそぶ人々が間違えるのは、最初からまずく建国された国家しか見ていないために、これまで述べたような政治活動を維持することはできないと思い込んでいるからである。こうした人々は、パリやロンドンの民衆が、抜け目のない偽善者の言葉や、へつらう演説者の口車に乗ってしまい、ありとあらゆる愚行を展開する光景を想像して、嘲笑するのである。しかし［スイスの］ベルンの民衆ならクロムウェルを召使いのようにこき使ったはずであること、ジュネーヴの住民なら［貴族たちによるフロンドの乱を指導した］ボーフォール公爵を矯正施設送りにしたに違いないことを知らないのである。

衰退した国家の状況

しかし社会の絆が緩み始め、国家の力が弱くなってくると、個人的な利益が強く感じられ始める。そして小さな結社が大きな社会に影響を与え始めると、共同の利益は変質し、敵対者が登場するようになる。投票はもはや全員一致で行われることはなくなり、一般意志がもはや全体意志ではなくなる。対決や論争が起こり、立派な意見も、論争なしには認められなくなる。

最後に国家が滅亡に瀕して、空虚で欺瞞的な形でしか存続しなくなると、すべての人の心のうちで社会の絆が断たれ、きわめて卑しい利害が、厚かましくも公共の幸福という神聖な名を装うようになり、一般意志はもはや口をつぐんでしまう。すべての人々は他人には口にできないような動機に誘われて、あたかも国家など存在しないかのように、もう市民としては意見を述べなくなる。そして個人的な利益だけを目的とした不正な命令が、誤って法律という名のもとに承認されるようになる。

個別意志と一般意志

この場合には一般意志が消滅したのだろうか、腐敗したのだろうか。そのようなことはない。一般意志はつねに存在しており、不変で、純粋なものである。ただし一般意志は、それよりも強い他の意志に従属しているのである。各人は共通の利害と異なる自己の［特殊な］利害をもちながらも、共通の利害から完全に離れることはできないことを弁《わきま》えている。ただ各人は、自分だけで独占しようとしている自分の幸福と比較するならば、公的な不幸［が発生しても、そしてそのために彼にもたらされる不幸］の負担分など、大したことではないと考えるようになっているのである。この［自分だけで独占する］みずからの幸福を別にすると、各人は自分の幸福のためにも、他のいかなる人にも劣らずに、全体が幸福になることを強く望んでいるのである。

自分の投票を金で売る時でも、彼は自分のなかの一般意志を消滅させたわけではない。ただそれに背を向けただけなのである。彼の犯した過ちは、質問の意味を変えて、問われていないことに答えたことにある。たとえば投票の際に、「これは国家にとって有益である」と言う代わりに、「これこれの意見が可決されれば、これこれの人またはは党派にとって有益である」と言うのである。こうして集会における秩序を守るための法律は、集会において一般意志を維持することを目的とするものではなくなる。法律は、一般意志に「問われていない」質問を問い掛け、それに答えさせることを目的とするようになるのである。

わたしはここで、主権の行為そのものである投票という単純な行為について、誰も市民から奪うことのできないこの権利について、詳しく考察すべきかもしれない。あるいは市民が自分の意見を表明し、提案し、逐条的に審議し、討議する権利について、政府がその構成員にしか認めないように細心の注意を払っているこの権利について、詳しく考察すべきかもしれない。しかしこのような重要な問題については、別に考察すべきであろう。これらの権利について、ここですべてを語ることはできないのである。

第二章　投票

全員一致

前の章で指摘したことから、公的な事柄がどのように処理されているかを観察すれば、政治体の品性と健康の実際の状態について、かなり確実な指標を手にすることができることは明らかである。人民の集会が調和に満ちていればいるほど、すなわち意見が全員一致に近づくほど、一般意志が支配的になっているのである。しかし議論に時間がかかり、議論が紛糾し、時には騒ぎに近い状態になっているときは、個別的な利益が力をえているのであり、国家が衰退しているのである。

国家の体制のうちに二つ以上の身分が含まれている場合には、これはそれほど明確には現れないようである。たとえばローマでは貴族と平民の二つの身分があり、共和国の全盛期においても、この二つの身分の争いがしばしば民会を混乱させた。これは例外にみえるが、しかしそれも実際には見掛けだけのことなのである。その頃のローマには、この政治体に固有の欠陥のために、いわば一つの国家のうちに二つの国家があったからである。二つの国家を一緒にしてみれば例外的な事態が発生していたようにみえるが、それぞれの国家の内部の事態は例外的なものではなかったのである。実際にもっとも混乱した時代においても、元老院が介入しなければ、民会での人民の議決はつねに平穏のうちに、絶対多数をもって決議されていたのである。市民たちには一つの共通の利益しかなく、人民には一つの共通の意志しかなかったのである。

これと正反対の場合にも、全員一致がみられることがある。それは市民たちが奴隷状態に陥っていて、もはや市民たちには自由も意志もない場合である。その時は恐れとへつらいが、投票を喝采に変えてしまうのである。もはや議論は行われず、崇拝するか、呪うかのどちらかである。帝政期のローマの元老院では、このような卑しい方法で意見が述べられた。時には滑稽なほどの配慮のもとで行われたのである。タキトゥスは、オトー帝の時代のこととして、元老院議員たちがウィテリウスを口をきわめて罵りながら、同時にウィテリウスが皇帝に選ばれたときのことを恐れて、議場でひどい騒音を立てて、誰が何を言ったのか、分からないようにしたと語っている(48)。

投票方法の原則

このようなさまざまな問題を考察することでえられる原則に基づいて、投票を計算する方法と意見を比較する方法を定める必要がある。その際には、一般意志を見分けるのが容易であるか困難であるか、または国家が衰退しているかまだ衰退していないかに応じて、原則を適用すべきである。

その性質からして全員一致が必要な法は一つしかない。社会契約である。市民の結合は、あらゆるもののうちでもっとも自発的な行為だからである。すべての人間は生まれながらにして自由であり、みずからの主人であるから、いかなる人物も、いかなる口実によっても、彼の同意なしには服従させることはできない。奴隷の子供は奴隷であると決定することは、彼が人間として生まれたのではないと決定することである。

だから社会契約を締結するときに、反対者がいたとしても、それで社会契約が無効になるわけではない。反対者は社会契約には含められないだけである。社会契約に反対する者は市民たちのうちの異邦人である。国家が設立されたからには、そこに住むということは、社会契約に同意したことを示すものである。領土のうちに住むということは、その主権に服するということである（注三二）。

この原初の契約を別とすれば、［全員一致ではなく］最大多数者の意志が、つねに他のすべての者を拘束する。それはこの契約そのものからえられる結論である。ここで、ある人が自由でありながら、自分の意志ではない意志に服従するように強制されることがありうるのかという異論が提起されるかもしれない。決議に反対した人々も自由であるのに、どうして自分が同意していない法律にしたがわねばならないのか、と。

それは問題の問いかたが悪いのだと、わたしは答えよう。［社会契約によって］市民は、可決されたすべての法律にしたがうことに同意しているのである。その法律に自分が反対していたかどうか、そのいずれかの規定に違反した場合に自分もまた処罰をうけるような法律であるかどうかは問わないのである。一般意志とは、国家のすべての構成員の不変の意志であり、この一般意志によってこそ、彼は市民であり、自由なのである（注三三）。人民集会で一つの法律が提案されたときに、人民に求められているのは、厳密に言えばそれを承認するか、拒絶するかということではない。その法律が人民の意志である一般意志に合致しているかどうかが問われているのである。それぞれの市民は投票することで、これについての意見を述べる。そして投票の賛否の数を計算することで、一般意志が表明されるのである。だからわたしと反対の意見が多数を占める場合には、それはわたしが間違っていたことを示すものにすぎない。わたしが一般意志と考えていたことが、じつは一般意志ではなかったことを示しているのである。もしもわたしの個人的な意志が、一般意志よりも優位に立つならば、それはわたしが自分の望んでいなかったことをしたことになる。その場合にはわたしは自由ではなかったのである。

このことは、一般意志のすべての特徴がまだ多数意見のうちに存在していることを前提とするものであるのはたしかだ。もしもこの前提が満たされなくなった場合には、いずれの側についても、もはや自由はないのである。

一般意志となりうる投票比率

すでに公共の問題の議論において、個別意志が一般意志を僭称《せんしょう》するしかたを示しながら、この弊害を防ぐための実用的な方法を十分に示してきた。このことについては後でも考察することにしたい。ある決議が一般意志を表明するものだとみなすためには、どの比率の投票が必要であるかも、その比率を決定する原理も示しておいた。ただの一票の差でもそれまで賛否同数だった採決が決まるし、ただの一票の反対があれば、全員一致の議決でなくなる。もっとも全員一致と賛否同数の議決のあいだで、さまざまな比率で賛否は分かれうるのであり、政治体の状態と必要におうじて、どの比率であれば一般意志の表明とみなすかを決めることができるのである。

この比率を決めるために役立つ二つの一般的な原則がある。一つは討議する問題が重要で重大なものであればあるほど、全員一致に近い比率でなければ、その議決を可決できないようにすべきだということである。第二は、討議する問題の決定が急を要するものであればあるほど、その議決のために必要な票差を小さくすべきだということである。ただちに決定する必要のある事柄であれば、ただの一票でも賛成が多ければ十分であると判断すべきである。この二つの原則の第一のものは、法律を制定する際に適切なものであり、第二の原則は政務について決定する際に適しているようである。いずれにしてもこの二つの原則を組み合わせることで、可決に必要な多数の比率にもっとも適した比率を決定することができる。

(注三二) このことはつねに自由な国家だけにあてはまるものでなければならない。自由な国家ではないところでは、家族、財産、避難する場所の欠如、生活上の必要、暴力などのために、住民がその意に反して、国内にとどまらざるをえないことがあるからだ。この場合には領土にとどまっているということだけで、彼が契約に同意したものとみなすべきでなく、また契約の破棄に同意したものとみなすべきでもない。

（注三三）ジェノヴァでは、監獄の正面の門とガレー船の囚人の鉄の鎖に、自由《リベルタス》という語が刻みこまれている。この語の使い方は巧みで、正しいものである。実際に市民が自由であることを妨げるのは、あらゆる種類の悪人たちである。こうした悪人がすべてガレー船につながれている国は、もっとも完璧な自由を享受することのできる国だろう。

第三章　選挙

選挙と抽籤

すでに述べたように、統治者と行政官を選出する行為は複合的なものであり、二つの方法がある。選挙と抽籤《ちゅうせん》である。この二つの方法はこれまでさまざまな共和国で利用されている。ヴェネツィアの統領《ドージェ》の選出ではいまなお、この二つの方法がきわめて複雑な方法で混ざりあっている。

モンテスキューは「抽籤による選出が民主政の本性にふさわしい」と語っているが、わたしも賛成だ。それはどうしてか、彼はつづけて言う。「抽籤は誰をも思い悩ませない選出の仕方である。それは自分の祖国に奉仕するという穏当な希望を公民一人一人に残しておく」[49]。しかし理由はそれではない。

まず指導者の選出は、主権者ではなく、政府の職務であることに留意するならば、抽籤が民主政の本性に適っている理由は理解できるはずだ。民主政では、行政の行為は簡略なものであればあるほど優れているからである。

すべての真の民主政では、行政官の地位は特権ではなく、厄介な重荷である。これを特定の個人だけに押しつけるのは公正なこととは言えない。ただ法律で、籤《くじ》にあたった人がこれをひきうけることを定めることによって、この負担を課すことができるのである。この条件はすべての人にとって平等なものであり、誰が選ばれるかは、個人の意志とまったく関係がないからだ。そのため、法律を特定の個人に適用しても、それは法の普遍性を損なうことがないのである。

貴族政においては、統治者が統治者を選出し、政府がみずからを維持している。だからこの政体では投票による選出が適しているのである[50]。

ヴェネツィアの統領《ドージェ》の選出の例は、この区別に反するものではなく、それを確認するものである。混合政府には、このような混合した選出方法が適しているのである。というのは、ヴェネツィアを真の貴族政とみなすのは、間違いだからだ。たしかにヴェネツィアでは人民は政治にまったく参加しないが、それは貴族が人民そのものだからだ。聖バルナバ地区に住む多数の貧しい貴族たちは、行政官の地位に就くことはまったくできず、貴族の特権としては、「閣下」という空虚な称号で呼ばれる権利と、大評議会に出席する権利を認められているにすぎない。この大評議会に出席する議員の数は、ジュネーヴの市民総会の議員の数と同じように多いので、［ヴェネツィアの］名誉ある議員の特権はジュネーヴの市民たちの特権とそれほど違うものではない。

この二つの共和国には顕著な違いがあるものの、それを別とすればジュネーヴの町民階級《ブルジョワ》はまさしくヴェネツィアの貴族に相当し、ジュネーヴの居住民《アビタン》や出生民《ナティフ》はヴェネツィアの都市民や人民にあたり、ジュネーヴの農民は［ヴェネツィアの］内陸の従属民にあたる。(51) 要するに、このヴェネツィアの共和国をどう理解するとしても、その大きさを別とすれば、ヴェネツィアの政府はジュネーヴの政府と同じように貴族政ではないのである。違いは、ジュネーヴには［統領という］終身の指導者がいないので、ヴェネツィアのように抽籤で選出する必要すらないということだけである。真の民主政では、抽籤による選挙はいかなる問題も起こさないだろう。真の民主政では人々はその習俗や［個人の］才能においても、［適用される政治的な］原則や財産においても平等であり、誰が選ばれるかは、ほとんど関心をひかないことだろう。しかしすでに述べたように、真の民主政がかつて存立したことはなかったのである。

選挙と抽籤を併用する場合は、軍務のように固有の才能が必要とされる地位には、選挙という方法を利用すべきである。裁判官の職務のように、良識、正義感、廉直だけで十分な場合には、抽籤が適している。善き政体の国家においては、このような資質は市民のすべてに共通したものであるはずだからである。

君主政においては、抽籤も投票も行われない。君主が当然のことながら唯一の統治者であり、行政官であるから、その補佐官を選択する権利は君主だけのものである。サン・ピエール師はかつてフランスの王室顧問会議の数を増やし、この構成員を投票で選出することを提案したことがあったが、それは政体を変革する提案であることを、彼は自覚していなかったのである(52)。

あとに残されているのは、人民の会議で投票し、それを集計する方法について考察することだろう。この問題については、ローマの政治史を調べれば、わたしが証明しようとするすべての原則が明瞭に理解できるに違いない。二十万人もの多数の構成員を擁する会議において、公的な問題と私的な問題がどのように処理されたかをやや詳しく調べることは、公正さを目指す読者にとって無益なことではあるまい。

第四章　ローマの民会

ローマの初期の時代については、確実な証拠はまったく残されていない。この時代について語られていることのほとんどが作り話に思えてくるのである（注三四）。一般に民族の年代記からもっとも教訓がえられるのは、その民族の建国の歴史であるが、ローマについてはこれはもっとも記録が欠如しているところである。われわれは日々の経験から、国家においてどのような原因で革命が起こるかを学んでいる。しかし現代においては、新たに形成される民族というものが存在しないので、どのようにして民族が形成されたかは、［経験によらずに］推測するしかないのである。

ある慣習が定められているということは、少なくともその慣習には始まりがあることを示している。これらの慣習の起源にまで溯る伝承のうちで、もっとも高い権威で支えられていて、もっとも有力な理由によって裏づけられているものを、もっとも確実な伝承とみなすべきである。わたしはこの原則にしたがって、地上でもっとも自由で、もっとも強力だったローマの国民が、その至高の権利をどのように用いたかを探求しようと試みた。

トリブスとケントゥリア

ローマの建設の後、生まれつつあった共和国、すなわちアルバ人、サビニ人、および外国人から構成されたこの国家の建国者の軍隊は、三つに区分された。それぞれの部分は、このように「三つに《トレース》」分けられたために部族《トリブス》と呼ばれた。それぞれの部族は一〇のクリア（市民集団）に分割され、それぞれのクリアはデクリアに細分された。またクリアの指導者としてクリオが、デクリアの指導者としてデクリオが任命された。

さらにそれぞれの部族から百人《ケントゥム》の騎兵または騎士を選んで、この集団を百人組《ケントゥリア》と呼んだ。このことから、この区別は町の内部ではあまり必要のないものであり、軍事的なものであったことが分かる。しかし偉大な国家となろうとする本能のようなものが働いていて、小さな都市でしかないローマのうちにも、世界の首府にふさわしい政治組織を前もって用意していたかのようである。

この最初の区別はやがて不便なものとなった。アルバ人の部族（ラムネンセス）とサビニ人の部族（ティティエンセス）はずっと同じ状態を維持していたが、外国人が都に流れ込みつづけたために、外国人の部族（ルケレス）が拡大しつづけ、他の二つの部族の数を凌《しの》ぐようになったからである。この危険な弊害をセルウィウス［・トゥリウス王］は、以前の区分を修正することで是正しようとした。種族ごとの区分を廃止して、それぞれの部族が居住する都市の区画ごとに区分することにしたのである。それまでの三部族の代わりに、四つの部族が創設された。それぞれの部族はローマの四つの丘の一つに居住し、その丘の名前で呼ばれるようになった。このようにしてセルウィウスは、その時点で発生していた不平等を改善し、将来においても不平等が発生するのを防いだのである。またこの区分を地区の区分であるだけでなく、人間の区分とするために、一つの地区の住民が他の地区に移ることが禁じられた。これで種族が混じることが防がれたのである。

セルウィウスはすでに編成されていた騎兵の三つのケントゥリアの数を二倍にして、

さらに新たに一二のケントゥリアを追加した。これらは相変わらずケントゥリアと呼ばれていた。この簡単で賢明な方法によって、人民に苦情を言わせずに、騎士の団体と人民の団体を区別できたのである。

田園地区と都市地区

セルウィウスはさらにこれらの四つの都市の地区《トリブス》に、新たに一五の地区を追加した。この地区は田園地区と呼ばれたが、それは一五の区に区分された農村の住民で構成されていたからである。その後さらに一五の地区が創設された。こうしてローマ人は最終的には三五の地区に分かれたのであり、これは共和政の終わりまで変わらなかった。

このように都市地区と田園地区が区別されたことから、興味深い結果が生まれた。こうした実例はほかにはみられないのであり、ローマがその習俗を維持しながら、帝国を拡大することができたのは、この区別によるところが大きいのである。あるいは都市地区がすぐに権力と名誉を独占して、田園地区を衰退させたと思われるかもしれない。しかし事実はその反対だった。初期のローマの人々が田園生活を好んだことはよく知られている。この好みはローマの賢明な建国者が、初期のローマの人々に伝えたものであり、［田園における］耕作と兵役を自由へと結びつけたのである。そして技術、手工業、陰謀、財産、奴隷制はいわば都市に追放したのだった。

このようにローマで有名な人々はみな田園に住んでいて土地を耕していたので、共和国の支えは、田園地帯だけに求めるのが通例になっていた。田園での生活は、もっとも高貴な貴族の生活として、すべての人から尊敬されていた。村人の質素で勤勉な暮らしぶりが、ローマの町民の無為で怠惰な生活よりも善いものとされていた。都市では不幸な無産者でしかないような人でも、勤勉に畑を耕していれば、農民として尊敬され、市民とみなされただろう。ウァロは、「われわれの偉大な祖先が、農村を屈強で勇敢な人々を育てあげる場所としたのは、理由のないことではない。この人々が戦時には祖先の人々を守り、平和な時には祖先の人々を養ったのである」と語っている。プリニウスは「農村の地区は、その構成員のために尊敬された。これにたいして［農村の地区に住んでいても］怠惰な者は、その不名誉のしるしとして都市の地区に移し、その品位の低さを示そうとした」と明言している(53)。サビニ人のアッピウス・クラウディウスは、ローマに住もうとして都を訪れたが、そこで多くの名誉をうけ、田園地区に編入された。その後、この地区はクラウディウス家の名前で呼ばれることになった。最後に解放奴隷はすべて都市地区に編入され、決して田園地区には編入されることがなかった。共和政のすべての期間を通じて、解放奴隷のうちの一人として、市民になっても政務につけられることはなかった。

二つの地区を区別する原則の弊害

この原則は卓越したものであった。しかし行き過ぎがあったために、政治組織に変化が生じたのであり、弊害も生まれたのである。

第一に、戸口監査官《ケンソル》は、市民をある地区から別の地区へと恣意的に移動させる権利を長いあいだ独占していたが、その後は大部分の市民に、自分の好む地区に移ることを認めるようになった。この許可は何の役にも立たないばかりでなく、ケンソルの重要な権限の一つを奪うことになったのである。さらに高位の人物や有力者はすべて田園地区に移籍し、市民となった解放奴隷は大衆とともに都市地区に残っていたので、地区の名前は特定の場所を示すものでも、特定の領土を示すものでもなくなってしまった。そしてすべての地区に、他の地区から住民が移籍してきたため、登記簿によらずには、それぞれの地区の構成員をもはや識別できなくなっていた。こうして地区《トリブス》という語の意味が、土地を指すのではなく、人物を指すものに変わってしまった。そしてほとんど架空のものとなったのである。

さらに都市地区はほかの地区よりも大きな影響力をもっていたので、民会ではもっとも勢力が強いことが多かった。そして地区を構成する下層民の投票を金で買おうとする人々に、国を売りわたす結果になったのである。

クリア

クリアについていえば、ローマを建国した者はそれぞれの部族に一〇のクリアを作ったので、その当時ローマの城壁の内側［の都市の部分］に住んでいたすべてのローマ人は三〇のクリアのどれかに所属していた。それぞれのクリアは独自の神殿、神々、事務官、司祭、祭典をもっていた。その祭典はコンピタリアと呼ばれたが、これは後に田園地区で催された祭パガナリアに似たものである。

セルウィウスが新しい区分を創設した際に、これらの三〇のクリアを四つの部族に平等に分けることができなかったので、これには手をつけなかった。だからクリアは、部族とは別の形でローマの住民を区分けする方法となった。しかし田園地区とその住民にとっては、クリアは無関係なものだった。地区の制度が完全に政治的なものとなり、徴兵のためには別の方式が採用されていたので、ロムルスの軍事的な区別は余計なものとなっていたのである。このようにして、市民はどれかの地区に登録されていたが、各人がクリアに登録されることはごく稀だったのである。

財産による区分

セルウィウスはさらに第三の区分を創設した。これは前の二つの区分とは無関係なもので、その結果からしてもっとも重要な区分となったものである。彼はすべてのローマ人を、六つの階級に分類したが、その分類の基準は「居住する」土地でも、「家族としての」人間でもなく、財産の額だった。こうして最初の二つの階級は富める者たちで構成され、最後の二つの階級は貧しい者たちで構成され、中間の二つの階級は、中程度の財産を所有する人々で構成されるようになった。

これらの六つの階級は、さらに一九三個のケントゥリアに細分割された。しかし第一の階級だけが、一九三のケントゥリアの半ば以上を独占したのであり、最後の階級全体で、一つのケントゥリアしか占めないようにしたのだった。だから人数がもっとも少ない［第一の］階級が、もっとも多数のケントゥリアを独占し、ローマの住民の半ば以上を占める第六の階級は、その全体でわずか一つのケントゥリアしか割り当てられなかったのである。

セルウィウスはこの最後の割り当ての意味を、人民があまりはっきりと理解できないようにするために、それに軍事的な装いを施そうとした。彼は第二の階級に、甲冑制作者の二つのケントゥリアをいれ、第四の階級に、武器制作者の二つのケントゥリアをいれた。第六の階級を除くすべての階級は、武器をとる義務のある青年の部門と、老齢のために法によってその義務を免除されている老人の部門に分けられた。その［年齢による］区別のために、財産による区別で必要になる以上に頻繁に、戸口調査と人口調査を実行することが必要になった。やがて彼は、マルスの野《カンプス・マルティウス》で［すべての住民の］集会を開いて、そこに武器をとる義務のある年齢のすべての市民が、武器を手にとって集まるように命じたのだった。

第六の階級に、この青年の部門と老人の部門という区別が適用されなかったのは、この階級を構成する下層民には、祖国を守るために武器をとる名誉が認められなかったからである。かまどを守る権利を認められるには、かまどをもっていなければならなかった。現在のヨーロッパの国王たちの軍隊には、「傭兵の」ごろつき部隊が輝きを添えているが、その中には、ローマの歩兵隊であれば軽蔑をもって追放されなかったような兵士は一人としていないだろう。ローマでは兵士は自由の防衛者だったのである。

なお第六の階級では無産者《プロレタリウス》と貧民《カピテ・ケンシ》が区別された。無産者はまったくの無一文の人々ではなく、国家に少なくとも「子供という」市民を提供したのであり、緊急の場合には武器をとる兵士となることもあった。まったく無一文で、頭数でしか数えられない人々（カピテ・ケンシ）は完全に無視されていた。こうした人々を初めて兵士に採用したのがマリウスだった。

この第三の「財産による」登録の分類方法がそれ自体として善いものだったか悪しきものだったかは別として、次のことは断言できると思う。すなわちこのような分類ができたのは、初期のローマ人の習俗が素朴なものであったこと、彼らが無私無欲だったこと、農業に愛着を示していたこと、商業や利益を獲得することに熱意を抱くことが軽蔑されたことなどのためである。近代の人民の飽くことなき貪欲さ、落ち着きのない心、陰謀好み、絶えざる移動、財産の不断の変動などを考えると、国家を転覆させずにこのような［財産による］分類を二十年間でも維持できる人民が、どこにいるだろうか。さらに、ローマではこうした制度よりもさらに強力な習俗や戸口監察制度があって、区分制度の欠陥を是正していたこと、また富をあまりに誇示したために、第六の階級に落とされた富裕者もあったことを忘れるべきではない。

これまで述べてきたことからも、ローマには実際に六つの階級があったが、歴史では五つの階級しかほとんど言及されることのない理由はすぐに分かるはずである。第六の階級は軍隊に兵士を提供することもなく、マルスの野に投票者を送ることもなく（注三五）、共和国ではほとんど役に立っていなかったので、おおむね無視されていたのである。

三つの民会

ローマの人民はこのような方法で区分されていたのであるが、次にこの区分がさまざまな集会でどのような帰結をもたらしたかを調べてみよう。合法的に招集された集会は、民会《コミティア》と呼ばれた。この集会は通常はローマの広場か、マルスの野で開催されたのであり、集会が招集される形式におうじて、クリア民会、ケントゥリア民会、トリブス民会に区別された。クリア民会はロムルスが創設したものであり、ケントゥリア民会はセルウィウスが、トリブス民会は護民官《トリブヌス・プレビス》が創設したものである。いかなる法律の承認も、いかなる行政官の選出も、民会でなければ行われなかった。そしてすべての市民がクリア、ケントゥリア、トリブスのいずれかに登記されていたので、いかなる市民にも投票の権利は否定されることがなく、ローマの人民は権利においても事実においても、真の主権者だった。

民会の開催が合法的なものとみなされ、そこで決議されたことが法律としての効力をもつためには、三つの条件が必要だった。その第一は、民会を招集した団体または行政官が、招集に必要な権限をもっていることである。第二は、集会が法律で認められた日に開催されることである。第三は占いで吉とでることである。

最初の規則が定められている理由は説明する必要がなかろう。第二の規則は行政的な理由によるものである。たとえば祭や市《いち》の開かれる日に民会を開催してはならなかった。こうした日には田園地区の人々は、自分の用事のためにローマを訪れるのであり、「民会に出席して」公共の広場で一日を過ごす暇はなかったからである。第三の規則によって元老院は、自尊心が高く、熱しやすい人民を抑えたのであり、反抗的な護民官の熱意を抑制することができたのである。ただし護民官はこの制約から逃れるさまざまな方法を知っていた。

民会で審議されたのは、法律の承認や指導者の選挙などの問題だけではなかった。ローマの人民は政府のもっとも重要な機能の一つを奪ってわがものとしていたのである。だからヨーロッパの運命はローマの民会の手中にあったと言っても過言ではない。さまざまな問題があったために、決定すべき事柄の性質におうじて、集会の形式もさまざまなものとなったのである。

これらのさまざまな集会の形式を見分けるためには、それを比較してみればよい。ロムルスはクリア民会を創設するにあたって、元老院を人民によって抑制させ、人民を元老院によって抑制させ、みずからはその両者を支配することを目論んでいた。だからクリア民会という方法で、貴族にはさまざまな勢力と富の権威を認めながらも、それにたいして人民の数という完全な権威を対抗させようとしたのである。しかし彼は君主政の精神のもとで、人民よりも貴族たちに大きな権威を残しておいた。というのは、貴族はその被護民《クリエンテス》の力で、［民会で］過半数を獲得できるからである。この保護者《パトロヌス》と被護民という優れた制度は、政治と人間性を巧みに組み合わせた傑作であり、これがなければ、あれほどまでに共和政の精神に反していた貴族の制度が存続することはできなかっただろう。ローマだけが、この制度で世界の範たる名誉を担ったのである。この制度は悪弊は生まなかったが、その後の歴史において、この範例に見習おうとする人民はついに現れなかったのである。

このクリア民会という形式は、セルウィウスにいたるまで代々の王のもとで存続し（最後の王のタルクィニウスの統治は合法的な君主政とは認められなかった）、君主政の期間の法律は一般にクリア法という名称で、他の時期の法律と区別されている。

共和政でも、クリア民会は四つの都市地区だけに限られており、このためローマの一般大衆しか含まなかった。そのために貴族の頂点にあった元老院とも、平民とはいえ富裕な市民を率いる護民官とも、おりあいが悪かった。こうしてクリア民会の信用は失墜した。その衰退ぶりは、クリア民会のなすべきことを、民会を招集すべき先駆警吏三十名が集まって、実行するほどだった。

ケントゥリアによる区別は貴族政には非常に都合のよいものだったので、元老院がケントゥリア民会においてなぜ優位に立てなかったのか、一見したところでは理解しがたいのである。このケントゥリア民会では、執政官、戸口監査官など、高位の行政官たちが選出された。実際に、ローマの全体の六つの階級を構成する一九三のケントゥリアのうち、第一階級が九八のケントゥリアを占めていたのであり、投票はケントゥリアごとに数えることになっていたから、第一階級だけで、他のすべての階級の票の合計を上回っていたのである。ある議題にたいして第一階級の意見がすべて一致した場合には、残りの階級の投票は数えられなかった。数ではもっとも少ない階級の決めたことが、多数者の決定とみなされたのである。だからケントゥリア民会では、議題は意見の多数によってではなく、貨幣の多数によって決定されていたと言うことができる。

しかし貴族たちのこの極端な権力は、二つの手段によって緩和されていた。第一に護民官は多くの場合、第一階級に属していたし、多数の平民がつねにこの階級に含まれていたために、この第一階級の内部で、これらの人々が貴族と勢力を競っていた。第二の手段として、ケントゥリアの序列から順に投票するならば、つねに第一階級から投票することになるので、それを避けるために、抽籤で一つのケントゥリアを選ぶことにした。そしてその日は、この選ばれたケントゥリアだけが投票した（注三六八）。その後、別の日に他のすべてのケントゥリアが序列ごとに招集されて、同じ議題について投票するのである。この後日の選挙では、最初の日の選挙の結果が追認されることが多かった。このように最初の模範を示す権利を序列によってではなく、民主政の原則にしたがって抽籤で選んだのである。

この風習から別の利点が生まれることになった。［選挙が二日に分けて行われたために、都市に馴染みの薄い］田園地区の市民が、二回の選挙のあいだに、暫定的に指名された候補者の能力について情報を収集できたので、それぞれの候補者の主張を知った上で投票することができたのである。しかし迅速を尊ぶという名目のためにこの風習は廃止され、二回の選挙はやがて同じ日に行われるようになった。

トリブス民会は、ほんらいはローマ人民の評議会のようなものだった。これは護民官《トリブヌス》だけが招集した。この民会で新しい護民官が選出され、護民官が提出した平民議題《プレビスキトゥム》の採決が行われた。元老院はこの民会に議席をもたず、投票できないだけでなく、出席する権利もなかった。そして元老院議員たちは、投票することのできない法律にしたがうことを強制されたために、もっとも地位の低い平民よりも自由でなかったのである。これはまったく納得しがたいほどに公正さに欠けるものであり、すべての構成員が参加できるわけではない団体の命令が無効であるという主張には、十分に根拠があったのである。そもそもすべての貴族が、市民としての資格においてこの民会に出席することを認められたとしても、一人の個人として投票するのだから、［民会の決議に］影響を及ぼすことはできなかったはずである。頭数で投票を数える形式においては、下層の無産者も、元老院の統治者と同等に扱われるからである。

このことから次のことが理解できよう。投票する人民の数が非常に多かったために、このように多様な区分が採用されて、そこから全体の秩序が形成されたのであるが、一方ではこの区分の形式は、それぞれの民会の内容と密接な関係があり、その形式は、選ばれた目的にふさわしい効果を発揮していたのである。

さらに詳細に検討してみなくても、これまでの説明からトリブス民会が民衆による政治にもっとも好都合であり、ケントゥリア民会が貴族政にもっとも好都合なものであったことは明らかだろう。ローマの大衆が過半数を占めていたクリア民会は、僭主政治と悪巧みに適した場であり、扇動者でさえ、あまりにみずからの意図がむきだしになるのを控えていたほどで、この民会の評価が低下したのは当然のことである。ローマの人民のすべての尊厳が発揮されたのはケントゥリア民会においてであり、これだけが完全な民会だった。というのもクリア民会には田園地区が欠けていたし、トリブス民会には元老院と貴族たちが欠けていたからである。

投票方法

初期のローマでは、［賛否の］票を数える方式はその風習と同じように素朴なものだったが、スパルタほど簡略なものではなかった。［トリブス民会《トリブス》では］各人は大声で賛否を告げ、書記がそれを次々と記録していく。一つの地区の過半数の意見が、その地区の［賛否の］投票となる。そしてすべての地区の投票の過半数が、人民の決定とみなされた。クリア民会とケントゥリア民会でも同じように採決された。

この習慣は、市民たちのあいだに誠実さがゆきわたり、不正な意見や無価値な人物に自分の票を公然と投じることを恥じる気持ちが残されていたあいだは、優れたものだった。しかし人民が腐敗して、票が買収されるようになると、秘密投票が望ましくなった。［秘密投票では］票を買おうとする者も、［ほんとうに買ったとおりに投票するかどうかについて］不信の気持ちを抱くため、買収を思いとどまるだろうし、［票を売るような］ずるい人間も裏切り者にならずにすむからである。

キケロが［秘密投票への］変更を非難して、共和国が滅亡した原因の一つがこれにあると指摘しているのはたしかだ(54)。この問題についてはキケロの権威を重視せざるをえないことは承知しているが、この見解には賛成できない。反対にもっと早期に秘密投票に変更しなかったことが、国家の滅亡を促進したのだと思う。健康な人の節制法は、病人には適さない。同じように、善良な人民にふさわしい法律で、腐敗した人民を統治しようとしてはならないのである。この原則を証明する最適な事例として、ヴェネツィア共和国がいまなお存続していることをあげることができる。この国が形骸化しながらもまだ存在しているのは、その法律が悪しき人民にふさわしいものだからである。

こうして［ローマでは］市民に投票板が配られるようになった。各人は他人に自分の意見を知られずに投票できるようになったのである。この投票板を集めて、賛否を計算し、投票の数を比較するなどのために、新しい規則が作成された。それでもこうした機能をはたす役人たち（注三七）の忠実さに、しばしば疑問の目が向けられたのである。ついに投票の売買やさまざまな手管を防ぐための布告が発布されるにいたった。この布告が何度も発布されていることからみても、これが効果を発揮しなかったのは明らかである。

共和政の末期になると、法律の不備を補うための異例な方策がとられるようになった。奇跡が起きたと主張されたこともある。しかしこうした奇跡は、人民を騙すことはできても、人民を支配する人々を騙すことはできなかった。また候補者が陰謀を企てる時間をもてないように、集会が突然に招集されたこともあった。人民が買収されたために、悪しき決議が採択されることが明らかになった場合には、会期の最後まで演説を引き延ばすこともあった。それでも野心がすべてに打ち勝った。しかし信じられないことに、このような多くの弊害のうちにあって、この多数の人民が、昔ながらのこの制度のおかげで、元老院と同じように、やすやすと行政官を選挙し、法律を制定し、裁判を開き、公的な政務と私的な事務を処理していたのである。

(注三四) ローマという名は、ロムルスに由来すると言われるが、これはギリシア語であり、力を意味する。ヌマという名もギリシア語であり、法を意味する。この都市の最初の二人の王が、それぞれの王の業績に深い関係のある名前をあらかじめつけられていたというのは、なんとも見え透いたことではないだろうか。

(注三五) マルスの野と言ったのは、そこでケントゥリアの民会が開催されたからである。民会はほかに二つの形式のものがあり、こうした民会は広場などで開催されたので、貧民《カピテ・ケンシ》も上級の市民と同じような勢力と権威をそなえていた。

（注三六）抽籤で選ばれたこのケントゥリアは、最初に投票することを求められたために、「プラエロガティヴァ」と呼ばれた。特権のある（プラエロガティウス）という語はここから生まれたのである。

（注三七）これらの役人は投票板の管理人《クストデス》、投票板の配布人《ディリビトレス》、投票板の回収人《ロガトレス》と呼ばれた。

第五章　護民府について

国家を構成するさまざまな官職のあいだで適切な均衡がとれない場合や、避けられない原因のためにこれらの官職のあいだの均衡がたえず変動する場合には、特別な官職が設けられる。これは他の官職と統合されることなく、それぞれの官職の均衡を正しい状態に戻す役割をはたす。さらに統治者と人民のあいだ、統治者と主権者のあいだ、または必要であればこの両方の関係において中間項となり、連絡役となるものである。

この団体をここでは護民府《トリブナトゥス》と呼ぶことにするが、これは法律と立法権を維持することを目的とする制度である。この護民府は、ときにはローマの護民官のように、政府から主権者を保護し、ときには現在のヴェネツィアの十人評議会のように、人民から政府を保護し、ときにはスパルタの監督官《エフォロス》のように、政府と人民の均衡を保つことに役立つのである。

護民府は都市国家《シテ》を構成する組織ではなく、立法権や執行権をわずかでも所有してはならない。それだけに護民府の権限はどちらよりも大きい。何もする権限がないために、すべてのことを阻止できるのである。法の守護者である護民府は、法を執行する統治者や、法を制定する主権者よりも神聖であり、尊ばれるのである。このことはローマではきわめて明瞭に示されていた。つねにすべての人民を軽蔑していた高慢な貴族たちすら、占いの権利も裁判の権利ももたないたんなる人民の役人［である護民官］の前には、屈服せざるをえなかった。

中庸をえた賢明な護民府は、優れた政治体制のもっとも強固な支えとなる。しかしわずかでも力をもちすぎると、すべてを覆してしまう。力が弱くなりすぎるということは、護民府の性格からありえないことである。護民府は存在しさえすれば、必要な任務をはたすものなのだ。

護民府が、執行権の調停者にすぎないのに執行権を簒奪するとき、あるいは法律を保護することだけを任務とするのに法律を定めようと望むときには、護民府は僭主政治へと堕落してしまう。スパルタの監督官《エフォロス》は巨大な権限を認められていたが、スパルタの善き習俗が保たれているあいだは、いかなる危険ももたらさなかった。しかしスパルタで腐敗が始まると、この腐敗をさらに強める結果になったのである。［監督官たちが］僭主のような存在となって、［改革を望んだスパルタの］アギス王を殺害したとき、王の後継者は監督官を殺害してその償いをさせたのである。監督官たちの罪と罰は、［スパルタの］共和国の没落を促進したのである。そして［アギス王の後継となった］クレオメネス王の後は、スパルタはもはや存在しないも同然であった(55)。

ローマも同じような没落の道を辿った。護民官たちは次第に権力を簒奪して強大な力をもつようになる。そしてかつては自由を保護するために作られた法の助けを借りて、自由を破壊する皇帝たちを援護する結果になったのである。ヴェネツィアの十人評議会は、貴族にとっても人民にとっても恐るべき血の法廷となった。法律を堂々と保護するどころか、法が堕落したのちには、正視できないような忌まわしい闇討ちのための手段に堕したのである。

護民府は、政府と同じように、構成員の数が増加すると力は弱くなる。ローマの護民官は最初は二人だった。やがて五人に増員され、さらにそれを二倍にすることが提案されたが、元老院はその試みを放置した。それは護民官どうしで制約しあうことを期待したためであり、そうなるのは確実なことだった。

このような恐るべき団体が権力を簒奪しないようにする方法は、これまでいかなる政府もみつけることができなかったものである。その最善の方法は、この団体を常置のものとせずに、一定の期間だけ機能を停止させ、その［停止］期間が終了したのちに、また機能させるのである。この停止期間の長さは、悪弊が根づくほどの長さであってはならない。法律でこの期間の長さを定めておき、必要に応じて特別な委員会がこれを短縮できるようにすればよいだろう。

この方法には不都合なところはないように思われる。すでに指摘したように護民府は政治体制の一部を構成するものではないので、機能を停止させても体制が損なわれることはないからである。またこの方法は有効なものだと思われる。護民府に新たに任命される行政官の権力は、前任者の権力と同じではなく、法律が定めた権力をうけとるからである。

第六章　独裁について

法律の停止

法律は柔軟なものではなく、出来事の成り行きに順応することはできないし、ある場合には有害なものとなることもある。危機に瀕した国家が、法律のために滅びることすらあるのだ。法という形式のために順を追って作業をすることが必要になるが、この作業が緩慢なものとなり、ときにはその時間をかけることを状況が許さないこともあるのだ。立法者が予見しなかったような事態は無数に起こりうる。すべてのことは予見できないと悟ることこそ、きわめて必要な先見の明なのである。

だから政治的な制度を堅固なものにしようとして、法の効力を停止する権限まで否定してはならない。スパルタですら、国の法律を停止したことがあるのである。

しかし［法律を停止して］公共の秩序を変革するような危険を冒してもよいのは、

最大の危機の場合にかぎられる。だから祖国を救うために必要でないかぎり、法律の神聖な力を決して停止してはならない。このような稀有で明確な危険が発生した場合に、公共の安全を確保するには、それがもっともふさわしい人物にその任務を託すという特別な行為が必要となる。危険の種類におうじて、二種類の委託方法が考えられる。

権力を委託する二つの方法

危険に対処するために政府の活動を増大させるだけでよい場合には、政府の一人または二人の成員に、政府のすべての力を集中させるのである。この場合には法律の権威に手を加えることなく、執行の形式を変えるだけですむ。危険がきわめて深刻であり、祖国を防衛するためには法律という装置が障害物になる場合には、最高の指導者一人を任命し、その者にすべての法律を沈黙させ、主権をしばらく停止させる。このような場合にも一般意志が存在すること、そして人民が何よりも目指すのが、国家の滅亡を防ぐことであるのは疑問の余地がない。だから立法権を停止する行為は、この権利を廃止するものではない。立法権を沈黙させる行政官は、「何かの法を定めて」立法権に語らせることはできない。彼は立法権を支配するが、代表することはできない。彼はすべてのことを実行できるが、法を作ることだけはできない。

ローマの元老院が神聖なる礼式によって、執政官たちに共和国の安全を守る任務を与えたのは、第一の委託方式の例である。第二の方式が利用されたのは、二人の執政官のうちの一人が独裁官を任命したときのことである。ローマはこの方式をアルバから学んだのである（注三八）。

ローマの共和政の初期には、独裁をごく頻繁に利用した。国家がその政体の力だけで自立しうるほど、確固とした基礎をそなえていなかったからである。当時のローマの習俗はまだ健全であり、ほかの時代なら必要となったような多くの配慮は無用だった。独裁官がその権力を濫用するのではないかと懸念することも、独裁官が任期を終了した後もその権力を保持しようとするのではないかと懸念することもなかったのである。反対にこのような権力は、それを与えられた者には大きな重荷だったらしく、その権力を放棄しようと急いだほどである。法の代理をつとめるのは、あまりに苦痛で危険な役目であるかのようだった。

わたしは共和政の初期において、この最高の行政官の制度が無差別に利用されたのは嘆かわしいと考えるが、それは濫用の恐れがあるからではなく、権威が失墜する恐れがあるからである。選挙や、奉献の儀礼や、純粋に形式的な行事のために、この官職をやたらに設置していると、必要なときになっても威光が失われ、空虚な儀礼のさいに利用される空虚な官職だと思われる恐れがあるのである。

共和政の末期になると、ローマ人たちは以前よりも慎重になり、独裁の制度をあまり利用しなくなるが、かつては濫用したのが好ましくなかったように、この時代にこの制度の利用が控えられたのは、好ましくないことだった。［この制度が濫用されるのではないかという］懸念は根拠のないものであった。というのも当時の首都［ローマ］は弱体化しており、首都にいる行政官の［独裁の］手から首都を守るのはたやすかったし、独裁官はある場合には公共の自由を守ることはできたが、これを傷つけることはできなかったのである。ローマを縛る鉄の鎖が作られたのはローマにおいてではなく、ローマの軍隊においてだったことは、すぐに理解できることだ。マリウスがスッラにほとんど抵抗できず、ポンペイウスがカエサルにほとんど抵抗できなかったことは、内部の権威が外部からの力に抵抗できるとは、ほとんど期待できなかったことを明らかに示すものである。

この［独裁官を任命することに過度に慎重になるという］過ちのために、ローマ人は多くの大きな失敗を犯した。その一つはカティリナ事件のさいに独裁官を任命しなかったことである(56)。この事件で危ぶまれたのは、ローマ市内とせいぜいイタリアの一部にすぎなかったのだから、法律によって独裁官が無制限の権利を認められていれば、すぐにこの陰謀を一掃できたはずである。ところがカティリナの陰謀が鎮圧されたのは、人間の思慮によってはまったく予測もできないような幸運が、偶然にも重なったためである。

元老院は独裁官を任命するのではなく、すべての権力を執政官に委託することで満足した。その結果［執政官の］キケロは、効果的に行動するために、重要な問題において越権せざるをえなかった。［祖国が救われて］喜びに夢中になっていた市民は、当初のうちはこの行為を是認したものの、やがて［キケロが］法律に反して市民の血を流したことの釈明を求められるようになったのは当然なことであった。これは独裁官であれば向けられることのできない非難だった。しかしこの執政官［キケロ］の雄弁は、すべての人の心を捉えた。そしてキケロはローマ人でありながら、自分の祖国よりもみずからの栄誉を愛していたので、国家を救うためにもっとも合法的で、もっとも確実な手段［独裁官の任命］に頼ることなく、この事件のすべての栄誉を独占する手段を求めたのである（注三九）。だからキケロがローマの解放者として尊敬されたのは正当であるとともに、法律の違反者として罰せられたのも正当なのである。［そののちの］彼の追放解除ははなばなしいものだったが、それが恩赦にすぎなかったのもたしかである。

なおこの重要な任務をどのような方法で委託するとしても、ごく短い任期を定めておき、この任期はいかなる場合にも延長できないようにしておくことが大切である。この任務を委託することが必要な危機においては、国家はすぐにでも滅びるか、救われるかの瀬戸際にある。そして緊急に必要とされる時期がすぎた後は、独裁官は圧制になるか、無用なものとなる。ローマでは独裁官の任期は六ケ月に限定されたが、その多くは任期が満了する前に辞任している。任期がもっと長く定められていると、十大官が任期を一年延長させたように、おそらくそれをさらに延長する試みが行われよう。独裁官には、委託された目的を実行できるために必要な時間だけが与えられた。ほかの計画を企てるような時間は与えられていなかったのである。

（注三八）この［独裁官の］任命は夜間ひそかに行われた。あたかも一人の人間を法の上に置くことを恥じたかのようである。

（注三九）キケロは独裁官の任命を提案したのでは、自分が栄誉を独占できるとは確信できなかったのである。［独裁官の任命を提案して］自分を独裁官として指名することははばかられたし、ほかの執政官がキケロを独裁官に任命してくれることも確信できなかったからである。

第七章　監察制度について

一般意志は法によって表明されるように、公衆の判断は監察制度《ケンスス》によって表明される。世論は一種の法であり、この法の執行者は監察官《ケンソル》である。統治者と同じように、監察官は［世論という］法を個別の事例に適用するだけである。

だから監察官の法廷は、世論を裁くものではなく、それを表明するものにすぎない。世論から離れてしまうと、この法廷の決定はすぐに無効で空虚なものとなる。

ある国民の習俗と、その国民が尊敬する対象を区別するのは無益なものである。どちらも同じ原理に由来するものであり、かならず混じりあうからである。世界のすべての人民において、人民が楽しみとして選択するものを決めるのは、自然ではなく世論である。世論を正しいものにすれば、習俗もおのずから浄化されるはずである。誰もが美しいもの、あるいは美しくみえるものを愛する。しかし過ちが生まれるのはこの［美しいものは何かという］判断においてである。だからこの判断をこそ、規制すべきなのである。習俗を裁く者は、名誉を裁く者であり、名誉を裁く者は、世論をその法として裁くのである。

人民の世論は、その政体から生まれる。法は習俗を規制することはないが、習俗を生みだすのは法の体系である。法の体系が弱まると、習俗は堕落する。しかし法の力がなしえなかったこと［習俗の堕落の防止］は、監察官の判定でもなしえないだろう。

このように、監察制度は習俗を維持することには役立つが、［すでに堕落した］習俗を立て直すことには、まったく役立たない。だから法が活力を維持しているあいだに、監察官を任命すべきなのである。法が活力を失った後には、あらゆる希望は失われるのである。法が力をもたなくなれば、どのような合法的な制度も力を失うのである。

監察官は、世論が腐敗するのを防ぎ、賢明な方策によって世論の廉直さを保ち、ときには世論がまだ定まらないうちからこれを定めるという方法で、習俗を維持する。フランス王国では、決闘のさいに介添人を立てるという慣習が熱狂的なまでになったが、フランス王の勅令の「介添人を呼ぶような卑怯な人々については」という言葉だけで廃止されたのである。この判決は、世論の判定に先立つことで、一挙に世論を定めたのである。しかし同じような王の勅令が、決闘することも卑怯だと宣言しようとすると（これはまったく正しいことだ）、すでに世論に反していたのである。だから公衆はこの判定を嘲笑した。この問題については世論はすでに判定を下していたからである。

わたしは別のところで（注四〇）、世論は決して拘束されようとしないものだから、世論を表明するために設けられた法廷には、強制の痕跡もあってはならないことを指摘しておいた。近代人のうちでは完全に失われているこの制度が、ローマ人のあいだで、またそれ以上にスパルタ人のあいだで、いかに巧みに用いられたか、称賛の言葉もないほどである。

スパルタの議会で、品行のよくない人が善い意見を表明したさいに、監督官《エフォロス》たちはこれを無視して、同じ意見を他の有徳な人物に提案させた。これは一方にとって何たる名誉だったろう、他方にとっては何たる恥辱だったろう。しかもどちらの人物も［正面からは］賞賛も非難もせずにである。泥酔したサモス人たちが（注四一）、監督官の法廷を汚したことがあった。翌日に公の布告が発表されて、サモス人は下劣であってもよいという許可が下された。このように罰せられないでいることは、ほんとうに罰せられることよりも、はるかにつらいことだったろう。スパルタが、これが名誉であり、これが不名誉であると宣言したときには、ギリシアのどのポリスもこの判定に反論したことはなかったのである。

（注四〇）わたしは『ダランベールへの手紙』で詳しく論じたことを、この章ではたんに指摘しておくにとどめる。(57)

（注四一）彼らは別の名前の島の住民だったが、わが国の国語の上品さからして、その名を口にすることができない。(58)

第八章　公民宗教について

宗教と政治

人間は原初においては神のほかに王をもたず、神政のほかに政体をもたなかった。人々はカリグラの推論を行っていたのであり(59)、その推論は当時としては正しかったのである。同胞の一人を主人にすることを決心するまで、そしてそのほうがうまくゆくと思いこむようになるまでは、長いあいだにわたる感情と思想の変遷が必要だったのである。

それぞれの政治社会が神を戴いていたために、さまざまな国の数だけの神々がいたことになる。たがいに疎遠で、ほとんどつねに敵対している二つの人民は長いあいだ、同じ主人にしたがうことはできなかった。交戦中の二つの軍隊が、同じ司令官にしたがうことができないのと同じである。こうして、人々が国に分かれて存在していたことから、多神教が生まれた。多神教からは神学的および公的な不寛容が生まれる。以下で述べるように［二七三ページ］、この二つの不寛容はそもそも同じものだったのである。

ギリシア人は、外国でもギリシアの神々が信じられていると考えていたが、この空想はギリシア人が自分たちは当然ながら外国の民族の主権者であると考える別の空想から生まれたものである。最近は、さまざまな国の神々が同一のものであることを示そうとする博識な議論が行われているが、これはいかにも奇妙なものである。まるでモロク神、サトゥルヌス、クロノスが同じ神であると主張し、フェニキア人のバール、ギリシア人のゼウス、ラテン人のユピテルが同一の神でありうると主張するようなものである。これは空想においてさまざまな名前をつけられた存在に、何か共通するものがあるかのように主張することなのだ。

［キリスト教が支配する前の］多神教の時代には、それぞれの国が独自の礼拝と神々をもっていたとすれば、どうして宗教戦争が起きなかったのかと問われるかもしれない。それにはこう答えよう。それぞれの国に固有の政府があり、固有の礼拝があったからこそ、そして神々と法を区別していなかったからこそ、宗教戦争は起こらなかったのだ、と。政治的な戦争は、同時に宗教戦争だった。神々の支配する領分は、いわば国境で定められていたのである。ある民族の神は、他の民族の神にはいかなる権利も行

使できなかった。［キリスト教が支配する前の］異教の時代の神々は嫉妬深い神々ではなかったのである。神々は世界の帝国を分けあって統治していた。モーセ自身もヘブライの民も、イスラエルの神について語るときにはこの考えに同調していた。たしかに彼らはカナンの地の神々を無にひとしいものとみなしていた。追放されたカナン人は滅亡の運命にあり、カナン人の土地はヘブライの民が占めることになっていた。しかしヘブライ人が攻撃することを禁じられた近隣の民族の神について、どのように語っているかを考えていただきたい。士師のエフタはアンモン人に「あなたは、あなたの神ケモシュが得させてくれた所を得、わたしたちは、わたしたちの神、主が与えてくださった所をすべて得たのではなかったか」と語っている（注四二）。この言葉は、ケモシュの神はイスラエル神と同じ権利をもつことをはっきりと認めたもののように思われる。

しかしユダヤ人が、バビロニアの王の支配下にあっても、さらにシリアの王の支配下にあっても、自分たちの神でなければ、いかなる神も信じないと強情に拒否したとき、この拒否は支配者にたいする反抗とみなされたのだった。そしてユダヤ人の歴史に書かれているように、キリスト教以前には例をみないような、大規模な迫害がユダヤ人にもたらされたのである（注四三）。

だからそれぞれの宗教は、その宗教を信じることを命じる国の法律と結びつけられていたので、ある人民を改宗させるためには、その人民を隷属させるしか方法がなかった。征服者のほかには伝道者はいなかったのである。また征服された民が改宗することは法で定められていたため、改宗を問題にする前に、まず征服する必要があった。人間が神々のために戦うどころではなく、ホメロスが語るように、神々が人間のために戦ったのである。どの人民もみずからの神に勝利を求め、勝利を収めると新しい祭壇を設けて、神に報いたのである。

ローマ人はある土地を占領する前に、その土地の神々に退去するように促した。たしかにローマ人はタレントゥム人に、戦に敗れて怒りにかられる神々をそのまま信仰させたが、それは敗れた時点でこれらの神々がローマの神々に服従し、臣従の誓いをすることを強いられたとみなしたからである。ローマ人は、征服した民にその法律を残しておいたのと同じように、神々を残しておいたのである。ローマ人が征服した民に要求した唯一の貢ぎ物が、カピトルの丘のユピテル神殿に捧げる冠一つだったことも多いのである。

最後にローマ人たちは帝国とともに、自分たちの神々と礼拝を広めたが、ときには征服した土地の神々を採用したこともあった。そしてどちらの神々にも市民権を与えたので、この広大な帝国の住民たちはやがて知らず知らずのうちに、数多くの、しかしどこでもほぼ同じ神々と礼拝をもつようになったのである。このようにしてローマ人の宗教が、既知の世界のなかで唯一の宗教、しかも同一の宗教となったのである。

キリスト教の到来

イエスが地上に霊の王国を建てるためにやってきたのは、このような状況においてである。この霊の王国が建てられたために、宗教の体系と政治の体系が分離された。国家の一体性が終わりを告げ、国家の内部に分裂が生じた。これはその後ずっと、キリスト教徒を悩ませつづけることになる。

彼岸における帝国という［キリスト教の］新しい観念は、異教徒であるローマ人の理解を超えたものであったために、ローマ人はキリスト教徒をつねに真の意味での反逆者とみなしつづけた。つまりキリスト教徒は偽善的に服従するかのように装いながらも、つねに独立してみずから主人となる機会をうかがいつづけている人々であり、勢力が弱いうちは権威を尊敬しているかのようにふるまうが、巧みに権威を横取りする機会を狙っている反逆者とみなされたのである。これが迫害の原因だった。

そしてローマ人たちが恐れていたこと［権威の簒奪］が起きた。そしてすべてが一変する。謙虚さを装っていたキリスト教徒は言葉遣いを変えた。そしてこの彼岸の王国と呼ばれたものが、現世の指導者［ローマ教皇］のもとで、この世でもっとも凶暴な専制王国となるのを目撃することになる。

しかし一方では［現世の国の］統治者も市民の法律も存在しつづけていたので、この二重の権力のあいだで果てしない管轄争いが起こることになる。このためキリスト教の国においては、善き政治体制というものがそもそも不可能になったのである。君主に服従すべきなのか、聖職者に服従すべきなのか、これは人々にはどうしても知りえないことだった。

それでもヨーロッパでもその周辺の土地でも、古代のシステムを維持し、あるいは再建することを試みた人民は少なくなかったが、どれも成功しなかった。キリスト教の精神がすべてにうちかったのである。神聖な信仰は主権者から独立したままであるか、新たに独立を取り戻し、国家とは必然的な絆をもたなかった。

ムハンマドはきわめて賢明な目論《もくろ》みをもって、政治的なシステムを統一した。そしてこの統治形態が彼の後継者のカリフたちのもとで維持されているかぎりは、この政府は文字通り統一されたもので、優れたものだった。しかしアラブ人が繁栄し、学識豊かになり、洗練され、柔弱で無気力になると、野蛮な国の民に征服されるようになった。するとここでも二つの権力の分裂が生まれた。この分裂はイスラーム教徒のうちではキリスト教徒ほどに目立つものではないが、とくにシーア派で確認されるのである。ペルシアのように、この分裂がいまなおはっきりと確認される国もある。

ヨーロッパでは、イギリスの国王がみずから教会の長となったし、ロシアの皇帝たちも同じようにした。しかしこの称号によって彼らは、教会の主人になったわけではなく、むしろ教会の役職者になったのである。そして教会を改革する権利ではなく、教会を維持する権限を手に入れたにすぎない。彼らは教会においては立法者ではなく、統治者にすぎない。聖職者が一つの団体にまとまっているところではどこでも（注四四）、この団体が宗教の領域においてはみずからの主人であり、立法者である。だからイギリスでもロシアでも、ほかの諸国と同じように二つの権力があり、二人の主権者がいるのである。

すべてのキリスト教徒の著者のうちで、この悪とその治療法を明確に認識したのは、哲学者のホッブズだけだ。ホッブズは鷲の双頭を統一すること、全体の政治的な統一を回復することを提案したのである。この統一がなければ、国家も政府も安定した構造をもちえないと考えたからである。しかし彼は、すべてを支配しようとするキリスト教の精神が彼の思想体系と対立したものであること、司祭の利害が国家の利害よりもつねに強いことを認識すべきだったのである。ホッブズの政治学はおぞましいものと評されたが、それはそこに恐ろしいものや虚偽が含まれているからではなく、公正なものと真実なものが含まれているからである（注四五）。

三つの宗教

この観点から歴史的な事実を調べてみれば、ベールとウォーバートンの対立した見解の両方とも、すぐに論破できると思う(60)。ベールはいかなる宗教も政治体には役立たないと主張し、ウォーバートンはキリスト教こそが政治体のもっとも強固な支柱であると主張する。ベールにたいしては、これまで宗教が基盤の役割をはたさずに国家が設立された例はないことを証明できるだろう。ウォーバートンにたいしては、キリスト教の法律は、強力な国家構造を構築するには、結局のところ有益であるよりは、有害であることを証明できよう。わたしの考え方を理解してもらうためには、この宗教という問題についてのわたしのまだ漠然とした考え方を精密に説明すれば十分だろう。

社会は一般社会であるか特殊社会であり、社会との関係では宗教も二つに分類できる――［一般社会のための］人間の宗教と［特殊社会のための］国家の宗教である。(61) 人間の宗教は、純粋で素朴な福音の宗教であり、真の有神論であり、自然の神法である。この宗教には神殿も祭壇も儀礼もなく、至高の神にたいする純粋で内的な礼拝と、道徳の永遠の義務があるだけである。国家の宗教は、特定の国において定められているものであり、その国に固有の守護神となる神々を与えるものである。この宗教には独自の教義と儀礼と法で定められた外的な礼拝がある。これを信奉している人々にとっては、他のすべての国の人々は不信の徒、異邦人、野蛮人である。この宗教では人間の義務と権利を、その祭壇が設置されている範囲だけで認める。原初の民族の宗教はこのような宗教だった。これは国家の神法または実定的な神法と呼ぶことができよう。

もっと奇妙な第三の宗教がある。これは人間に二つの法律、二人の首長、二つの祖国を与えるものであり、人々を矛盾した義務にしたがわせる。信者であるかぎり市民でありえず、市民であるかぎり信者ではありえないようにするのである。ラマ教も日本の宗教も、ローマ［教皇庁］のキリスト教もそのような宗教である。これを司祭の宗教と呼ぶことができよう。この宗教からは、名づけることもできないほどに混淆《こんこう》した反社会的な法が生まれるのである。

これらの三種類の宗教を政治的な視点から考察してみると、そのどれにも固有の欠陥があることが分かる。第三の宗教の悪しきところは明確なので、それを指摘して楽しむのは時間の浪費というものだろう。社会的な統一を破るものには、いかなる価値もないのである。人間をみずからと矛盾させるすべての制度には、いかなる価値もない。

第二の国家の宗教は、聖なる礼拝と法への愛を結びつけ、祖国を国民の崇敬の対象とするという点では、善き宗教である。この宗教は、国家に奉仕することは、国の守護神に奉仕することであると国民に教える。これは神政の一種であり、統治者のほかに最高の祭司は存在せず、為政者のほかに司祭は存在しない。祖国のために死ぬことは殉教することであり、法に違反することは不信仰者であることであり、犯罪人を公共の非難の対象とすることは、その人を神々の怒りに捧げることである。「聖なるものであれ《サケル・エストー》(62)」。

しかしこの宗教は、誤謬と虚偽に基礎づけられたものであり、人々を欺き、軽信で迷信の徒とするものであり、神への真の礼拝を空虚な儀式のうちに埋没させてしまうものであるという意味で、悪しきものである。この宗教が排他的で圧制的になって、民を残忍で不寛容なものとするときには、さらに悪しき宗教となる。こうなると人民は殺人と虐殺だけを熱望するようになり、彼らの神々を認めないすべての人を容赦なく殺害しながら、それを神聖な行為と思い込むようになる。こうしてこの人民は他のすべての人民と戦う自然状態に陥るのであり、これは人民自身の安全のためにもきわめて有害なのである。

真のキリスト教

だから残されたのは人間の宗教、すなわちキリスト教である。しかし現在のキリスト教ではなく、福音書のキリスト教である。この二つはまったく異なる宗教なのだ。この神聖で崇高な真の宗教においては、同じ神の子であるすべての人々は、たがいに兄弟であることを認めあう。人々を結びつける社会は、［人々の］死にあっても解体することはない。

ただしこの宗教は、政治体とはいかなる特別の関係ももたないために、法との関係においても、法そのものから生まれた力を認めるだけで、法に新たな力を加えることはない。そのために個々の社会にとっては主要な絆の一つ［である宗教］が、その効力を発揮しないままにとどまることになる。それだけではなく、国民の心を国家に結びつけるどころか、国家から引き離し、地上のすべてのものから引き離すのである。この宗教ほど、社会的な精神に反するものを、わたしは知らないのである。

真のキリスト教徒で構成された人民は、想像できるかぎりで最高の国家を作りだすだろうと主張する人もいる。しかしこの仮説には大きな難点があると言わざるをえない。真のキリスト教徒で構成された社会なるものは、もはや人間の社会ではなくなるだろうからだ。

想定されたこの社会は、それがどれほど完全なものであっても、ごく強力な社会でも、もっとも永続的な社会でもないだろう。完全であるために、この社会には［社会を結びつける］紐帯《ちゅうたい》というものがないのである。この社会の完璧さそのもののうちに、みずからを破壊する欠陥が含まれるのである。

この社会では各人がその義務をはたし、人民は法を遵守し、首長たちは公正で穏健であろう。行政官たちは廉直であり、腐敗することはないだろうし、兵士たちは死ぬことを恐れないだろう。虚栄も奢侈も存在しないだろう。すべてが文句のつけようのない社会だろう。しかしもっと掘り下げてみよう。

キリスト教はまったく霊的な宗教であり、天国のことしか考えない宗教である。キリスト教徒の祖国はこの世には存在しない。たしかにキリスト教徒はその義務を尽くす。しかしキリスト教徒はみずからの義務を尽くすべく配慮しながら、それが成功するかどうかについてはまったく無関心なのだ。みずから疚《やま》しいところがないかぎり、この地上ですべてが順調であるか失敗に終わるかどうかなど、かかわりのないことなのだ。国家が繁栄しているとしても、キリスト教徒は公共の幸福をあえて享受しようとはしないだろう。自分の国の栄誉のために、心がおごり高ぶることを恐れるのである。国が衰えるとしても、民の上に重くのしかかる神の御手を祝福するだけのことである。

キリスト教の無世界性

社会が平和であり、調和が維持されるためには、すべての国民が誰一人の例外もなしに、優れたキリスト教徒であることが必要だろう。しかし不幸なことに、社会にたった一人でも野心家がいるとしたら、たった一人でも偽善者がいるとしたら、たとえば一人のカティリナ、一人のクロムウェルがいたならば、その人物が信心深い同胞を好きなようにするのは、ごく確実なことである。キリスト教の教える慈愛の心からして、隣人を悪しざまに考えることは難しいことである。

このような野心家が、悪巧みによって同胞を騙し、公共の権威の一部を奪い取る方策をみいだしたなら、この人物は高い権威を認められることになるだろう。そして神はこの人物が尊敬されることを欲したまう。するとそこに権力が生まれる。神は人々がこの人物に服従することを欲したまう。そしてこの権力の保管者が、それを濫用したとしたらどうなるだろうか。それは神が、神の子らを罰したまう鞭だということになる。

権力の簒奪者を追放することには良心が咎めるだろう。そのためには公共の平穏を妨げ、暴力を使い、血を流す必要があるだろうからだ。こうしたことはキリスト教徒の優しさにそぐわない。それに結局のところ、この地上の悲しみの谷にあって、自由であろうと奴隷であろうと、どれほどの違いがあるだろうか。大切なのは天国に行くことだ。諦めは天国に行く方法の一つである。

外国とのあいだで戦争が起きたらどうなるだろう。国民は嫌がらずに戦線に赴くだろう。逃亡しようなどと考える者はいないだろう。国民は勝利への情熱もなしに、その義務をはたすだろう。征服することよりも、死ぬことを弁《わきま》えている人々なのだ。勝利や敗北に、どれほどの意味があるというのだろう。国民に何が必要であるかは、神の摂理がご存じなのである。

誇り高く、猛々しく、熱狂した敵の兵士にとって、キリスト教徒のストイックな精神がどれほど扱いやすいものか、想像してみていただきたい。キリスト教徒を、栄光と祖国への熱烈な愛に燃えている高潔な民族と対抗させてみてほしい。キリスト教の共和国が、スパルタやローマと敵対したと想定してみてほしい。敬虔なるキリスト教徒は、気をとり直す暇もなく打破され、圧倒され、破滅させられるだろう。命が助かるとしたら、それは敵が彼らに蔑《さげす》みの念を抱いたときでしかないだろう。ファビウスの兵士たちの誓いは、じつに見事なものだと思う[63]。彼らは死か勝利かのどちらかだとは誓わなかった。勝って帰ると誓って、その誓いを守ったのである。キリスト教徒なら、そのような誓いは立てなかっただろう。そのような誓いは神を試すことになると考えただろう。

しかし〈キリスト教の共和国〉と言ったのは間違いだった。この二つの言葉はたがいに相いれないものである。キリスト教が教えるのは、服従することと依存することだけである。キリスト教の精神は圧制にはきわめて好都合であり、圧制はいつでもこの精神を利用せずにはいられないのである。真のキリスト教徒は、奴隷となるように作られている。キリスト教徒はみずからそのことを自覚しているが、それに心を動かされない。この短い人生は、彼らの目にはそれほど価値がないものなのである。

キリスト教徒の軍隊は優秀であると言われる。わたしはそれを否定する。その証拠をみせてほしいものだ。わたしはそもそもキリスト教徒の軍隊なるものをまったく知らない。あるいは十字軍を例としてあげる人がいるかもしれない。十字軍の兵士たちの勇気については論じないが、兵士たちは司祭の率いる兵士であるか、教会の市民だったにすぎず、十字軍はキリスト教の軍隊とはほど遠いものだったことを指摘したい。兵士たちは霊の国のために戦ったのに、教会はよく分からない方法で、これを現世の国のための戦いに変えてしまったのである。十字軍を正しく理解すれば、これは異教の戦いである。福音書では国家的な宗教を定めていないのだから、キリスト教徒のあいだには、聖戦なるものはありえないはずである。

異教徒の皇帝のもとではキリスト教の兵士たちは勇敢に戦った。キリスト教の教父たちはそのことを保証しているし、わたしもそれを信じる。しかしそれは、キリスト教の兵士たちが［友軍の］異教徒の兵士たちと、名誉を争っていたからだ。皇帝がキリスト教徒になってしまうと、この競争はなくなる。そして［キリスト教の］十字架が［ローマの軍旗の］鷲を追放すると、ローマ人の勇気は完全に消滅したのである。

公民宗教

しかし政治的な問題の考察はこのくらいにしておこう。権利の問題に戻って、この重要な点について原理を確立しよう。社会契約は主権者が国民にたいして権利を所有することを定めるが、すでに指摘したように、この権利は公共の利益の範囲を超えることがない（注四六）。だから国民が主権者にみずからの見解を表明する義務を負うのは、共同体に重要な意味をもつ場合にかぎられる。ところで国家にとっては、それぞれの市民が自分の義務を愛するような宗教を信奉することが大切である。そして国家やその構成員にとって、ある宗教の教義が問題になるとすれば、それはその宗教を信仰する市民が他人にはたすべき義務と道徳にかかわるかぎりにおいてである。その他の事柄については、各人が好むままの意見をもっていても構わないのであり、主権者の関知するところではない。なぜならば主権者は彼岸についてはいかなる権限も所有していないのだから、国民が彼岸においてどのような運命を辿ろうとも、現世において善き市民であるかぎり、主権者の与《あずか》り知らぬところだからである。

だから純粋に公民的な信仰告白というものが必要なのである。その箇条を定めるのは主権者の役割である。それは厳密に宗教的な教義としてではなく、社会性《ソシアビリテ》の感情としてである。この感情なしでは、善き市民でも、忠実な国民でもありえないのである(注四七)。主権者はそれを信じることを誰にも強制できないが、これを信じない者を国家から追放することはできる。主権者はこの人物を、不信心な人物として追放できるのではない。非社会的な人物として、法と正義を真摯に愛することができない人物として、そして必要とされるときに義務のためにみずからの生命を捧げることのできない人物として、追放できるのである。もしも誰かがこの教義を公式に是認したあとで、あたかもそれを信じていないかのようにふるまったとしたら、その人物は死をもって罰せられるべきである。この人物は最大の罪を犯したのであり、法の前で偽ったのである。

この公民宗教の教義は単純で、わずかな項目で示すことができ、説明や注釈なしで、適切に表現できなければならない。肯定的な教義としては、強く、賢く、慈愛に満ち、将来を予見し、配慮する力のある神が存在すること、来世が存在すること、正しき者が幸福になること、悪人は罰せられること、社会契約と法が神聖なものであることが定められる。否定的な教義としては、ただ一つだけを指摘しておく。それは不寛容を退けることだ。不寛容は、われわれが否定してきた宗派に属するものである。

寛容

公的な不寛容と神学的な不寛容は違うと主張する人々がいるが、それは間違いだと思う。この二つの不寛容は分離することのできないものだ。［公的な不寛容はこう主張するだろう］わたしたちにとって呪われているとしか思えない人々とは、ともに暮らすことはできない。［この不寛容はただちに宗教的な不寛容につながる。］こうした人々を愛することは、彼らを罰する神を憎むことだろう。こうした人を［正しい宗教に］導くか、迫害することが絶対に必要になる。［このように］神学的な不寛容が認められているところでは、それが公的な生活に効果を及ぼさないでいることはありえない(注四八)。こうした効果が発生するとともに、主権者はもはや世俗的な事柄についても、主権者ではなくなるのである。そうなってしまえば、聖職者が真の主人である。国王も聖職者の役人になってしまう。

いまや排他的な民族宗教が存在せず、存在しえない状態になっているのだから、その教義に市民の義務に反するものが含まれていないかぎり、ほかの宗教に寛容な宗教には、すべて寛容であるべきである。しかし「教会の外に救いなし」とあえて主張する者がいるとすれば、国家が教会であり、統治者が教皇である場合を除いて、誰もが国外に追放されるべきである。こうした教義が通用するのは、神政政府のもとにおいてのみである。それ以外のすべての政府においては、この教義は有害なのだ。アンリ四世がカトリックをうけいれた理由は「カトリックだけにおいて救いが可能であると教えられたからだというが、これは」、すべての正直な人に、カトリックから離れさせる理由になるだろう。理性をもって思考する能力のあるすべての統治者にとっては、なおさらのことである。

（注四二）Nonne ea quae possidet Chamos deus tuus, tibi jure debentur?［旧約聖書『士師記』一一章二四節］。ラテン語訳の聖書ではこう記している。［ウルガタ版聖書のフランス語訳者の］カリエール神父はこれを次のように訳した。「汝らは、汝らの神ケモシュに属するものを所有する権利があるのではないか」。わたしはヘブライ語の原文の勢いはわからない。しかしラテン語の訳文ではエフタがケモシュの神の権利を積極的に承認していたこと、フランス語の訳文では、ラテン語の訳文にはなかった「汝らによると」という語をつけ加えることで、これを弱めているのはわかる。

（注四三）フォカイア人の戦争は、聖戦と呼ばれているが、これが宗教戦争ではなかったことは明らかである。この戦争の目的は、聖なるものを冒瀆した者を罰することにあり、異教徒を征服することではなかったのである。(64)

（注四四）聖職者たちを一つの団体に結びつけるものは、フランスの聖職者会議のような形式的な会議ではなく、教会の相互的な同盟であることに留意する必要がある。同盟と破門は聖職者の社会契約のようなものであり、この契約によって聖職者はさまざまな民族と王の主人になる。だから同盟を結んでいる聖職者たちは、世界の果てに分かれて住んでいても、同じ市民なのである。これは政治的にはすばらしい発明である。キリスト教以外の宗教の司祭たちのあいだには、このようなものはまったくなかった。だから彼らは聖職者の団体というものを形成したことがないのである。
（注四五）とくにグロティウスが自分の兄弟に宛てた一六四三年四月一一日付けの書簡で、ホッブズの『市民について』の著作のうちで何を称賛し、何を非難しているかをみられたい。グロティウスは寛大になって、ホッブズの政治学の悪しきところ［国王の支配の正当化］に免じて、善きところ［国が定めた宗教への信奉］を大目にみているようだが、誰もがこのように寛大なわけではない(65)。
（注四六）ダルジャンソン侯は「共和国においては、各人は他人を害さないかぎり、完全に自由である」と語っている。これが不変の限界である。この限界をこれよりも正確に定義することはできない。侯爵の書いた原稿は世に知られていないものであるが、わたしはこれをときどき引用する喜びをみずからに禁じることができなかった。大臣の職にあっても、真の市民の心を失わず、祖国の政府についての健全で正しい見解を表明しつづけたこの著名で尊敬すべき人物の思い出に、敬意を表明するためである。
（注四七）カエサルはカティリナを弁護して、霊魂は死滅するという教義を証明しようとした。カトーとキケロはそれを論駁するために議論して、暇をつぶしたりはしなかった。彼らはカエサルが悪しき市民として、国家に有害な理論を主張したことを示しただけだった。実際にローマの元老院が判断する必要があったのはこの点だけであり、神学的な問題ではなかったのである。

(注四八) たとえば結婚は市民的な契約であるから、それは市民的な効果をもっている。この効果なしには社会は存続しえないのである。ところである聖職者が、結婚という行為を承認する権利を独占することができたと想定しよう。すべての不寛容な宗教においては、その権利は聖職者が横取りするに決まっているのである。すると聖職者はこの権利によって巧みに教会の権威を高めることで、統治者の権威を空虚なものとしてしまうのは明らかではないだろうか。そして統治者にはもはや、聖職者が認めようとするだけの国民しかいなくなるのは明らかだ。もしも［ある聖職者が人々の結婚を承認する権利を独占していて］人々がある教義を認めるかどうか、［儀礼において］ある文言を認めるかどうか、［教会や聖職者にたいして］献身的であるかどうかに応じて、その人の結婚を認めたり、拒んだりできるようになるのであれば、この聖職者は慎重に行動し、強固な姿勢を示すことによって、遺産や地位や市民を、さらに国家そのものすら、自由に処理できるようになるのは、自明なことではあるまいか。というのは［聖職者が結婚を認めなかったために、公認されなかった結婚から子供が生まれた場合には、その子供は私生児ということになるが］私生児だけで構成されている国家というものは、もはや存続できないからである。［聖職者のこのようなふるまいは］権力の濫用であるとして告発され、召喚されるだろう、令状が発行され、教会の収入が差し押さえられるだろうという意見もあるかもしれない。何と浅はかな意見だろう。聖職者にごくわずかな常識があれば（わたしは勇気とは言わない）、人々をなすがままに放置し、自分のやりたいようにやりつづけるだろう。聖職者は平然として、訴えさせ、召喚させ、令状を発行させ、差し押さえさせるだろう。それでも最後には聖職者が主人であることには変わりはないだろう。すべてのものを確実に独占しているならば、その一部を失うことも、大きな犠牲ではないだろう。(66)

第九章　結論

これまで、政治的な権利の真の原理を確定し、この権利を基礎として国家を構築することを試みてきた。まだ残されている問題は、外交関係によって国家を支えることである。これは国際法、商業、戦争と征服の法、国際公法、同盟、交渉、条約などを含むものである。しかしこれらのすべての問題は、視野の狭いわたしのような人間にとっては、あまりに広大で、新たにとりくむべき問題である。わたしはもっとも身近なことに、目を注ぎつづけるべきだったかもしれない。

訳注

（訳注の作成にあたっては、プレイヤード版の全集三巻の編者であり、『社会契約論』の注釈者であるロベルト・ドラテの注をとくに参考にしている）

（1）ラティウムの王ラティーヌスは人民に、トロイアの人々と友好的で平等な条約を締結することを提案する。邦訳で提案部分を引用しておく。「わしはこの地の一帯と、聳える山の松に富む、／地域をトロイアの人々に、ゆずって彼らと友好を、／結んで互いに対等の、約の条項提言し、／彼らをわれらの王権の、友とみなして招いては、／どうかとわしは考える」（ウェルギリウス『アエネーイス』第一一巻三二〇〜三二五行。泉井久之助訳、下巻、岩波書店、二六四ページ）。

（2）オランダの国際法学者のフーゴー・グロティウス（一五八三〜一六四五）は『戦争と平和の法』で、「すべての支配が、支配されるもののために行われるということは、一般的に真実ではない」と指摘する（第一巻第三章八。一又正雄訳、巌松堂書店、第一巻、一五二ページ）。グロティウスは本書で、自然法のありかたを探るために、古今の歴史的な事実や逸話を次々と列挙するという方法をとるのである。

（3）フィロンは残酷な皇帝として名高いガイウス・カリグラ帝（在位三七〜四一年）

の時代に、アレクサンドリアのユダヤ人社会の代表として、ガイウス帝のもとに派遣されたことがある（四〇年）。その際にカリグラと面会しており、後年になってから激しいカリグラ糾弾の書物を著した。それが『ガイウスへの使節』であり、その中でフィロンはカリグラが次のように発言したと記録している。「他の生き物たちの群れを率いる者たち、すなわち牛追いや、山羊飼い、羊飼いたちはみな、牛でも山羊でも羊でもなくて、少しばかりましな運命と丈夫な体に恵まれた人間さまだ。同じようにして、人間さまという最高の種族の群れを率いる予もまた、彼らとは異なっていて、人間さまではなく、もっと大きな神的な運命をもつ者と見なさねばならない」（第一一章。フィロン『フラックスへの反論／ガイウスへの使節』秦剛平訳、京都大学学術出版会、一一二～一一三ページ）。

（4）「そして生まれる早々からある場合には相違があって、ある者は支配されるようにできており、またある者は支配するようにできているからである」（アリストテレス『政治学』第一巻第五章。『アリストテレス全集』15、山本光雄訳、岩波書店、一二ページ）。

（5）オデュッセウスとその一行は流浪の旅をつづけながら、キルケーの住むアイアイエーの島に到着する。そこでオデュッセウスの仲間たちは、キルケーに薬の入った粥をご馳走されて、豚に変えられてしまう（ホメーロス『オデュッセイアー』第一〇書）。ただしこの豚たちは「心だけは以前のまま変らずに、確固としている／ものですから、閉じ込められてただ泣くばかり」（呉茂一訳、上巻、岩波書店、三〇三ページ）であるから、仲間たちは人間に戻りたかったのである。船員たちが帰国するのを拒むのは、「蓮の実国」にいったときのことである。「部下のうちで、この蓮の、蜜のように甘い果実を喰った者は、／みなもう帰ろうとも」しなくなる（第九書。邦訳は前掲書二六一ページ）。

（6）アダムは「創世記」で最初に登場する人類の祖先であり、ルソーはそのためにここで「王」と呼んでいるのだろう。洪水の後に箱舟から出たノアにはセム、ハム、ヤフェトの三人の息子がいた。「この三人がノアの息子で、全世界の人々は彼らから出て広がったのである」（「創世記」九章一九節。以下で聖書の引用は新共同訳による）。サトゥルヌスはローマの神で、ギリシアのクロノスに相当する。クロノスには三人の息子があり、そのうちのゼウスが天を、ポセイドンが海を、ハイデスが地下の冥府を支配することになった。

（7）プルタルコス『モラリア　一二』所収。

（8）グロティウスは人民が王に服従する場合を奴隷の権利と比較してみせる。「ヘブライおよびローマの法からも明らかなように、各人には、彼が欲するところの何人に対しても、私的奴隷となることが許されている。しからば、自己の権利を有する人民が、自己を支配する権利を、少しの部分も保留することなく、明らかに、ある一人、または若干の人に移譲するという遣り方で、彼等に服従することが何故許されないであろうか」（グロティウス『戦争と平和の法』第一巻第三章八。邦訳は前掲書一四五ページ）。

（9）ラブレーは『ガルガンチュア物語』で、大食の巨人の暮らしぶりを物語っている。

（10）キュクロープスは巨人族で、オデュッセウスの一行は航海の途中でキュクロープス族のポリュペーモスのために洞窟に閉じ込められ、順番に食べられてしまう。「巨人は何の返事もせずに、／いきなりつっと立ち上がって、仲間のほうへ手をさし延べ、／二人をいっしょに引っ摑むと、仔犬みたいに地面《じべた》へいきなり／叩きつけました、それで脳味噌が地面へ流れ出、土を濡らしたのに、／なおまた手脚をばらばらに切り離して、夕餉《ゆうげ》のたしにこしらえたのです」（ホメーロス『オデュッセイアー』第九書。邦訳は前掲書二七二ページ）。

（11）グロティウスは次のように述べている。「万民法においては、奴隷的身分は、人に関しても、効果に関しても、一層広い範囲を有する。けだし、もし人について考察して見るならば、降伏したか、あるいは奴隷となることを約束したもののみならず、ポムポニウスの言う如く、正式の公戦において捕えられたものはすべて、防備地内に連れ込まれた時から、奴隷と看做されるからである」(グロティウス『戦争と平和の法』第三巻第七章一。邦訳は前掲書の第三巻、一〇三一～一〇三二ページ)。さらに捕虜として奴隷にされた者だけでなく、その子孫も奴隷となると明言している(同)。

(12) 決闘による問題解決や名誉の争いはフランスでは中世から続いており、その弊害も明らかであった。フランス王は決闘の禁止を何度も試みており、その最初の試みは、ルイ九世(在位一二二六～七〇年)が一二五四年に発布した民事問題での決闘の禁止であるが、これは逆にいえばその他の問題についての決闘を容認することになった。

(13) 一〇世紀末から一一世紀にかけて主にフランスで起こされた宗教的な社会運動。一〇三六～三八年に最盛期を迎え、ブールジュ教会会議では、平和を侵犯するものには、一五歳以上の教区民が武器をもって闘うことを義務づけた(この項は小学館の百科『スーパー・ニッポニカ』による)。

(14) クルシウムはローマの北方にあったエトルリアの都市。紀元前三九一年にガリア人がこの町を包囲し、エトルリア人はローマに救援を求めた。ローマは三名の使節を和平のために派遣した。和平交渉においてガリア人は土地の割譲を条件として和平を認めると回答し、ローマの使節がその権利を問うと、「われわれは武器とともに権利をもつのであり、すべては勇気が決める」と答えた。これを聞いたエトルリア人とガリア人は武器をもって闘い始めた。そこで三名の使節は「国の法に反して、武器をとった」(リウィウス『ローマ史』第五巻三六節)。ガリア人はそのままローマに進軍してローマを占領することになる。

(15) グロティウスのこの主張については、訳注(8)を参照されたい。

(16) 一般意志という概念は、キリスト教の神学においては人間の個別の意志に対立する神の普遍的な意志と考えられてきたが、ルソーは『政治経済論』において一般意志の概念を彫琢《ちょうたく》する。ルソーは国家を人間の身体の比喩で語りながら、人間にも国家にも一つの「共通の自我」が必要であると指摘する。人間が自由な意志をもつ個体であるように、国家は「一つの意志をもつ一個の精神的《モラル》な存在でもある」と指摘するのである。国家のこの意志が、国家の成員の特殊な意志とは異なる一般意志であり、これは市民が社会契約によって社会を設立することで生まれるのである。

(17) ここで都市国家《シテ》という語は、古代のギリシアのポリスを指して使われている。この意味でのシテは都市国家と訳す。しかし社会契約で設立される国家は必ずしも都市国家であるわけではない。ルソーはシテというフランス語を、国家を意味するキウィスというラテン語の伝統で考えているので、社会契約後の国家《シテ》は、公民国家と訳して、シテとルビをつけることにする。シヴィックも同じ意味で「国家の」と訳すことも、「社会の」と訳すこともある。

(18) ジャン・ボダン(一五三〇～九六)はフランスの政治思想家で、『国家論』で国民国家の主権の原理を明確に指摘した。ルソーが指摘しているのは、『国家論』で、「ジュネーヴでは、シトワヤンは市評議会の議員になることも、二五人小評議会の議員になることもできない。しかしブルジョワはそうなることができる」(一巻六章)と書いたためである。次の文にあるように、ダランベールはジュネーヴの国民は、市民《シトワヤン》、町民《ブルジョワ》、居住民《アビタン》、出生民《ナティフ》、そして外国人で構成されることを指摘していた。市の大評議会と二五人小評議会の議員となることができるのは、第一身分のシトワヤンだけであり、ボダンはシトワヤンとブルジョワを混同したのである。ルソーの『人間不平等起源論』(中山元訳、光文社)の解説も参照されたい。

(19)スペインの探検家のバスコ・ヌニェス・デ・バルボア(一四七五~一五一九)のことである。バルボアは一五一三年にヨーロッパ人として初めて東側から太平洋を「発見」したと伝えられる。ただしバルボアは海岸に上陸して「南の海」をわがものと宣言したわけではなく、パナマ地峡を山越えして、サンミゲル湾の丘の上から太平洋を初めて眺めたのである。

(20)バルベラックはグロティウスの『戦争と平和の法』をフランス語に翻訳出版した際に、イギリスの国王ジョージ一世(在位一七一四~二七)に献呈した。一六八八年の名誉革命でイギリス国王ジェームズ二世が国外に追放され、オランダからジェームズ二世の娘と結婚していたオレンジ公ウィリアムが王として迎えられた。ウィリアムはウィリアム三世として統治することになる。そのために微妙な表現が必要とされたというのがルソーの皮肉である。なおジャン・ド・バルベラック(一六七四~一七四四)はフランス生まれの法学者で哲学者。ナントの勅令が廃止されたために、家族ともどもスイスに移住する。一六九七年にはベルリンのコレージュ・フランセの文学担当教授となり、一七一四年にはプロイセンのアカデミーの指導的な地位につき、学術アカデミーの会員になる。哲学ではロックに学び、法学ではグロティウスとプーフェンドルフに学び、こうした著者たちの多数の翻訳を刊行している。グロティウスの『戦争と平和の法』の翻訳は一七二四年に刊行、プーフェンドルフの『自然法と万民法』の翻訳は一七〇六年に刊行している。ただし翻訳といっても翻案に近いもので、ときに著者の意見か訳者の意見か分からなくなることがあるという（フランスの百科事典『ウニヴェルサリス』のバルベラックの項目による）。

(21) マキアヴェッリ『フィレンツェ史』（下）、大岩誠訳、岩波書店、一六六ページ。

(22) 事実問題とは、あるものが事実として正当であり、根拠があるかを調べるものであり、権利問題とは、それがどのような権利で正当性を主張できるのかを問う。カリグラ帝の議論については第一篇第二章を参照されたい。羊飼いは羊たちより優れているという事実から、王は人民よりも優れているというのが、事実問題としての帝の議論である。プラトンは『政治家』で今度は権利問題として、政治家は「馬の群や牛の群を飼育する者に似ている」（二六一D）と指摘し、政治家のありうる姿を調べるのである（副島民雄訳、『プラトン全集』2、角川書店、三二七ページ）。

(23) モンテスキュー『ローマ人盛衰原因論』第一章。田中治男・栗田伸子訳、岩波書店、一五ページ。

(24) 共和国になってからもローマでは貴族が法を独占して平民には明らかにしていなかった。そのため成文法を求める声が高まり、アッピウス・クラウディウスを代表とする一〇人の委員(十大官)に、ギリシアの法律を手本として法を定めることが委託された。前四五一年に一〇箇条の法が作成され、翌年さらに二条が追加されて、一二表法として広場に掲示された。

(25) ウィリアム・ウォーバートン(一六九八〜一七七九)はイングランドのグロースターの司教で、教会と国家の関係について二冊の著書を著している。プレイヤード版のドラテの注では、ルソーがそのうちの一冊『教会と国家の同盟』(一七三六年、フランス語の翻訳は一七四二年刊行)の内容を要約して語っているものとみている。

(26) マキアヴェッリ『ローマ史論』第一巻、大岩誠訳、岩波書店、七四ページ。

(27) コルシカ島は当時、ジェノヴァの収奪から逃れようと、独立運動を展開していた。『社会契約論』が刊行された一七六二年の数年前の一七五五年には、コルシカの叛乱軍は独立して共和国になることを宣言していたのである。後にルソーはコルシカ出身のマチュー・ビュタフォコから依頼をうけて、コルシカ憲法の草案を起稿する。ビュタフォコは『社会契約論』のこの記述に感銘をうけたのである。ルソーはこの草案の序文でも

「コルシカの人民は、その本性からして、良き行政をうけるのにもっともふさわしいように思われる」と語っている（『ルソー全集』第五巻、遅塚忠躬訳、白水社、二八五ページ）。叛乱に手をやいたジェノヴァは、一七六八年にはフランスにコルシカを売却してしまう。全集の解説（四九五〜四九九ページ）も参照されたい。

(28) トラスカラ族の国は、スペインによる征服以前にアステカ王国の支配に服属していなかったインディオの小さな国家。コルテスと三度にわたる戦闘を行った後に降伏し、コルテスのアステカ攻撃において重要な役割をはたした。

(29) 本書第三篇第一六章「政府の設立は決して契約ではない」（一九六ページ）を参照されたい。

(30) 連比とはA：B＝B：Cの形をとる比例である。二：四＝四：八であり、ここでA（二）が主権者（市民）であり、B（四）が政府であり、C（八）が国民である。政府はこの比例では同一の項として、主権者と国民を媒介する。そして主権者（二）に国民（八）を乗じて積を計算すると一六になり、これは政府（四）の平方（一六）と等しいのである。

(31) ここはわかりにくいが、ダランベールが『百科全書』に書いた「指数」の項目が参考になる。幾何学的な比例の指数（エクスポザン）とは、前項で後項を割った商である。二：二という等しい数の比では、指数は一である。二：八という比であれば、指数は四であり、四：一六の比でも指数は同じく四である。幾何学的な比例では、指数が同じであれば等号で結ぶことができる。二：八＝四：一六なのである。指数が大きくなるほど、比の値が一よりも遠ざかり、比率が大きくなる。国家においては市民が一万人である場合と一〇万人である場合を比較すると、市民と国家の同一性はますます小さくなり、市民の個別意志と一般意志の類似性も小さくなるのである。すると次の文で指摘されているように、習俗と法の関係が薄くなり、人々を抑制する国家の力（指数）は大きくする必要があるのである（この項はプレイヤード版のドラテの注による）。

（32）この複比と単比という連比の比較もわかりにくい。ドラテはフランソンの『J＝J・ルソーの数学の言語』という研究書から次のような説明を引用している（一四七五ページ）。まず二つの単比を考えよう。まえの例では、A：B＝B：Cという比例を使っていたが、これはBという中項を共有した二つの単比をひとつの等式として示したものだった。これにたいして、普通の比例はA：BとC：Dという二つの独立した単比で構成される。この前項と後項を乗じたものの比率、すなわち（A×C）：（B×D）

が複比と呼ばれる。ところがA：B＝B：Cという比例式では政府が比例中項として共通であるから、これは（A×B）：（B×C）となる。この比例では、Aが主権者、Bが統治者、Cが国民である。ルソーの言うように（一二一ページ）このCを一とすると、これは（A×B）：（B×一）となる。これは（A×B）／B、すなわちAである。だからこの複比Aが増減すると、A：Bの単比もこれに応じて増減し、その比例中項Bも増減する。主権者Aが増加すると、比例中項のBもこれに応じて増加することになる。

（33）上の比率でA：B＝B：Cであった。だからB^2＝A×Cである。ところでCは一であった。するとB^2＝Aである。こうしてB（政府）は人民Aの平方根になる。

（34）モンテスキューは三つの政体にそれぞれ本性と原理があると考えた。本性とはその政体を政体たらしめるものであり、政体に固有の構造である。原理とは、政体を活動させる人間の情念である。そして民主政（共和国）の原理を「徳」と考えたのである。モンテスキュー『法の精神』第一部第三編第三章参照（野田良之ほか訳、上巻、岩波書店、七一ページ）。なお貴族政の原理は節度であり、君主政の原理は名誉である。

（35）年長者が統治において敬われたことについては、ルソーの『人間不平等起源論』での説明（中山元訳、光文社、一七四ページ）を参照されたい。

(36) サムエルはヘブライの預言者。ユダヤの民は他の近隣諸国のように王を戴くことを求めたが、サムエルは王は民の息子たちを兵士とし、娘たちを徴用して料理女とし、作物の十分の一を徴収し、奴隷やロバを徴収すると警告し、民が「王の奴隷になる」(「サムエル記上」八章一七)と諫めたが、民はこれに耳を傾けなかった。

(37) ローマ帝国でネロについで即位したガルバ帝（在位六八〜六九年）は、軍隊の叛乱に悩まされ、次の皇帝とするためにピソを養子とし、次代の皇帝として指名した。ここに引用した文は、そのときガルバがピソに語った言葉とされている。

(38) モンテスキューは、ヨーロッパは「自然的分割によって、中くらいの広さのいくつかの国家が形成され」、国家の内部が法律によって統治されたため、自由の精神が涵養されたこと、それにたいしてアジアでは隷属の精神が支配していると指摘する。「この精神はいまだかつてアジアを去ったことがない。そしてこの地方の全歴史の中に、自由な魂を証示するただ一つの特徴をも見出すことは不可能である」と語っている（『法の精神』前掲書、中巻、一一四ページ）。

(39) ジャン・シャルダン（一六四三〜一七一三）はフランスの旅行家で、ダイヤモンドを探してインドやペルシアに滞在し、『ペルシア旅行記』を著した。

(40)タキトゥス『アグリコラ』二一章。グナエウス・ユリウス・アグリコラ（四〇～九三）はローマの将軍で、七八年から八四年にかけてブリタニアの総督に就任し、反乱を制圧した。アグリコラはそのために荒々しい住民を文明化することで手なずけるという方法を採用したために、住民の間でもローマの衣装トガを着るのが流行し、パーティや風呂がシックなものとされた。タキトゥスはブリタニアの人々が人間性、すなわち文明と思っていたものが、じつは退廃と隷属の始まりだったと語っているのである。

(41)同、三〇章。ブリタニアの人々は、このままではローマに隷属することになると決戦を覚悟し、三万を超す兵士たちを集結させた。そこで卓越した指導者だったカルガクスが戦の前の演説をする。そしてローマ帝国を非難しながら、土地を荒廃させ、砂漠を作りだしておきながらそれを平和と呼ぶと糾弾するのである。

(42)マキアヴェッリ『フィレンツェ史』の序文の自由な引用。

(43)護民官《トリブヌス》は前四九四年頃に設置された地位で、平民を保護するために神聖で不可侵な権利を認められていた。マキアヴェッリは『ローマ史論』で護民官について、「平民と貴族とはこれ［貴族と平民のいざこざ］について永いあいだ論争を続けた挙句、人民の安全を確保するために護民官が設けられることになった」と説明している。邦訳は前掲の『ローマ史論』第一巻、三四ページ。

(44) この定期集会は、ジュネーヴの市民階級が、共和国を牛耳る少数の人々とその小評議会に対抗し、主権が人民にあることを明確にする目的で、開催を要求していたものだった。これについてはルソー『人間不平等起源論』(前掲訳書)の解説の第二章を参照されたい。本書の第三篇第一八章で定められているように、この集会で現在の為政者の統治を承認するかどうかを議決するという方法をとることで、共和国の人民主権が確保されるのである。

(45) 先駆警吏《リクトル》はエトルリアからうけついだと言われる古代ローマの古い制度で、執政官や独裁官が街を歩く際に、戦斧《ファスケス》をもって先駆しながら警護した。犯罪者を斬首する権限すら認められていた。

(46) グロティウスは『戦争と平和の法』で、国民が集団として国家を離脱することは、「国家社会が存続できない」ために、許されるべきではないが、国民が重い負担を担っていて、その負担をすぐに支払えない場合、敵に攻囲されていて国家防衛のための代人を提供できない場合を除いて、「人民は国民の自由離脱に同意すると信じられる」と語っている(第二巻第五章二四。邦訳は前掲書第一巻、三六六〜三六七ページ)。

(47)これはルソーがスイスの牧歌的な生活と政治の仕組みを理想化して描いたものである。ルソーは『コルシカ憲法草案』において、古代の歴史家の記述を引きながら、牧畜がさかんな古代のコルシカでは、誰も自分の羊の番をしていなくても、確実に自分の羊をみつけられたし、「これと同様な公正の精神が、生活のあらゆる場において彼らを導いている」と語っている。そして古代のコルシカと同様な光景が、現代のスイスにもみられると語っているのである。邦訳は前掲書三〇一〜三〇三ページ。

(48)タキトゥス『歴史』一篇八五。オトー(三二〜六九)はガルバを倒して皇帝についたが、部下に推されて皇帝に即位すると宣言したウィテリウス(一五〜六九)がローマを包囲した。議員たちは元老院でウィテリウスを「国家の敵」と非難したが、同時に激しい物音をたてて、誰が非難したのか分からないようにしたという。ウィテリウスはオトーを倒して六九年にローマに凱旋する。

(49)モンテスキュー『法の精神』第一部第二編第二章。邦訳は前掲書五六ページ。

(50)モンテスキューはさきに抽籤が民主政の本性に適っていると述べた文の後半で、「選択による選出は貴族政の本性にふさわしい」と語っていた(邦訳は同)。

(51)ジュネーヴの国民の身分については訳注(18)を参照されたい。

(52) ルソーはサン・ピエールの遺稿をまとめる試みをしたことがあり、「永久平和論批判」と「王室顧問会議(ポリシノディ)論」を残している。

(53) プレイヤード版のドラテの注によると、ルソーはこのローマの古代政治制度に関する章を、シゴニウス『ローマ市民の古代法』を参考にして書いたらしい。カロルス・シゴニウス(一五二四頃～八四)はイタリアの歴史家で、ギリシアとローマの歴史を考察した著作を著している。ローマの文人だったウァロの言葉も、博物学者のプリニウスの言葉も、シゴニウスの前掲書の同じページで引用されている。

(54) キケロ『法律について』三巻一五。キケロは登場人物の一人に「無記名投票が貴族の権威のすべてを奪ったことを、誰が知らないでしょうか」と言わせている。邦訳は『キケロー選集 8』、岡道男訳、岩波書店、二九四ページ。

(55) アギスとクレオメネスの伝記は、プルタルコス『対比列伝』を参照されたい。

(56) カティリナ事件とは、ローマ共和政における陰謀事件で、前六三年に執政官のポストをキケロと争って負けたカティリナが、イタリア全土の武装蜂起を目指した事件。奇妙な偶然で陰謀が暴露され、キケロに弾劾されて失敗に終わる。その後カティリナはローマの追討軍に追われて戦死する。ただしキケロはこの事件でローマ市民を裁判なしで処刑させたことで、後に追放処分になる。

(57) ルソーはこの文章で、世論を表明するために設けられた法廷を「名誉の法廷」と呼んで、この法廷の目的と条件を四つにわけて論じている(『演劇に関するダランベール氏への手紙』、邦訳は『ルソー全集』八巻、八四〜九一ページ)。その第一の条件が強制の欠如であり、この法廷から「あらゆる暴力の名残を細心の配慮をもって引き離す」必要があり、「その法廷の唯一の武器は、名誉と恥辱でなければなりません」と強調している(邦訳は前掲書、八六ページ)。

(58) プルタルコスの『スパルタ人の格言』によると、これはサモス島ではなく、キオス島の住民となっている。フランス語ではキオス島(Chio)の住民であるキオス人をChioteと綴るが、これはトイレを意味する卑語chiotteとそっくりである。

(59) カリグラの推論は、本書の第一篇第二章を参照されたい。人民の司牧者である王は、羊たる人民よりも優れているというのがカリグラの推論である。

(60) ピエール・ベール(一六四七〜一七〇六)はフランスの哲学者。啓蒙思想の先駆ともなる合理的な哲学を展開した。大著『歴史批評辞典』は邦訳もある。ウィリアム・ウォーバートンについては訳注(25)を参照されたい。

(61) これは原文ではルリジオン・デュ・シトワヤンと書かれていて、邦訳の多くは市民の宗教と訳している。ただし訳注の(17)でも指摘したように、シテとシトワヤンの語にはラテン語のキウィスの伝統がうけつがれていて、共和国や国家のことを示す場合が多い。以下の説明から明らかなように、ルソーは人間の宗教に対立するシトワヤンの宗教を、古代の国家宗教の意味で使っている。そのためにここでは国家の宗教と訳す。ただしルソーは社会契約を締結した国家で採用すべき宗教は、ルリジオン・シヴィルと記載することが多く、これは古代の国家宗教との対比で、公民宗教と訳す。この章のタイトルもルリジオン・シヴィル、すなわち公民宗教である。

(62) sacer esto とルソーはラテン語で書いている。これは法に違反して神の怒りに触れた者は、聖なるもの(サケル)となり、神に捧げられたものとなるということであり、「呪われてあれ」ということになる。イタリアの哲学者のジョルジョ・アガンベンは『ホモ・サケル』(高桑和巳訳、以文社)でこの概念について詳しく考察している(サケル・エストーについては同書の一〇四ページを参照されたい)。

(63) ファビウス・マクシムスはローマの軍人で、ポエニ戦役でハンニバルを相手に負けない方式で戦い、ローマを救った。後にフェビアン協会が同じ戦略を標榜して、この将軍の名前を取ったことで有名になった。戦闘では慎重ではあっても、勇敢だったことは、プルタルコス『対比列伝』に詳しい。

(64)フォカイアは小アジアのポリスで、前三五六年にテーバイと宗教上の理由で戦争を起こした。

(65)グロティウスの書簡は、プレイヤード版のドラテの注によると、「『市民について』を読んだ。王たちを弁護している記述は気にいった。しかし著者がその議論の土台としているところは是認できない。人類が戦争しつづけるのは、人間の本性によるものだという議論は認められないし、そのほかにもわたしの原理からして、是認できない多くの点がある。たとえば、各人はみずからの所属する国家が定めた宗教を、たとえ同意できなくても、その信仰を告白し、服従によって信奉する義務があるというところだ」というものである(プレイヤード版一五〇二ページ)。

(66)ルソーがこの注でぼかしながら述べていることは、実際のフランスのことであった。フランスではルイ一四世が一六八五年に、「フォンテーヌブローの勅令」でナントの勅令を廃止し、プロテスタントを異端とし、牧師を追放し、教会を破壊した。ルイ一五世もプロテスタントを異端として根絶するための厳しい措置を採用した。牧師は死刑であり、公然とプロテスタントの信仰を維持する男性は終身漕役船送りとされた。カトリックの司祭から洗礼を受けない者は戸籍を認められず、私生児とされ、司祭が立ち合わない結婚は正式なものと認められず、野合の扱いとされた。

これに抵抗するプロテスタントの信徒たちは、アントワーヌ・クールが指導する「荒野の教会」に結集した。一七四一年の全国大集会には、一万人の信者が集まったという。一七六一年の一月には、「荒野の教会」のロシェット牧師が逮捕され、翌月には有名なカラス事件が発生する。カラス事件はプロテスタントの「カラス家」で息子が自殺したときに、息子がカトリックに改宗するのを防ごうとした父親による殺害として、翌年の三月に父親が処刑された事件である。この事件にはヴォルテールが立ち上がって真相解明と名誉回復の運動を展開する。ルソーもロシェット牧師の救援を求められたが、行動には移らなかったと伝えられる（この項は、邦訳のヴォルテール『カラス事件』、冨山房、中川信訳の中川による序文の説明に依拠している）。なおルソーはジュネーヴ草稿ではこの問題についてもっと明確に語っている(本書四四一ページ以降を参照されたい)。

社会契約論——または共和国の形式についての試論（ジュネーヴ草稿）

第一篇　社会体の基本的な概念

第一章　この著作の主題

これまで多数の高名な著者たちが、統治の原則と市民法の規則について論じてきたので、これについて、これまで語られていないような有益なことを語る余地はないのである。しかし社会体の本質について最初にもっと正確に定義しておけば、議論がもっとかみ合うだろうし、社会体の望ましいありかたをもっと明確に定めることができただろう。この論文では、そのことを試みたい。だからこの論文で考察するのは社会体の行政の問題ではなく、その設立の問題である。わたしは社会体を動かしてみることではなく、誕生させてみることを試みる。わたしは社会体という機械《マシン》のゼンマイと部品を説明し、それぞれをふさわしい場所に配置してみせる。［社会体を設立して］マシンが動ける状態にしてみるのだ。このマシンの動作を調整する［社会体の行政の］仕事は、もっと賢い人々に任せておこう。

第二章　人類の一般社会について

社会の絆としての愛他心

まず、どうして政治的な制度が必要となるかについて調べてみよう。

人間の力はその原初の状態と自然の欲求にきわめて釣り合ったものであるために、この状態がわずかでも変動し、欲求が増えると、同胞の手助けが必要となる。そして人間の欲望がすべての自然のすべての領域にまで及ぶようになると、すべての人が協力しても、人間はその欲望を満たせなくなる。だからわたしたちを邪悪にする原因が、わたしたちをさらに奴隷にする。わたしたちを堕落させることで、屈従させるのである。わたしたちは自分を無力だと感じるが、それは人間の本性によるものというよりも、人間の貪欲によるものなのだ。わたしたちは欲求の力でたがいに接近するが、情念の力でたがいに対立する。そしてわたしたちが同胞の敵となればなるほど、同胞なしでは過ごせなくなるのである。

これが一般社会［人類］の最初の絆であり、誰にでもそなわっているとされる愛他心の基礎なのである。愛他心が必要であることは、誰もが認めることであるが、これは人間の感情を殺すもののようである。誰もがみずからの愛他心を培う義務は感じないのに、その果実だけを味わおうとするからである。人間の本性はどれも同じものであるために、愛他心のもたらす効果は結局は無になってしまう。人間の本性が同じであることが、人々を結びつけると同時に戦わせるのであり、人々に和解と和合をもたらすと同時に、競争と嫉妬をもたらすからである。

自然状態

この［欲望が自然を覆う］新しい秩序とともに、［比較する］尺度も、［規制する］規則もなく、一貫性に欠けた多数の人間関係が生まれるのである。人々は絶えずこの関係を変質させ、変動させつづけるのであり、一人の人がこれを固定しようと努めても、百人の人がそれを破壊しようとするのである。自然な状態における人間の生存は頼りないもので、さまざまな人間関係に依存するが、こうした関係はたえず流動しつづける。だから人間は生涯の一瞬でも、自分が同じ人間であるという確信をいだくことができないのである。平和と幸福は、人間にとって束の間の輝きにすぎない。ずっと変わらぬものがあるとすれば、こうした有為転変《ういてんぺん》のために生まれる悲惨さだけである。人間の感情や観念は、ときに秩序への愛や、美徳という崇高な観念にまで高まることができたとしても、善も悪も見分けることができず、善人を悪人と区別することのできない状態では、こうした原理を確実に適用することはできないだろう。

一般社会は、わたしたちがたがいに他人を必要としていることから生まれるものではあるが、すでに悲惨な状態にある人間にはいかなる実質的な助けをもたらすこともない。この一般社会は、すでに有り余るほどの力をもっている人間に、新たな力を与えるにすぎない。多数者のうちに埋没し、窒息し、押しつぶされている弱者には、避難すべき隠れ家を与えることはないし、弱さを補うどんな援助を与えることもない。弱者は社会の統一が幸福を与えてくれると期待したのだが、この見掛けだけの統一の犠牲となって滅びてゆくだけなのである。

《ここで、人々が進んでたがいに手を結びあって社会を結成した動機には、人々を調和のうちで統一するにいたる要素はまったくないこと、各人が共通の幸福をめざし、この社会のうちにそれぞれの幸福を確保しようとするのではなく、一人の幸福は他人の不幸をもたらすこと、そしてついには、すべての人々は共通の福祉に向かって進むのではなく、それから離れようとするためにこそ、たがいに接近するのだということが次第に理解されてくるだろう。そしてこのような状態はたしかに存続しうるものかもしれないが、それは人々に罪悪と悲惨をもたらす源泉にすぎないことが理解されるようになるだろう。なぜなら各人は自分の利益にしか目を向けず、自分の傾向にしかしたがわず、自分の情念の声にしか耳を傾けないからである[1]。》

こうして自然の優しい声は、もはや人間にとっては過《あやま》つことのない導き手ではなくなり、自然から与えられた独立も、もはや望ましい状態ではなくなった。平和と無垢は、その滋味を味わうこともないうちに、永久に失われてしまったのである。黄金時代の幸福な生活は、原初の時代の愚鈍な人間には感じとることのできないものであったし、後代の啓発された人々にはもはや失われていたものだった。だからこれは人間という種にはいかなる時代においても無縁なものだったのである。この幸福な生を享受できたはずの時には、それに気づくことがなかったし、それに気づくことができるようになった時には、すでに失われていたのである。

それだけではない。古代の無垢な時代には、まだ完全な独立と規制されることのない自由がありえたかもしれないが、そこにはつねに一つの本質的な欠点があったのであり、人間が卓越した能力を発展させていくためには、有害な働きをしたとみられる。その欠点とは、すべての人々を結びつけて一つの全体を作りあげることのできる絆がなかったということである。大地は人々で覆われていたかもしれないが、これらの人々のあいだにはいかなる交渉もなかったのである。いくつかの場所で人々は接触したとしても、いかなる場所でも結びつけられてはいなかった。各人はほかの人々に囲まれていても孤立して生き、自分のことしか考えなかっただろう。人間の知性は発達することがなかっただろう。わたしたちは何も感じることなく生き、生きたとは言えないままに死んだことだろう。わたしたちのすべての幸福は、ただ自分の悲惨さを認識できないことにあっただろう。わたしたちの魂には善良さというものがなく、行動には道徳性がなかっただろう。そしてわたしたちは、美徳への愛というきわめて甘美な感情を味わったことはなかっただろう。

《人類という語を耳にしてわたしたちの心に呼び覚まされるのは、純粋な集合というだけの観念であり、人類を構成する各個人のあいだに、いかなる現実の結びつきがあることも想定するものではない。そして必要であればこの想定に、次のような仮定を加えてもよいだろう。まず人類を一つの法的な人格のようなものとして考えてみよう。この法的な人格は、共同で存続しているという感情をもっているために、人類に一つの個性を与え、一つの統一体を構成しているとしよう。そしてすべての人にかかわる共通の目的のために、すべての部分を作動させる普遍的な原動力もそなえているとしよう。共同で存続しているというこの感情が、人間愛の感情であり、自然法がすべてのマシンを作動させる原理として働いているとしよう。その上で、同胞との関係において人間の作りだした制度がどのような結果をもたらすかを観察してみよう。するとこれまでの仮定とは反対に、社会が進歩するとそれぞれの人の心のうちに自分の利益を優先したいという感情を芽生えさせて、人間の魂のうちで人間愛が窒息してしまうことがわかるだろう。そして自然法（というよりも理性の法）の観念が発展し始めるのは、情念がすでに発達して、この法のすべての掟を無力なものにしてしまった後でしかないことがわかるだろう。こうして、自然が命じたこの社会的な協約なるものは、まったくの妄想であることがわかる。この協約の定める条項がつねに不明確なままであるか、実行不可能だからである。だから人々はこうした条項に気づかないか、これに違反するに違いないのである。

もしも一般社会なるものが、哲学者の体系の外に実際に存在しているならば、それはすでに指摘したように、法的な人格のような存在であり、この一般社会を構成する個人とは異なる明瞭で固有の特性をそなえているはずである。化合物のもつ特性が、それを構成する要素の混合物から生まれないものであるのと同じである。この社会にはある普遍的な言語があり、自然はすべての成員にこの言葉を教えているはずである。この言語が、人々がたがいに交渉するための最初の手段となるだろう。またある共通の感覚器官があって、これがすべての成員との連絡に役立つだろう。公的な善悪は、単純な加算のように、個々の成員の善悪を合計したものではなく、すべての人々を結びつける関係のうちにあり、個々の善悪の総和よりも大きなものだろう。だから公益は個々の成員の幸福の上に成立するのではなく、公益こそが個々の成員の幸福の土台となるのである。》

〈独立した人間〉の問い

人間が独立した状態では、各人は理性の力によってみずからの利益を守るのだから、おそらく共通の善のために協力するだろうと考えるとしたら、それは間違いである。個別で特殊な利益は、一般的な善と結びつくことはない。事物の自然な秩序においては、個別で特殊な利益はたがいに排除しあうのである。また社会の法というものは、誰もが他人に強制したがるが、自分だけは適用を免れようとする軛《くびき》のようなものなのだ。賢者は口を噤《つぐ》ませようとするが、独立した人間は「わたしは人類のただ中で恐怖と悩みをいだいていると感じている。しかしわたしが不幸になるか、それとも他者を不幸にするかのどちらかが必要なのだ。そしてわたしにとって、自分ほど大切な者はいないのだ」と語るだろう(2)。

独立した人間は次のようにつけ加えることもできよう。「わたしが自分の利益と他人の利益を一致させようとしても、それは空しいことなのだ。あなたはわたしに社会的な法の利益を語ってくださるが、それが善いものであるのは、わたしが他人のためにその定めを細心の注意を払って遵守する一方で、他人もまたわたしのためにその定めを遵守すると、確信できる場合に限られるのだ。しかしあなたはそのことについて、わたしに何を確約してくれるのだろうか。強者がわたしに加えようとするすべての害悪を身にうけて、しかもその償いをわたしが弱者にあえて求めようとしないとしたら、それこそ最悪の状況ではないだろうか。このような［強者による］不正な試みがわたしに企てられないことを保証してくれるのだろうか。そうでないならば、わたしが同じような不正な試みを企てないことを期待しないでほしい。自然法がわたしに課している義務を放棄したならば、わたしは権利も失ってしまうとか、わたしが暴力を行使するなら、他人がわたしに暴力を行使することを拒めなくなるなどと、どうか言わないでいただきたい。暴力をふるうのを控えたところで、暴力をうけないで済むという保証がえられる理由が理解できないのだから、あなたが指摘される状態になったとしても、それは甘受するつもりだ。さらにわたしは、強者と力を合わせて、弱者から奪ったものを分け合うことを任務と考えるだろう。そのほうが正義よりも、わたしの利益にも安全にも好ましいことだろう」。智恵をもった独立した人間なら、このような議論を組み立てただろう。だから［国際社会において］みずからの行動について他国に釈明する必要のないすべての［独立した］主権国家は、同じような議論を組み立てるのも当然だろう。

道徳を支えるために宗教を導入したり、人間の社会の絆を作りだすために、神の意志を直接に介入させたりせずに、こうした主張に確固とした答えを示すことができるだろうか。しかし賢者たちのもつ神という崇高な観念や、この神がわたしたちに要求する同胞愛の甘美な掟とか、純粋な魂のもつ社会的な美徳といったものは（神がわたしたちに求めるのは、この美徳によって神を真の意味で崇拝することなのだ）、大衆にはどうしても理解できないものである。

大衆には、大衆にふさわしい分別のない神々が与えられるものであり、大衆はこの神々に手軽な供物を捧げて満足し、あとは無数の破壊的で恐ろしい情念に耽《ふけ》りながら、神々の栄光を称えるのである。哲学と法律によって人々の激しい狂信が抑えられないかぎり、また人間たちの声が神々の声よりも強くならないかぎり、大地は血で覆われ、人類はたちまち滅亡するだろう。

実際に、偉大なる存在の観念と自然法の観念がすべての人々の心のうちに生まれつき存在するものだとしても、この二つの観念をことさらに人々に教えるのはまったく余計なことだった。それはわたしたちがすでに知っていることを教えるようなものだからである。しかもその教え方は、教えるよりも忘れさせるのにふさわしいようなものだった。これらの観念が生まれつき存在していないものだとすると、神からこれらの観念を与えられなかったすべての人々にとっては、それを知らなくてもよかったことになる。これらの観念を知るために特別な教育が必要とされるようになってからというもの、それぞれの国民はみずからにもっともふさわしいと証明された教育をうけるようになったのだが、そこから生まれたのは調和や平和であるよりも、虐殺と殺害であることがあまりに多かったのである。

ディドロの答え

だからさまざまな宗教の聖なる掟については、ここでは検討しないことにしよう。こうした掟は、使い方によっては罪悪を防ぐこともあるが、濫用すれば罪悪をもたらすこともあるからだ。これらの問題を神学者たちは、人間に有害な形でしか提起してこなかったのであり、こうした問題の考察は哲学者に任せておこう。

しかし哲学者［ディドロ］の考察によって、決定権をもつただ一つの存在である人類そのものの前に連れもどされることになるだろう。人類のいだく唯一の情念は、すべての人間が最大の幸福を獲得することを願うものだからだ(3)。哲学者は、「個人がどこまで人間であり、市民、臣民、父、子でなければならないか、いつ生き、あるいは死んだらよいかを知るために、訴えるべきは一般意志に対してである」(4)と言うだろう。するとこの独立した人間は、「なるほど、わたしが問うべき規則がそこにあることは分かる。しかしなぜこの規則にしたがわねばならないのかは、まだ分からない。わたしは正義とは何かについて学びたいわけではない。わたしが正義をなしたら、どんな良いことがあるのかを示してほしいだけなのだ」と答えるだろう。

実際に一般意志とは、それぞれの個人のうちにある知性の純粋な作用であり、情念が沈黙しているときに、人間が同胞に何を要求することができるのか、同胞は彼に何を要求する権利があるのかを考察するものであり、これに異議のある人はいないだろう(5)。しかしこのようにして自分から離れることができる人はどこにいるのだろうか。そして自己保存の配慮が自然の第一の掟だとすると、このようにして人類全般のことを考えることを、義務として人間に強制することができるものだろうか。個人にとってはこうした義務は、自分の生存とは何のかかわりもないものではないか。そしてこの独立した人間が提起した反論は、答えられないままではないだろうか。彼は、一般意志にしたがうことが、自分の個人的な利益となる理由をまだ理解できないままではないだろうか。

さらに、このように観念を一般化する技術は、きわめて困難な作業であり、人間の知性にとってはごく遅れて発生するものである。だからふつうの人間には、このような議論から自分の行動の原則を導きだすことは、決してできないのではないだろうか。ふつうの人間が自分の個々の行為について、一般意志に問い掛けることが必要となったとしても、そうした善き意図をもつ人も、規則について、その規則の適用について思い違いをすることや、法にしたがっているつもりで、自分の好みにしたがっているだけであるようなことが多いのではないだろうか。

こうした誤謬を犯さないようにするには、どうしたらよいのだろうか。〈内なる声〉に耳を傾けるのだろうか。しかし人は反論するだろう。「こうした［内なる］声なるものは、社会のうちにあって、その法律にしたがいつつ感じ、判断する習慣をつうじて、初めて形成されるものである。だからこの声は、法律を定めることには使えないのだ。それに例の情念が心のうちで目覚めたらどうなるだろう。この情念は良心よりも声高に語り、この臆病な声をかき消してしまうので、哲学者たちはこうした声など存在しないと主張するほどなのだ」と。

それともこの善き意図をもった人は、成文法のさまざまな規則とか、すべての民族の社会的な行動とか、人類の敵でさえ暗黙のうちに認めている約束ごとに相談すればよいのだろうか。(6) それでも最初の難問がまたもどってくる。わたしたちは社会秩序についてさまざまな観念を抱いているが、それらはすべてわたしたちのうちですでに確立されている社会秩序からえられた観念なのだ。わたしたちは、自分たちの特殊な社会［国家］に基づいて、一般社会［人類］について考える。大きな共和国について考え始めるのは、小さな共和国を設立した後のことなのだ。だからわたしたちはまず市民であり、その後に初めて厳密な意味での人間になるのだ。世界市民《コスモポリタン》と言われる人々についてどう考えるべきなのかは、このことから理解できるのだ。世界市民とは、自分の祖国への愛を、人類全体への愛で根拠づけ、すべての人を愛すると誇らしげに語ることで、誰も愛さない権利を認めてもらおうとする人のことなのだ。

戦争状態

こうした考察が示していることは、事実によって完全に裏づけられる。それほど遠い古代にまで溯らなくても、自然法とか、万人に共通する友愛という健全な観念が広まったのは、かなり遅い時期になってからであるのは、すぐに理解できることである。こうした観念が十分に普遍的なものとなったのはキリスト教が広まっている地域だけであり、世界の他の地域ではこうした観念の普及は、きわめて緩慢なものだったのだ。ユスティニアヌス法典においてすら、古くから認められていた暴力がさまざまなところで容認されているのであり、宣戦布告した敵だけでなく、帝国の臣民でない人々にも、こうした暴力を振るうことが容認されていたのである。だからローマ人の人間愛が向けられたのは、支配する領土の中だけだったのである。

実際にグロティウスが指摘しているように(7)、異邦人、とくに未開な民族にたいしては、盗むことも、略奪することも、虐待することも許されるのであり、奴隷にすることすら許されると、長いあいだ考えられてきたのである。こうして見知らぬ人に、あなたは山賊ではないですか、海賊ではないですかと尋ねても、相手を驚かせることはなかった。山賊も海賊も卑しい仕事ではなく、名誉あるものとみなされていたからである。ヘラクレスやテセウスなどの古代の英雄は盗賊と戦ったが、じつは自分たちも盗賊と同じようなふるまいをつづけていたのである。そしてギリシア人は、交戦状態にない民族と結んだ条約を、平和条約と呼ぶことが多かったのである。

古代の多くの民族では、〈異邦人〉という語と〈敵〉という語は同義語であった。ローマですらそうだったのであり、キケロは「なぜなら、いま異邦人と呼んでいる人々は、わたしたちの先祖の頃には敵と呼ばれていた」と語っているのである(8)。だからホッブズの誤りは、独立して、社会的な存在となった人間のあいだに戦争状態をみいだしたことではなく、戦争状態を人類に自然な状態と考えたことであり、戦争状態はさまざまな悪徳の結果であるのに、その原因と考えたことにある。

説得の企て

しかしここでは、人類のうちには自然な一般社会は存在しないと考えよう。人間は社会的になることで不幸になり、邪悪になったのだと考えよう。そして自然状態のうちで自由に生き、同時に社会状態の要求にしたがって生きる人々にとっては、正義と平等の法はいかなる意味ももたないと考えよう。それでもわたしたちには美徳も幸福もなく、わたしたちは人間の堕落を防ぐ手段もなしに見捨てられているのだとは考えないようにしよう。悪そのもののうちから、悪を癒すべき手段を探してみよう。できれば新しい結びつきによって、一般的な結びつきの欠陥を是正しよう。

そして〈乱暴なる推論家〉に、その試みの成否を判定してもらうことにしよう。(9)彼には、人間の初歩的な人為［技術］が自然に加えた害を、完成された人為［技術］が償うことを示そう。彼が幸福だと信じているすべての状態が悲惨なものであること、確固とした基礎がある議論だと信じているものがすべて誤謬《ごびゅう》であることを示そう。より善い体制のもとでは、善行は報われ、悪行は罰せられ、正義と幸福が一致する望ましい状態が実現されることを、彼に理解させよう。彼の理性を新たな光で照らしだし、彼の心を若々しい感情で温めよう。そして彼の存在と幸福を同胞と分かちあうことで、存在も幸福も強まるものであることを学んでもらおう。

わたしが熱意のためにこの試みで盲目になっていないならば、強い魂と正しい分別をそなえたこの人類の〈敵〉が、ついにみずからの誤謬を、みずからの憎悪を捨てるようになることを疑わないでおこう。彼を迷わせていた理性がついに、彼を人間性へと導くだろう。見掛けだけの利益よりも、十分に納得した上での利益を優先することを学ぶだろう。彼は善良で、有徳で、繊細になるだろう。要するに彼は以前は残忍な山賊になろうとしていたのだが、ついには秩序正しい社会のもっとも強固な支え手になることを、疑わないでおこう。

第三章　基本的な契約について

基本の問題

人間は自由なものとして生まれたのに、いたるところで鎖につながれている。自分が他人の主人であると思い込んでいる人も、じつはその人々よりもさらに奴隷なのである。この変化はどのようにして起こったのかは、誰も知らない。ただし、どうしてそれが正当なものとされえたのかという問いに答えるのは、不可能なことではない。

力と、他の人々だけについて考えるならば、わたしは次のように答えるだろう。「人民が服従することを強いられ、そして服従するならば、それはそれで仕方のないことだ。人民がその軛から脱することができ、実際に脱するのなら、それはもっとよいことだ。人民には、みずからを隷属に陥れた者と同じ権利をもって、みずからの自由を回復することができる。というのも人民には自由を回復するだけの根拠があるか、それともそもそも自由を奪うことそのものが根拠のないものだったからである」と。

ところで社会秩序とは神聖なる権利であり、これが他のすべての権利の土台となるのである。しかしこの権利は自然に生まれるものではない。合意を基礎として生まれたものなのだ。だからこの合意とはどういうものか、どのようにしてこの合意を結ぶことができたのかを明らかにする必要があるのだ。

人間の欲求が拡大して、その能力をもってしても満たすことができなくなり、人間の欲望の対象の範囲が広がって数が増すとともに、人間は一つの選択を迫られる——すなわち永久に不幸なままにとどまるか、それとも新しいものを発見し、そこからみずからのうちにはみいだすことのできない手段を手に入れるかのいずれかなのである。わたしたちの生存に有害な障害が巨大なものとなり、個人がこの障害を克服するために利用できる力よりも、この障害の抵抗力が強くなると、原初状態はそのままでは維持できなくなり、人為［的な技術］が自然を救いにこないかぎり、人類は滅びることだろう。人間は［何もないところから］新しい力を作りだすことはできず、たんに既存の力を統合して使うことができるだけであるから、自己を保存するには、集まることである力の総計を作りだし、これを［障害の］抵抗力に向け、ただ一つの動機にしたがってその総力を働かせるしか、そしてこの力を共同で作動させ、単一の対象にこの力を向けるしか、方法はないのである。これが基本的な問題であり、これは国家を設立することで解決することができるのである。

社会契約

これらの条件を結合し、社会契約から本質的でない要素をすべてとりのぞくならば、これを次の文章で表現できることが理解できよう。「われわれの各人は、みずからの意志、財産、力、人格を共同のものとして、一般意志の指揮のもとにおく。そしてわれわれはすべて団体として、それぞれの成員を全体の不可分の一部としてうけとるのである」

この瞬間にこの結合の行為は、それぞれの契約者の個別の人格の代わりに、法的で集団的な人格を作りだす。この団体を構成する人々の人数は集会において投票する権利のある人の人数と同じであり、この団体は、共通の自我からその形式的な統一性と、生命と、意志をうけとるのである。

すべての人々が結合することで設立されたこの公的な人格は、一般に政治体と呼ばれるものであり、受動的な意味では成員から国家（エタ）と呼ばれ、能動的な意味では主権者（スヴラン）と呼ばれる。同じような公的な人格と比較する場合には、この人格は主権国家（ピュイサンス）と呼ばれるのである。

その構成員そのものについては、集合的には人民（プープル）と呼ばれるが、主権に参加する者ないしは公民国家（シテ）の一員としては、とくに市民（シトワヤン）と呼ばれ、国家の法律にしたがう者としては国民（シュジェ）と呼ばれる。だがこれらの用語はめったに正確な意味で使われることはなく、たがいに混同して使われるものである。文脈から必要な場合には、それを区別する方法が分かっていれば十分なのである。

［社会契約を］このように定式化することによって、原初的な連合の行為は、公衆とそれぞれの個人のあいだで結ばれる相互の約束を含むものであること、それぞれの個人はいわば自分自身と契約を結ぶのであるから、二重の関係で約束するものであることが分かる。この二重の関係とは、個人にたいしては主権者の一員として約束し、主権者にたいしては国家の成員として約束するということだ。民法では、誰も自分自身と結んだ約束には責任を負わないという規則が定められているが、この規則は社会契約には適用できないことに留意が必要である。自分にたいして義務を負うことと、自分がその一部を構成する全体にたいして義務を負うことには、大きな違いがあるか

らだ。

さらにこの公的な決議［社会契約］は、すべての国民に主権者にたいする義務を負わせることのできるものであり、それぞれの国民は右の二重の関係のためにこの義務を負うのである。しかしこの理由を裏返して、主権者を主権者自身に義務づけることはできないことを指摘しておく必要がある。だから主権者が、違反することのできないような法律をみずからに課すことは、政治体の本性に反するものなのである。主権者はみずからとのあいだで、同一で単一の関係を結ぶことができるだけである。主権者がみずからと契約を結んだ場合には、それは［民法の規則で定められている］個人が自己と結んだ契約と同じ意味をもってしまうのである。こうして、人民で構成された団体には、いかなる種類の基本的な法律も負わせることはできないことが分かる。しかしこれは、（この団体がその本性に反しないかぎりで）他の団体と約束することができないという意味ではない。他の団体にたいしては、この団体は一つの存在であり、一人の個人に等しいものとなるからである。

多数者がこの契約によって一つの団体に統合された瞬間から、その成員を傷つけることは、その団体そのものを攻撃することにほかならない。そしてこの団体を傷つけることは、そこに集まった成員から恨みを買うことである。それはここで傷つけられるのが共同の生命であるだけでなく、その時点では主権者の自由になるものではなく、成員が公的な保護のもとでのみ、安全に享受している部分までを危険にさらすからである。だからこの契約の両当事者は、その義務と利益のために、たがいに援助しあうことを義務づけるのであり、この二重の関係のもとで、同一の人々がこれに基づくあらゆる利点を結びつけるように、努力すべきなのである。

ただここで区別すべき問題がある。主権者は、主権者となる個人だけで構成されているのだから、成員の利益に反する利益をもたないし、そのために主権者の権力が、個人に何らかの保証を与える必要はない。団体がそのすべての成員を害することを望むなど、ありえないことだからである。しかし主権者にたいする個人の姿勢については、事情が異なる。国民が約束を守ることは共通の利益となることだが、主権者が国民の忠誠を確保する手段をみいださないかぎり、国民がその約束を守るという保証はないのである。

実際にそれぞれの個人は人間として個別意志をもちうるのであり、この個別意志が市民としてもっている一般意志に反したり、これと異なるものであることがありうるのである。各人はほんらい、独立した絶対的な存在であるから、共同の利益のためににはたすべき任務を、無償の寄付とみなして、その寄付の額の大きさと比較して、「その義務を行わないことで」他人がこうむる被害のほうが小さいと考えるかもしれないのである。あるいは国家は法的な人格であり、生きている人間ではなく、これを理屈で考えだしたものにすぎないと判断し、国民としての義務をはたさずに、市民としての権利だけを享受しようとするかもしれない。このような不正がつづけば、やがては政治体が崩壊することになるだろう。

成員の保証

だから社会契約を空虚な［約束の］表現にしないために、それぞれの個人の約束とは独立した形で、成員が共通の大義のために約束を守るという保証を、主権者が確保しておく必要がある。一般に誓約がこうした保証の最初のものとなる。しかし誓約はまったく別の次元のものであり、それぞれの人はみずからの内的な原則にもとづいて、主権者が課す義務を自分の好きなように変えてしまうものであるから、政治的な体制においてはこうした誓約にそれほど期待することはできない。だから事柄の性質そのものから生まれるもっと現実的な保証が望ましいのである。

このためにこの基本的な契約には、一般意志への服従を拒むすべての者は、団体全体によって服従を強制されるという約束が暗黙のうちに含まれるのであり、この約束だけが、ほかのすべての約束に効力を与えることができるのである。ただしここで、人民はみずからと約束を交わすのだということ、すなわち団体であり、主権者である人民が、主権者を構成する一員であり、国民であるそれぞれの個人と約束をとり交わすのだという、この契約に固有で、独特な特徴を忘れないことが大切である。この条件のもとでこそ政治機構の装置と運動が生みだされる。そしてこの条件だけが、この約束を合法的で、合理的で、危険のないものとするのである。この条件なしではこの約束は、不条理で圧制的なものとなり、さらに大きな濫用をもたらすことになるだろう。

社会状態の恩恵

このように自然状態から社会状態《シヴィル》に移行すると、人間のうちにきわめて大きな変化が発生することになる。人間はそれまでは欲動によって行動していたのだが、これからは正義に基づいて行動することになり、人間の行動にそれまで欠けていた道徳性が与えられるのである。そして初めて肉体の衝動ではなく、義務の声が語りかけるようになり、人間は欲望ではなく権利に基づいて行動するようになる。それまで自分のことばかりを考えていた人間が、それとは異なる原則に基づいてふるまわなければならないことを理解するのであり、自分の好みに耳を傾ける前に、自分の理性に問わねばならないことを知るのである。

社会状態では人間は、自然状態において享受していたさまざまな利点を失うが、その代わりにきわめて大きな利益を手にするようになる。人間のさまざまな能力は訓練されて発展するし、思想の幅は広くなり、感情は高貴なものとなり、魂全体が高められる。もしも人間がこの状態を悪用したために、脱出してきた自然状態よりもさらに低い地位にまで堕落するようなことさえなければ、人間はこの幸福な瞬間をずっと祝福しつづけることになるだろう。そのとき人間は、もとの自然状態から永久に離脱し、そのことによって愚かで視野の狭い動物から、人間に、知的な存在になったのであるから。

この損得を、分かりやすい項目で比較してみよう。まず人間が社会契約によって失ったものは、自然状態のもとで享受していた自由であり、自分に必要なすべてのものへの無制限の権利である。人間が社会契約によって獲得したもの、それは社会的な自由であり、彼が所有しているすべてのものにたいする所有権である。ここで［失ったものと新たに入手したものの損得についての］評価の思い違いを避けるためには、［ここで比較した二つのものの］違いを明確に理解する必要がある。まず自然状態のもとで享受していた自由は、その人の力によって左右されるだけだが、社会的な自由は一般意志による制約をうけるという違いがある。また［自然状態での所有は］力による占有か、先に占有した者に認められる所有であるが、［社会状態での所有は］法律で認められた権原に基づいて初めて成立する所有であるという違いがある。

＊土地の支配権について

共同体のそれぞれの成員は、共同体が形成された瞬間に、みずからを共同体に与える。すなわち彼自身と、彼のすべての力を（それには彼が所有している財産が含まれる）、そのままの状態で共同体に与えるのである。この行為によって、所有物は持ち主が変わるわけだが、その性格が変わることはないし、主権者の所有物となるわけでもない。しかし国家《エタ》の力はそれぞれの個人の力とは比較にならないほどに大きなものであるために、公的な所有は実際にもっとも強く、もっとも解消することのできないものである。しかしそれだからといって、合法的なものになったわけではないし、とくに外国にたいしてはその合法性を主張できるわけでもない。というのは、国家は厳粛なる合意のおかげで、そのすべての成員の財産を自由に処分することができるのだが(これは人間に知られているもっとも聖なる権利である)、外国にたいしては、個人からひきついだ最初の占有者の権利に基づく権利しか主張できないからである。この権利は私人としての個人から生まれるものであり、征服の権利ほど不条理なものでも、忌まわしいものでもないが、それでもよく検討してみれば、ほとんど正統性に欠けるものなのである。

統合され、隣接した個人の土地がどのようにして公共の領土となるか、主権者の権利が国民に適用され、次に国民の占める土地へと適用されることで、どのようにして人にたいする権利であるとともに、物にたいする権利となるかは、これで理解できよう。こうした占有者はさらに[主権者への]依存を強めるのである。土地を占有している人々は、[土地を占有する]力を所有しているために、[主権者に]さらに忠誠を尽くさざるをえなくなるのであり、[占有権は主権者への忠誠を強める]保証となるので古代の君主たちは、この利点を十分に理解していなかったようであり、みずからを国土の支配者というよりも、人々の首長とみなしていたようである。だからこそ古代の王たちは、ペルシア人の王、スキタイ人の王、マケドニア人の王と自称していたのである。現代の君主たちはもっと賢く、フランスの王、スペインの王、イングランドの王などと自称している。土地を支配することで、住民も確実に支配できるのである。

この［社会契約による］譲渡において称賛すべき点は、共同体は個人の財産を［譲渡されて］うけとるが、個人から財産を奪いとるわけではなく、土地の合法的な所有を個人に保証するということ、これまではたんなる横領にすぎなかったものを真の所有に変え、たんなる［所有物の］享受を所有権に変えるということである。これによって所有者の権原は国民の全体によって尊重されるようになり、外国人［からの権利の侵害］からは、国家の全力をもって保護されるのである。だから個人が［財産を国家に］譲渡することは、公共の利益となるばかりではなく、個人みずからにとっても利益となるのである。個人はいわば、自分が与えたすべてをそのまま手に入れることになるのである。これは謎めいたことと思われるかもしれないが、同じ地所にたいして主権者が所有する権利と、所有者が所有する権利が異なるものであることからすぐに説明できるのである。

場合によっては、人々が何かを所有する前から団結して、次に全員にとって十分な土地を占領し、この土地を共同で利用するか、この土地を平等に、あるいは主権者が決めた比率で分有することもありうるだろう。しかしこの土地がどのような方法で獲得されるにしても、各個人がみずから占有する土地にたいして所有する権利は、共同体がすべての土地にたいして所有する権利よりもつねに下位にある。それでなければ社会の絆は強靭なものとならず、主権の行使に現実的な力がそなわることがないだろう。

この章の締めくくりとして、すべての社会システムの基礎として役立つはずのことを一つ指摘しておきたい。この「社会契約という」基本的な契約は、自然の平等を破壊するものではなく、自然が人間のうちにもたらすことのある自然な不平等の代わりに、道徳的および法律的な平等を確立するものだということである。自然のままでは人間は体力や才能では不平等でありうるが、取決めと権利によってすべて平等になるのである。

第四章　主権とは何か、主権を譲渡しえなくするものは何か

主権とは

このように国家のうちには、国家を支える共同の力が存在するのであり、一般意志はこの力を指揮する。この二つの要素がたがいに働きかけることで、主権が作りだされるのである。だからこそ主権というものはその本性からして、法的な人格《モラル》にほかならないことが理解できよう。これは抽象的で、集合的な形でしか存在しないものである。主権という語において考えられる理念を一人の個人に結びつけることができないのは、このことからも明らかだろう。しかしこの主張は、政治的な権利の問題においてもっとも重要なものであるから、これをさらに明確にすることを試みてみよう。

ここで議論の余地のない原則を一つ提示できるだろう。すなわち国家というものは、共通の善を目指して設立されたものであり、国家の力をその目的にしたがって導くことができるのは、一般意志だけだということである。というのは、個別の利益が対立

するからこそ、市民社会を設立する必要があったのではあるが、社会が成立できたのは、まさにこれらの個別の利益が一致したからである。社会的な紐帯を作りだすのは、これらの異なる個別の利益のうちに共通して存在するものであり、もしもこれらのすべての個別の利益が合意できるところがなかったならば、社会は存在できなかったはずである。ところで意志とはつねにそれを望む者にとっての善を目指すものであり、個別意志はつねに私的な利益を目的とするものであり、一般意志はつねに共同の利益を目的とするものであるから、社会体の真の原動力は一般意志であり、一般意志でなければならないということになる。

ところがここで疑問が生まれるかもしれないことは認めよう――ある個別意志はすべての点においては一般意志と一致することはできないかもしれないのであり、こうした個別意志が存在した場合には、その個別意志に公的な力の指導をゆだねるのは、望ましくないのではないか、という疑問である。この疑問にはやがて答えるつもりであり、ここではこれに先回りして答えるのではなく、個別意志と一般意志が「あるところで」一致したのであれば、ある個別意志が一般意志に代わることを想定するのは余分なことであるし、「個別意志と一般意志が」対立しているのであれば、こうしたことを想定するのは有害であることは明らかであろうと指摘しておきたい。さらに、事柄のほんらいのありかたから考えても、そのような「一般意志に代わる一つの個別意志という」想定は不条理であり、不可能なものであることも明らかであろう。個別的な利益はつねに選り好みに向かい、公的な利益はつねに平等へと向かうからである。

それだけではない。個別意志と一般意志がある瞬間において一致したとしても、この一致がその瞬間の後にも持続するという保証はまったくないし、この二つの意志のあいだに対立が生じないという保証もないのである。人間にかかわる事柄の自然なあり方には大きな変動が生じるのであり、人々の考え方も生き方も、ごくたやすく変わってしまうものである。だから今日望んでいることを明日も望むだろうと断言するのは無謀なことであろう。このように一般意志はこの不安定性に屈し難いとしても、個別意志をこの不安定性から守ることができるものは何もないのである。

このように社会体は一度は「この人物が望むすべてのものを、わたしも望む」と語ることはできよう。しかしその人物について、「彼が明日望むであろうことを、わたしも「明日」望むだろう」と語ることはできないのである。ところで国家を指導しなければならない一般意志は過去の意志ではなく、現在の意志であり、一般意志の指揮と公的な力の利用はその時間、場所、効果が一致しなければならないのが主権の真の性格である。だからどのような意志であれ、［一般意志とは］別の意志がこの公共の力を指揮するようになった瞬間から、この［時間と場所と効果の］一致は期待することができなくなるのである。

うまく調整された国家であれば、人民の意志による行為を人民がそれに反する行為によって破壊しないかぎり、人民の意志による行為がつづいているものと想定することができる。しかし過去の行為がその効果を維持することができるためには、現在の暗黙の同意がつねに必要である。この現在の同意が存在すると想定するために必要な条件については、いずれ検討することにする。

人間の構成においては、魂が身体にどのように働きかけるかという問題は、哲学の難問であるが、国家の構成においては、一般意志が公的な力にどのように働きかけるかという問題は、政治学の難問である。この難問に、すべての立法者が道に迷ってきたのである。わたしはこれから、そのために人々が利用してきた最善の手段を説明しよう。そしてそのための手段を評価するにあたっては、経験によって根拠づけられた推論だけを信頼することにしよう。ここですべての自由な存在にとって、望むことと行うことは同一のことであり、こうした自由な存在の意志は、その望むことを実現するために利用する力の大きさによって正確に計ることができると想定しよう。その場合には国家が、公的な力の限界を超えないかぎりで、つねに主権者が望むすべてのことを、主権者が望むとおりに忠実に実行するのは確実である。ただしそのためには、意志がごく単純なものであること、人間の魂が身体に［直接に効果を］及ぼすのと同じように、一般意志の行為が政治体に直接に効果を及ぼすことが条件となる。

しかしこのような結びつきが最善の形で実現されていても、すべての難問が解決されるわけではない。人間の営みは自然の営みほど完全なものではないから、みずからの目的とするところに直接に向かうことは決してないのである。力学の世界と同じように政治の世界においても、［ほんらいよりも］弱い力で、あるいは時機を失して力を行使することや、力や時機を失うことは避けられないのである。一般意志がすべての人の意志であることは稀であり、公的な力はつねにすべての個人の力の総計よりも少ないために、機械において摩擦が存在するように、国家という〈ゼンマイ〉において、ある程度の量の力を控除しておく必要がある。利用する手段が、実現しようとする効果ときちんと対応するように、全体の力から少なくともある程度の力をあらかじめ差し引いて計算しておくべきなのである。これは立法家の学問において必要とされる困難な研究であるが、ここではこの問題に立ちいることなく、市民国家という理念を仕上げることにしよう。

第五章　社会的な紐帯についての誤った考え方

人間を集めるには無数の方法があるが、人間を結合させる方法は一つだけである。わたしがこの著作において、政治的な社会を成立させる方法を一つしか示さないのはそのためだ。ただし現在、政治的な社会の名で呼ばれている多数の集合体のうちには、同じ方法で設立されたものはおそらく二つもないだろうし、わたしが示す方法で設立された政治的な社会は一つもないだろう。しかしわたしが求めているのは権利と理性であり、事実について議論するつもりはない。現代の著作家たちの多くが支持している市民的な結合を作りだすその他の方法を、わたしの示す原則に基づいて、どう判断すべきか、調べてみよう。

父権による国家

一　家族の父親が自然にもつ権威が、子供たちが弱く、［援助を］必要としている時期を過ぎても適用されて、子供たちを服従させつづけると、最初は必要によって服従していた人々は、やがては習慣と感謝によって服従するようになるという議論がある。これはすぐに考えつくことのできる論拠であり、家族を結びつけている紐帯は、分かりやすいものである。しかし父親が亡くなるとすぐに、子供たちの一人が、父親がかつてすべての人々に行使していた権力を簒奪し、この権力を自分とそれほど年齢も違わない兄弟たちや他人にたいして行使するという論拠には、根拠もないし、土台もない。この［権力を簒奪して設立された］新しい秩序には、年齢、力、父親の優しさから生まれる自然の権利も、親への感謝の気持ちから生まれる義務も、まったくそなわっていないのである。自然の法にしたがって自分の子供たちだけを優先するはずの人物の軛《くびき》に、自分の子供たちをしたがわせる兄弟たちは、きわめて愚かで、自然に背いているのである。このような絆のうちには、首長と社会の成員を結ぶものは何もみいだすことができない。力だけが働いているのであり、自然はもはや沈黙しているのだ。きわめて多数の著作家が、この［家族と国家の］類比を強調しているので、しばらく立ちどまってこの類比を検討してみよう。第一に、国家と家族のあいだに、これらの著作家が主張するような［類比の］関係があるとしても、片方の社会において適切な行動規則が、別の社会においても適切なものだということにはならないのである。家族と国家という二つの社会は、同じ方法で管理するには規模が違いすぎる。家族の統治においては、父親がすべてのことをみずからの目でみて判断するが、市民社会の政府においては、首長は他人の目を通してでなければ、ほとんど何も見ないのであり、ここにはつねに極端なまでに大きな違いが存在するのである。

これに関して［二つの社会で］事態が同じになるには、家族の規模が拡大するにおうじて、父親の才能、力、そしてすべての能力も大きくなることが必要であろう。反対に、強力な君主の魂が、ふつうの人間の魂と同じようなものになり、帝国の規模が、民間の個人の遺産と同程度のものとなることが必要であろう。

しかし統治の原則がこれほど異なることを考えると、家族の統治と国家の統治が同じようなものでありうるのだろうか。子供たちが父親の援助を必要としているあいだは、まだ父親は子供たちよりも身体的にはるかに強いだろう。父親の権力が自然が定めたものであるのは、理に適っているのである。

大きな家族［国家］では、家族の全員が自然に平等であり、まったく恣意的なものである政治的な権威は、人々の合意だけを基礎として設立されるのであり、為政者は法律だけに基づいて市民に命令を下すことができる。［家族では］父親は自然の感情によって［子供たちを養育する］義務を命じられ、［この自然の感情には］父親は逆らうことができないのである。しかし［国家の］首長たちにはそのような規則は適用されず、人民にたいして実行すると約束した義務を除いて（人民にはその義務の実行を要求する権利がある）、人民たちには現実にいかなる義務も負わないのである。

さらに大きな違いがある。子供たちは、父親から遺産としてうけつぐものを除くと何も所有していないのであり、すべての所有権は父親に所属するか、父親から与えられたものであることは明らかである。大きな家族［国家］では反対に、私的な所有を保証するためにこそ、一般的な管理が定められるのであり、私的な所有は管理に先立つのである。家中のすべての営みは、家産を維持し、増やすことを主な目的としており、いつか子供たちが貧しくならないように、この財産を分割することを目的としている。ところが君主の富は個人の幸福を増大させるどころか、個人はほとんどいつでも、その平和と財産を犠牲にせざるをえないのである。

最後に、小さな家族はやがては姿を消して、複数の同様な家族に分裂する定めにある。しかし大きな家族［国家］はつねに同じ状態で存続するように作られている。小さな家族が分裂するためには、まず大きくなる必要がある。これにたいして大きな家族［国家］は存続するだけで十分であり、すべての増加は有益であるよりも、有害なものであることを証明できるのである。

事柄の自然なありかたによる複数の理由から、父親は家族のうちで命令を下さねばならない。第一に、父親と母親の権威は同等なものではない。しかし［家族であっても］統治する者は一人でなければならず、意見が対立した場合には、優位にあるものの一声《ひとこえ》で決まるのである。第二に、妻には女性に特有の不都合［生理］があり、それがもたらす不便をどれほど軽微なものと考えようとも、一定の期間は活動できなくなるのであり、このことだけでも妻が優位に立つことを否定する十分な理由となるのである。完全に均衡がとれている状態では、ごくわずかなものでもこの均衡を崩すに十分だからである。さらに夫は妻の行動を監視している必要がある。妻が生んだ他人の子供たちを、自分の子供として承認させられないようにするのが大切だからである。妻はこうした懸念を抱く必要はないのであり、そのため夫にたいして同じような権利をもたないのである。

第三に、子供たちは最初は必要に迫られて、次には［養育に］感謝するために、父親にしたがうべきである。子供たちは生涯の半ばにいたるまで、必要とするものを父親からうけとったのだから、後半生は父親の必要を満たすために捧げるべきなのである。第四に、家庭で雇われている召使いたちは、家庭の主から与えられる食料と交換に仕事をするのである（ただし家庭の主から与えられるものがもはや望ましいものでなくなった場合には、この交換は停止される）。奴隷については検討しない。これは自然に反するものであり、これを認めることができるものは存在しないからである。

政治的な社会には、このようなものはまったく存在しない。首長が個人の幸福に関心をもつことは自然なことではないし、それどころか個人を悲惨な状態に追いやってでも、自分の幸福を求めようとするのは珍しいことではない。［王政では］王位が世襲でうけつがれるとしよう。その場合にはまだ子供［である王］が、［大人の］人々を支配するのも、よくあることだ（注一）。あるいは王が選挙で選ばれるとしよう。その場合には王の選挙には無数の欠点がある。そしていかなる場合にも、父子関係のもっているすべての利点が失われるのである。

首長が一人だけの場合には人民は、人民を愛すべきいかなる理由もない主人の意のままになる。首長が複数の場合には、首長の圧制に、しかも複数の圧制に耐えねばならない。要するに、権力の濫用は避けられず、そのおぞましい結果は社会の全体におよぶのである。この社会では公的な利益にも法にも自然な力はそなわっておらず、首長とその部下たちの私的な利益と情念に、絶えず苦しめられつづけるのみである。

家族における父親の機能と「国家における」統治者の機能は、同じことを目的とすべきものであるが、きわめて異なった道を通ってその目的を実現するのである。父親と統治者では、義務においても権利においても顕著な違いがあり、これを混同するならば、社会の原理についてきわめて誤った考えかたをするようになるし、人類にとって致命的な錯誤を犯すことになるのである。実際に、家庭の良き父親がみずからの義務をきちんとはたすために耳を傾けねばならない最善の助言は、自然の語る声である。しかしこの自然の声は為政者にとっては偽の案内人である。為政者はつねに自分の利益を退けて仕事をすべきであり、思慮によって、あるいは徳によって導かれないかぎり、やがてはみずからの没落か、国家の没落をもたらすことになるのである。

家庭の父親に必要とされる唯一の用心は、堕落しないことであり、みずからのうちに自然に存在する好き嫌いの気持ちが損なわれないようにすることである。しかし為政者を腐敗させるのは、まさにこの自然に存在する好き嫌いの気持ちなのである。良き父親であるためには、自分の心に問うてから行動すればよい。しかし為政者は、自分の心に尋ねてから行動した瞬間から、［国家にたいする］裏切り者となる。為政者は自分の理性にすら疑念を抱くべきであり、法という名の公的な理性だけにしたがうべきなのである。

自然は家庭において多数の良き父親を生みだしてきた。しかし人類の叡智によって、良き王というものが作られたことがあるのかどうかは、疑問である。プラトンの『国家』には、王という人間のもつべき特性が書かれているし、実際にこうした特性をそなえていた人物の実例も挙げることはできる。しかしこのような特性をそなえた人間が存在していて、実際に王冠を戴いたことがあると想定したとしても［それは奇跡のようなものであり］、奇跡のうちに人間の統治の業を定めることを、はたして理性が許すものだろうか。だから確実なのは、家族の紐帯を延長することによっても、家族を手本とすることによっても、公民国家《シテ》の社会の紐帯を作りだすことはできないし、作りだしてはならないのである。

富者による国家

二　富める有力な人間が、広大な土地を獲得して、そこに居住することを望む人々に、法を定めたとする。そこに居住することを許す条件として、富者の至高の権威を承認し、そのすべての意志にしたがうことを定めたとする。このようにして社会が成立しうることは、わたしも認めることができる。しかしわたしがどうしても理解できないのは、ある取決めを結ぶためには、それ以前にさまざまな権利が存在していることを想定しなければならないのに、それをどのようにして、最初の法の基礎となしうるのか、そしてこの行為は、土地の所有権とその土地の住民の自由の両方を二重に簒奪する圧制者の行為ではないのか、ということである。ある個人が広大な領土をみずからのものとして、人類から奪うことは、罰すべき簒奪の行為ではないだろうか。なぜならこの行為は世界の残りの住民から、自然が共有のものとして彼らに与えていた住処《すみか》と食料を奪うことだからである。必要と労働の結果として、最初の占有者に土地の権利を与えるとしよう。しかしこの権利には制限を加えないでよいものだろうか。ある共有の土地に最初に足を踏みいれただけで、それが自分だけの所有物であると宣言することができるものだろうか（注二）。他のすべての人々をそこから追い立てる力があるということだけで、追い立てられた人々から、そこに戻る権利を奪うのに十分なのだろうか。あるものを占有するという行為は、どこまで所有権を基礎づけることができるのだろうか。

［スペインの探検家の］ヌニェス・バルボアが海岸に上陸しただけで、カスティリヤ王の名のもとで、南の海［太平洋］と南アメリカの全土を、占有した［と主張した］とき、それだけですべての住民からこの土地を奪うことができ、世界のすべての君主をそこから締めだす権利が認められたとでもいうのだろうか⑽。こういうやりかたで、こうした［空虚な］儀式は空しく増えるばかりであった。こうしてカトリックの王［カスティリヤ王］は執務室にいながら、一挙に全世界を占有したと主張したのであり、あとは他の君主がそれまでに占領していた領土を、自分の帝国に含まれないものと認めるだけでよかったのである。

先占権の条件

それでは最初の占有者に、その土地の権利を認めるために必要な条件はどのようなものだろうか。第一に、その土地にはまだ誰も居住していないこと。第二に、生存するために必要な土地の面積しか占有しないこと。第三に、空虚な儀礼によってではなく、労働と耕作によってその土地を占有すること。これは他者が尊重すべき唯一の所有のしるしである。社会状態が形成される以前の人間の権利はこれを上回るものではありえない。その他のすべては自然法に違反した暴力と簒奪にほかならないのであり、社会の権利の基礎とはなりえないのである。

わたしがみずからを養うために必要な土地だけを所有し、この土地を耕すために必要な十分な人手があるとしよう。この土地の一部を他人に譲渡したならば、もはや生存していくために必要な食料がえられないとしよう。その場合にはわたしは自分の生存を放棄せずに、土地の一部を他人に譲渡することができるものだろうか、そして自分の所有物でないものを譲渡することを、他人と合意できるものだろうか。

このような合意の条件は、わたしが他人の意志に無条件に服従することを意味するものであり、非合法で無効なものであることはきわめて明らかである。というのは、このような［無条件の］服従は人間の本性に反するものであるだけでなく、人間の行為からすべての道徳性を奪い、人間の意志からすべての自由を奪うものだからだ。片方に絶対的な権威を認め、他方に際限のない服従を定める取決めは無効で、不条理で、不可能なのである。

人間が、すべてのことを要求する権利のある人物とのあいだで、約束を結ぶことはないこと、この［すべてを要求できるという］条件だけでも、他のすべての条件に反するものであり、この［約束という］行為そのものが無効になるものであることは、自明のことではないだろうか。わたしの奴隷がわたしにたいしてどのような権利をもてるというのだろうか。奴隷がもっているすべてのものはわたしのものであり、奴隷の権利もわたしのものであるとしたら、わたしにたいするわたしの権利というのは、意味のない言葉ではないだろうか。

戦争による国家

三 戦争の権利によって、勝者が捕虜を殺すのではなく、永遠に奴隷とすること。これが勝者にとって有利なものであることはたしかだが、その場合には勝者は戦争の権利だけに依拠しているのであり、勝者と奴隷のあいだにはまだ戦争状態がつづいているのである。戦争状態を終わらせることができるのは、戦争状態が始まったときに存在していた自由で任意の取決めだけだからである。

勝者が捕虜の全員を殺戮しない場合には、これを〈温情〉と呼ぼうとも、その名に値するものではない。生きる価値があるのは自由によってであるのに、捕虜はこの〈温情〉を、自分の自由で贖《あがな》わなければならないからである。捕虜は殺すよりも生かしておくほうが有益なのだから、勝者は捕虜の利益のためではなく、自分の利益のために捕虜を生かしておくのである。だから捕虜は勝者に服従することを強いられて服従しているあいだは、勝者にいかなる負い目もないのである。しかし隷従している人民が、力によって強いられた軛《くびき》をふり払うことができ、主人、すなわち敵からみずからを解放することができたならば（人民にそれができるなら、そうすべきである）、そして人民が合法的な自由をとりもどすことができたならば、それは人民が戦争の権利を行使しただけなのである。戦争状態がつづいていたのだから、この戦争の権利は消滅していなかったのである。

それでは戦争状態はどのようにすれば、正義と平和だけを目的とする結合の取決めの基礎となることができるのだろうか。「われわれのあいだをまだ戦争が支配しているから、われわれは一つの団体に結合した」と言うことほど、不条理なことが考えられるだろうか。しかし捕虜を殺す権利と呼ばれるものが虚偽であることはあまりにも周知のことになっているために、文明的な人間で、この妄想的で野蛮な権利を行使したり、要求したりする人は一人もいないし、報酬をうけとった［ことで虚偽の論理を主張しようとする］詭弁家にも、この権利を支持する勇気のある人は一人もいないのである。

わたしは第一に、［戦争で］敗れた者が武器を地に置いたならば、勝者には敗者を殺す権利はないのだから、まったく存在しない権利によって、敗者たちを奴隷にすることはできないことを指摘したい。第二に、かりに勝者にはこの権利があって、しかも勝者がこの権利を濫用しないとしても、そこで社会状態が生まれることは決してない。戦争状態がたんに修正されたにすぎない。

この戦争という語で公的な戦争を指そうとするなら、そのときにはすでに社会が存在していたことを想定するのであり、この社会がどのような起源で誕生したのかが説明されていないことをつけ加えておきたい。この語が私人と私人のあいだの戦争を意味するならば、そこから生まれるのは主人と奴隷だけであり、首長と市民の関係は生まれない。首長と市民の関係が生まれるためには、社会を設立するための取決めが結ばれており、人民の団体が作りだされて、この団体の成員がたがいに結合し、その首長とも結合していることが必要なのである。

実際に社会状態の真の性格はこのようなものである。人民はその首長とは独立したかたちで人民であり、統治者が死んだとしても、国民のあいだにはまだ紐帯が残されていて、人民は国家という団体のうちに存在しつづけるのである。専制政治の原則には、このような紐帯は存在しない。暴君が死ぬと同時に、すべてのものは分離して、塵のうちに崩れ散る。樫の木の枝を炎が嘗《な》め尽くしたあとには、ただ灰だけが残るのと同じである。

時効による権力

四　長い時間が流れると、暴力的な簒奪が最終的には合法的な力となることがあり、簒奪者を最高の為政者に、奴隷の群れを国民という団体に変えることができるのは時効の力だけであり、ここで欠けているのは理性の権威だけだと、多数の賢明な人々が主張してきた。しかし長いあいだの暴力が、時間の力だけで、公正な政府に変わりうるものではない。それどころか、人民がその首長に恣意的な権力を与えるほどに愚かだったとしても、この権力は次の世代の人々に伝達されえないのであり、それが維持されることだけでも非合法的なものとなりうることは、議論の余地のないことである。これから生まれてくる子供たちが、自分たちの父親の常軌を逸した行動を承認するとは考えられないし、自分たちが犯したわけでもない過ちの罰をうけようとすることも考えられないことだからだ。

たしかに、まだ存在していないものにはいかなる地位もなく、これから生まれようとする子供たちにはいかなる権利もないのだから、父親が自分のためと子供のために、みずからの権利を否認したとしても、苦情を言われる理由などないという議論があるのは承知している。しかしこのように怪しげな詭弁を否定するには、子供たちが父親だけからうけつぐ権利、すなわち父親の財産の所有権と、人間としての資格において自然だけからうけつぐ権利、すなわち自由を区別するだけで十分である。理性の法の定めによって、父親が単独で保有する最初の［財産を所有する］権利をみずから放棄して、これを子供たちに与えないことができるのはたしかである。しかし父親は第二の［自由という］権利を子供たちの手から奪うことはできないのである。この自由という権利は、自然が直接に与えた贈物であり、いかなる人間からもこれを奪うことはできないからである。巧みな征服者が熱心に臣民の幸福を願って、自分たちの片腕を切り捨てれば、もっと平穏に、そして幸福に生きることができると、臣民たちを説得したと考えてみよう。しかしこのことだけで、父親たちの［征服者との］約束を守らせるために、すべての子供たちに自分の片腕を永遠に切り離すことを義務づけることができるものだろうか。

暗黙の同意

暴君［の支配］を正当化するために、暗黙の同意という論拠をもちだそうとする人もいるが、たとえ長いあいだ沈黙が保たれていたとしても、このような暗黙の同意が存在すると想定することはできないことはすぐに分かる。個人は恐怖のために、公的な力を自由に使うことのできる人間［暴君］には抗議できないものだ。それだけでなく、団体としてしか意志を表明することのできない人民は、この意志を表明するために集まる能力に欠けているのである。反対に市民が沈黙を守るだけでも、承認されていない首長を退位させるには十分である（首長に権限を認めるには、市民が発言することと、しかも完全な自由のもとで発言することが必要なのだ）。法律家や、そのために報酬をうけとっている人々がこの問題について語っているほかのすべてのことは、人民には簒奪された自由をとりもどす権利がないことを証明するものではなく、それを試みることが危険なことであることを示しているだけである。そしてすでに失われた自由よりもさらに大切なものを失う危険があるときには、そのような危険な試みは絶対に企ててはならないのである。

究極の問い

社会契約をめぐるこうした論争のすべては、ごく単純な一つの問いに帰着すると思われる。共通の利益のほかには、人々に社会という団体のうちで自主的に結合させてきたものはないのではないだろうか。だから市民社会の土台となるのは、共通の利益なのだ。このことを前提として考えると、正統性のある国家と、何ものによっても権限が与えられていない強制された人々の集まりを区別する唯一の方法は、それぞれの団体の目的と目標を検討してみることではないだろうか。

社会の形式が共通の善を目的とするものであるならば、それは社会の成立の目的に適うものである。社会の形式が首長たちの利益だけを目的とするものであるならば、それは理性の法と人間性の名において、非合法的なものとみなされる。というのは、暴君の利益がときには公的な利益と一致することがあるとしても、この一致は一時的なものにすぎず、この一致を目的としない［暴君の］政府に権限を与えるものとはならない。グロティウスはすべての権力というものは、統治される人々の利益を目的とするものであることを否定した(11)。彼は事実においてはまったく正しいのだが、ここで考察しているのは事実問題ではなく、権利問題である。

彼がその唯一の証拠として示しているのは、何とも奇妙なものである。奴隷にたいする主人の権利をその証拠としたのだ。しかし一つの事実は他の事実に権限を与えることができるものだろうか。暴君よりも奴隷状態のほうが公正を欠くことが少ないとでもいうのだろうか。証明する必要があるのは、まさに奴隷の権利なのである。事実がどうであるかでなく、何が適切で公正なものであるかが問われているのだ。人々が服従することを実際に強いられている権力が問題なのではなく、承認することを義務づけられている権力が問題なのだ。

（注一）王位につける年齢についてのフランスの法律の規定は、ごく賢明な人々の長い経験から、子供が支配するよりも、摂政が支配するほうが大きな災厄をもたらすことを、人民が学んだことを示しているのである。

（注二）ある書物で（たしか『オランダ・オブザーバー』だったと思う）、かなり興味深い原則を読んだことがある。野生の人々だけが居住しているすべての土地は、無主の土地とみなすべきであり、その土地を占領して住民を追い払うのは合法的な行為で、自然法に違反したことを住民になしたわけではないというのである。

第六章　主権者の権利と市民の権利

一般意志と個人

［社会を設立するための］結合の目的が共通の利益であるとすれば、一般意志が社会体の行動の規則とならねばならないのは明らかである。これまで確認しようとしてきたのは、この基本的な原理である。この章では、この一般意志が個人にどのような権限を行使するのか、これがすべての人にどのようにして表明されるのかを調べてみよう。

もし国家または公民国家《シテ》が法的な人格であり、構成員の和合と結合だけがこの人格の生命を維持するものだとすると、国家が配慮すべき第一のもっとも重要な問題は、みずからの存続である。この配慮のためには、普遍的で強制的な力を行使して、そのさまざまな部分を、全体にとってもっとも好ましい形で働かせ、配置する必要がある。自然はすべての人間に、自分のすべての肢体を自由に動かす絶対的な力を与えている。これと同じように社会契約は政治体に、そのすべての構成員にたいする絶対的な力を与えているのである。この一般意志はこの力の行使を指導するものであり、これがすでに述べたように主権と呼ばれるのである。

しかし国家のこの公的な人格のほかにも、これを構成している私的な人格も考慮にいれる必要がある。これらの私的な人格の生命と存在は、当然ながら公的な人格とは独立したものである。だからこの問題をいくらか検討してみる必要があるだろう。

ここで何よりも重要なのは、主権者が市民にたいして行使することのできる権利と、主権者が市民のうちで尊重する必要のある権利を区別することである。また市民が国民としてはたすべき義務と、市民が人間としての資格において享受できるはずの自然法のもとでの権利を、きちんと区別することである。社会契約において各人はその自然な能力、財産、自由を［共同体に］譲渡するのであるが、社会が所有することが重要な意味をもつのは、その一部にすぎないのはたしかである。

市民が国家に提供することのできるすべての奉仕は、国家がそれを求めたときに、市民は直ちに提供しなければならない。しかし主権者の側としても、共同体にとって無用な拘束を、国民に求めることはできない。というのは自然の法則と同じように理性の法則においても、原因なしには何ごとも起こらないからである。しかし適切であるものと必要なものを混同してはならないし、たんなる義務と狭い意味での権利を、そして要求されたらわたしたちが実行すべきものと、わたしたちが自主的になすべきものを混同してはならない。

わたしたちは約束によって社会体に結ばれているが、この約束は相互的なものであるからこそ、拘束力をそなえているのである。この約束は、人が他人のために働くとき、同時に自分のためにも働くような性格のものである。それではなぜ一般意志はつねに正しく、なぜすべての人は、つねに各人の幸福を願うのだろうか。それはこの各人という語が語られるとき、それを自分のことだと考えない人はいないし、すべての人のために一票を投じるとき、自分のことを考えない人はいないからではないだろうか。

このことから次のことは明らかである。まず権利の平等と、そこから生まれる正義という観念は、各人がまずみずからを優先するということ、すなわち人間の本性から生まれたものであるということである。さらに一般意志が真の意味で一般的なものであるためには、その本質が一般的であるとともに、その対象も一般的でなければならないことも明らかである。そして一般意志はすべての人にもどってくるものであるから、すべての人から生まれたものでなければならないこと、一般意志はある特定の個人の問題に適用されるようになった場合には、それが自然のうちにそなえていた正しさを失ってしまうことも明らかである。こうした［特定の個人を対象とする］場合には自分のものではない事柄について判断するのであるから、わたしたちを導いてくれる公正さについての原則が働かないからである。

実際、決定すべき問題がある特定の権利や事実にかかわるものであって、あらかじめ一般的な契約で規定されていないときには、すぐにそれは訴訟となるのである。この訴訟の片方の当事者は利害関係のある個人であり、他方の当事者は公衆である。この場合には、どのような法律にしたがうべきなのか、誰が裁判官として判決を下すべきなのか、分からないのである。その場合に一般意志の明確な決定に頼ろうとするのは、道理にあわないことである。このような場合には一般意志の判決というのも、片方の当事者が下す結論であり、他の当事者にとっては一つの個別意志にすぎないため、不正に走りやすく、過ちを犯しやすいものだからである。

このように個別意志が一般意志を代表できないように、一般意志も［一般的なものという］性格を変えずに、一つの個別意志となることはできないし、人間についても事実についても、一般意志の名のもとで判決を下すことはできないのである。たとえばアテナイの人民がその首長を任命したり、罷免したとき、ある者には報酬を授け、ある者には罰金［の支払い］を命じたとき、さまざまな特殊な命令によって、政府のあらゆる行為を無差別に遂行したとき、人民はもはやほんらいの意味での一般意志を所有していなかったのである。この場合には人民は、主権者としてではなく、為政者として行動していたのである。

これまで述べてきたことから、公的な意志が一般的なものとなるために必要なのは投票者の人数であるよりも、投票者を結びつける共通の利益であることが理解されよう。この制度では、各人が他人にしたがわせる条件には、かならず自分もしたがうからである。ここでは利益と正義のすばらしい一致がみられるのであり、これによって公共の決議は公正なものという性格をもつようになるのである。ところが個別な利益にかかわる問題を議論するときには、この公平さという性格は、かならず失われてしまうのである。判決を下す者の意志と訴訟の当事者の意志を一致させ、同じものとする共通の利害が存在しないからである。

社会契約のもたらす平等

どちらの側から原理に溯っても、いつでも同じ結論に達する。すなわち社会契約は市民のあいだに権力の平等を確立するのであり、市民はすべて同じ条件で約束しあい、すべての市民が同じ利益を享受しなければならないのである。またこの契約の性格からして、主権者のすべての行為、すなわち一般意志のすべての正当な行為は、すべての市民を同じ形で義務づけ、同じ形ですべての市民に恩恵を与える。だから主権者はただ国家という団体を認めるだけであり、国家を構成する個々の市民を区別することはないのである。

それでは主権者の行為とは、ほんらいはどのような意味なのだろうか。それは上位にある者が下位にある者に下す命令ではなく、主人が奴隷に与える命令でもない。これは国家の団体がその個々の成員と結ぶ協約である。この協約は、社会契約を基礎とするものであるから合法的なものである。これは、自主的で一般的なものであるから〈公正な〉ものである。全員の福祉だけを目的とするものであるから〈有益な〉ものである。公共の力と至高の権力によって保証されているものであるから〈確固とした〉ものである。

国民がこのような協約だけに服従する場合には、誰にも服従せず、自分自身の意志のみに服従するのである。主権者と個人のそれぞれの権利が適用される範囲を問うことは、個人がどこまで自分自身と約束することができるか、個人がどこまで全員と、全員がどこまで個人と約束することができるかを問うことである。

そのことから、主権がどれほど絶対的であり、どれほど神聖であり、どれほど不可侵なものであったとしても、一般的な協約の範囲を超えることがなく、超えることもできないことが明らかになる。そしてすべての人は、この協約で彼に残された財産と自由を十分に使うことができるのである。だから主権者はある個人に、他の個人よりも大きな負担を課す権利はない。これは個別の問題であり、これには主権者の権限が及ぶことはないからである。

主権の限界がそのように確定されると、社会契約において、個人が実際に何かを放棄すると考えるのは、まったくの誤りであることが分かる。個人の状態は、この契約のために以前よりも実際に好ましいものに改善されているのであり、個人は何かをたんに譲り渡したのではなく、有利な条件で交換をしたにすぎないのである。不確実で危うい生活の代わりに、確実でよりよい生活を手に入れたのであり、自然状態における独立の代わりに、市民としての自由を手に入れたのであり、他人を害しうる能力の代わりに、個人的な安全を手にいれたのであり、他人が勝ることのある力の代わりに権利を手に入れたのであり、社会的な結合のおかげで、この権利が他者によって侵害されることはなくなったのである。

個人は国家に生命を捧げたが、この生命は国家によってつねに保護されている。個人は国家を防衛するためには生命を危険にさらし、あるいは失うが、これは自然状態においても、もっと頻繁に、さらに大きな危険を冒しながら、行っていたのと同じことではないだろうか。自然状態では闘いは避けがたかったし、自分の生命を保持するために役立つものを、自分の生命を賭けて守っていたのではないだろうか。必要とあらばすべての人は、祖国を防衛するために戦わねばならないのはたしかである。しかし誰もみずからの生命を守るために闘う必要はなくなったのも、たしかである。わたしたちは自分の安全が奪われたときには、みずからを守るためには大きな危険を冒すのであるから、自分たちの安全を保証してくれるもののために、はるかに小さな危険を冒すのは、結局は利益になることではないだろうか。

第七章　実定法の必要性

社会的な結合の困難な課題

これまで述べてきたことは、すべての真の政治体の土台となる基本契約について考えられうるもっとも公正な理念である。この理念は重要なものだけに、さらに発展させる必要がある。これらの理念はこれまで明確に考えられていなかったために、この問題を検討しようとするすべての人は、この契約の性格から生まれたものではない恣意的な原理に基づいて、市民の政府の基礎づけを行ってきたからである。

以下をお読みいただければ、これまで語ってきたことからすべての政治システムをどれほど簡単に導くことができるか、その帰結がどれほど自然で啓発的であるかが、ご理解いただけるはずである。しかしわたしたちの建物の土台を確立する作業を進めよう。

社会的な結合には、特定の目標がある。この社会が形成されると同時に、この目標を実現することを目指す必要があるのだ。各人が社会契約の約束にしたがってなすべきことを、みずからも望むことができるようになるためには、各人がみずから望むべきことが何かを知っている必要がある。各人がみずから望むべきこと、それは共通の善である。各人が避けるべきこと、それは共通の悪である。しかし国家というものの存在は約束に基づいた理念的なものであるので、国家の成員は自然で共通の感受性をそなえているわけではない。この感受性があれば、有益な事柄には好ましい印象をうけ、被害をこうむればすぐに不快な印象をうけるものであり、わが身でその印象を思い知らされるものである。各人は訪れる悪を予測できないし、悪の影響を感じ始めたときにすぐに対策をとる余裕があることはごく稀なのである。悪を避けるため、あるいはそれによる被害に対処するためには、早い時期から予測しておくことが必要なのである。

とすれば、個人では予測することができず、被害をうけてからでなければ感じることもできない悪から、どうすれば共同体を守ることができるだろうか。個人では、善き効果を確認した後でなければ判断することのできない善を、共同体にどうすれば確保することができるのだろうか。さらに自然の［威力の］ために絶えず自分の原初的な条件を思い起こさせられる各人が、この人為的な別の［社会的な結合という］条件を決して無視せずにいられるのは、どのようにしてだろうか。この［人為的な］条件がどのような恩恵をもたらしてくれるかは、その帰結によらなければ判断できないのだが、この帰結は遠く離れたものであることが多いのである。

たとえ個人がつねに一般意志にしたがうと想定したところで、どうすればこの一般意志は、すべての場合に明確に示されうるのだろうか。一般意志はいつでも明確なものとなるだろうか。個別の利益がその幻想によって、一般意志を不明確なものとすることは決してないだろうか。人民はつねに集まってこの一般意志を表明するだろうか、それとも人民は一般意志の表明を特定の個人に委ねることはないだろうか、こうした特定の個人は一般意志の代わりに自分の個別意志を採用しようとするというのに。最後にどうすればすべての人々が一致した行動をとることができるだろうか、すべての人々はどのようにして問題を処理できるだろうか、どのような方法でたがいに理解しあうことができるのだろうか。共同で行うべき作業を、個人のあいだでどのように分配することができるのだろうか。

法の必要性

これらの困難な課題は、克服できないものと思われるに違いないが、すべての人間の制度のうちで、もっとも至高な制度によって解決されたのである。というよりも、天から与えられた霊感によって、人民は揺るがすことのできない［天なる］神の命令を、この地上で模倣することを学んだのである。人々を自由にすべく服従させる方法を発見するために、想像もできないどのような技が使われたのだろうか。この技によってこそ、人々を拘束することも、人々に諮《はか》ることもなく、国家の成員の財産と労働と生命までも、国家に奉仕させるために利用できたのである。そして人々みずからの誓いによって、人々の意志をつなぎとめることができたのである。拒否することなく、同意させたのである。人々がみずから望んでいないことをしたときには、みずから処罰させたのである。

なんとも不思議なのは、命令する者がいないのに、すべての人が服従したこと、［命令する］主人がいないというのに、人々が奉仕したことである。どのようにすれば従属しているようにみえながらも、実際には自由でありうるのだろうか、他者に害を与えないかぎり、誰もいかなる自由も失わないでいることができるのはどうしてだろうか。

この奇跡は法がもたらしたのである。人間が正義と自由を守ることができるのは、法の力によってのみである。法は、すべての人の意志の有益な〈器官〉として、人々のあいだの自然な平等性を、権利としてふたたびもたらしたのである。この天からの声があらゆる市民に、公的な理性の掟を教えたのであり、みずからの判断の原則に基づいて行動することを学ばせ、自己とたえず矛盾して行動することのないようにさせたのである。

法は政治体の唯一の原動力である。政治体は法によらずには行動できず、感じることもできない。法なしでは、創設された国家も魂のない身体にすぎず、存在しても行動することができない。各人がただ一般意志にしたがうだけでは十分ではないからである。一般意志にしたがうためには、一般意志を知らねばならない。こうして立法の必要性が生まれるのである。

立法者の必要性

ほんらい法とは、社会的な結びつきを作りだすためのさまざまな条件のことにほかならない。法を定めるのは、法にしたがうべき人民でなければならない。社会的な結びつきを作りだすための条件を宣言するのは、その結びつきに参加する人々の役割だからである。しかし人民はこの条件をどのようにして宣言するのだろうか。突然の霊感でも感じて、全員一致で決めるのだろうか。政治体には、みずからの意志を表明するための〈器官〉があるのだろうか。政治体がその法令《アクト》を定め、前もって公表しておくためには、先見の明が必要なのだが、誰が政治体にこのような先見の明を与えたのだろうか。政治体はどうすれば、その法令を必要とされる瞬間に発表することができるのだろうか。

先見の明のない大衆が、自分たちにとって善きものが何であるかを理解しているのはごく稀なことだし、みずからが求めているものが何であるかを知らないことも多い。だとすると大衆はどのようにして、法の体系化という困難な事業を、賢者や先見の明のある人物によるきわめて崇高な営みを、みずから作りだして遂行することができるのだろうか。人民はつねにみずからの幸福を望むものだが、幸福とは何かをつねにみずから悟れるとはかぎらない。一般意志はつねに正しいのであり、これを是正することなどはありえない。しかしこの一般意志に適切に問いかける必要があるのである。必要なこと、それは一般意志に対象をありのままに眺めさせること、場合によってはあるべき姿で眺めさせることであり、一般意志が探し求めている正しい道を示すこと、個別意志の誘惑から守り、みずからの場所と時間をしっかりと認識させ、目の前にあるわかりやすい利益の魅力と、遠く離れて隠されている危険を、秤にかけて示すことである。

個人は自分の幸福が何であるかは理解できるのだが、それでいてこれを退ける。公衆は幸福を望んでいるが、それが何であるかを理解できない。どちらにも導き手が必要である。［善を望みながら、悪をなす］個人には、みずからの意志を理性にしたがわせるように強制しなければならない。［幸福が何かを知らない］公衆にはみずから欲するものを教えねばならない。公衆が啓蒙されると、個人の徳も高くなる。そして社会体の知性と意志が一致するようになると、さまざまな部分がきちんと調和するようになり、ついには全体が最大の力を発揮するようになる。だからこそ立法者が必要なのである。

第二篇　法の制定

第一章　立法の目的

社会契約を締結することで、われわれは政治体を存立させ、これに生命を与えた。次に立法によって、政治体に活動と意志を与える必要がある。社会契約は政治体を創設し、結合する最初の行為にすぎず、みずからを存続させるために何をなすべきかについては、まだ何も決めていないからである。立法の学が目指すのはこの偉大な目的である。しかしこの学はどのような種類のものだろうか、この学を習得した天才をどこで発見すべきなのだろうか、この技をあえてなそうとする人物には、どのような徳が求められるのだろうか。この問いは壮大で困難なものであり、巧みに構成された国家が誕生するのを目撃することを望むすべての人にとって、失望をもたらしかねないものである。

第二章　立法者について

神のごとき立法者

実際のところ、それぞれの国民にはそれぞれにもっともふさわしい社会的な規範があり、それをみつけだすためには優れた叡智が必要とされる。こうした叡智をもつ者は、人間のすべての欲求を熟知していながら、それに動かされず、人間のすべての本性とまったく関係をもたず、しかも人間の本性に適したすべてのものを知っているのである。そして自分の幸福はわれわれの幸福とはかかわりがないのに、われわれの幸福のために専念することを望む者である。要するに、人類に善き法を与えるのは、神のような者でなければならないのである。牧者がその率いる家畜たちよりも優れた種のものでなければならないように、人間の首長である司牧者は、人民よりも優れた種のものでなければならない。

プラトンは統治についての著作において、自分の求める政治家と王を定義するために、権利についての議論を展開しているが、フィロンが報告するところでは、カリグラ帝は世界の主人が他の人間よりも優れた本性をそなえていることを、事実として証明するためにこの議論を利用した(12)。しかし偉大な統治者が世に稀であるのが正しいのだとしたら、偉大な立法者とはいったいどんな存在なのだろうか。というのも、偉大な統治者は、偉大な立法者が提案した手本にしたがうだけでよいのだ。立法者は機械を発明する技師であり、統治者はこの機械を組み立て、作動させる職人にすぎない。モンテスキューは「社会が成立するときに、最初に制度を作るのは国家の指導者である。そして次には、制度が指導者を作りだす」と語っている(13)。

人民を形成することができると考えている者は、いわば人間性を変革する力が自分にあると感じることができなければならない。個人としての人間は、それだけで完全で孤立した一つの全体を構成しているが、これをより大きな全体の一つの部分に変えることができなければならない。そしてその個人がいわばその生命と存在を、この全体からうけとるようにしなければならない。人間という〈構成〉をいわば毀損してでも、さらに強いものにしなければならない。われわれが自然からうけとるのは独立した身体としての存在であるが、これを部分的で精神的な存在に変革しなければならないのである。

要するに立法者は、人間からそのすべての生まれつきの固有の力をとりあげて、その代わりに人間にとってこれまで無縁だった力を与えねばならないのであり、人間は他人の手助けなしには、この力を働かせることはできないのである。ところで人間の自然の力が失われて無力なものとなればなるほど、新たに獲得された力は強く、持続的なものとなり、その制度も確実で完璧なものとなる。だから立法が、実現できる最高度の完璧さに達したといえるのは、それぞれの市民が、ほかのすべての市民の援助なしの独力の状態では何もなしえないときであり、人々が全体として獲得した力が、すべての個人が自然にもっていた力の全体と匹敵するか、これを上回るときなのである。

立法者はあらゆる点において、国家における〈異例な人〉である。その天分においても、その任務においても、異例な人でなければならないのである。立法者とは、行政機関でもないし、主権者でもない。立法者の任務は、共和国を創設するということであり、これは作られた制度には含まれていないものである。これはある意味では特別の、ほとんど聖なる仕事であり、人間の世界とはいかなる共通点もない。人々を支配する者は、法を支配してはならないとされているのであり、同じように法を支配する者は、人々を支配してはならないのだ。人々を支配するときには、立法者の法は彼の情念に奉仕するものとなって、その不正を長続きさせるために使われることが多くなるだろう。そして立法者の個人的な視点が、その作品の神聖さを損なうことは避けられないだろう。

このようにして、成文法にみられるさまざまな違いは、その法を起草した個人の特殊な動機の違いを示すものなのだ。そして法の作成は膨大で、決まった形がなく、矛盾した営みとなる。これまでは愚かな皇帝が、堕落した女性が、腐敗した為政者が、これからみずから実行しようとする暴力行為を正当化するために、法を制定してきたのである。

リュクルゴスはその祖国に法を与えようとして、まずその主権を放棄した。当時のほとんどのギリシアのポリスは、外国人に法の制定を委ねる習慣があった。最盛期のローマでは、国内における専制政治の犯罪が復活して、ほとんど滅びそうになった。それは立法の権威と主権が同じ人々のもとに集中されたからである。

人民と立法権

ただし人民の同意なしで、ある人の意志が法として通用するようになるなどとは、考えられたこともないのである。しかし自分が主人であることを知っている人間に、公的な力と信頼をみずからのうちで結びつけている人間に、［人民は］どうして同意を与えないでいられようか。理性的な人間は、自分の考えていることを他人になかなか理解してもらえないものだ。弱い人々には発言する勇気がないし、国民が沈黙を強制されるときには、暗黙の同意とみなされることが多かったのである。そしてローマの皇帝たちは、護民官の名のもとで、人民のすべての権利を横取りした。そして統治者の権威は法からしか生まれないというのに、統治者の意志は法を超越するとまで言われたのである。しかしここでは法の濫用ではなく、法そのものについて考察することにしよう。

だから法を作成する者は、立法権を所有するものではなく、またこの権利を所有してはならない。そして人民自身も、この至高の権利は他者に譲渡することができない。というのも、基本的な契約によると、個人を拘束することができるのは一般意志だけであり、ある個別意志が一般意志と一致していることを確認することができるのは、人民の自由な投票による決定だけだからである。

服従契約

全体の人民があるとき自主的に、威厳をもって、強制されることなくある人物の意志にしたがうことを決定したとすると、この服従の事実によって、この人物のすべての意志が、同時に一般意志の行為とみなされるべきであるということが主張されたことがある。しかしこれは詭弁であり、この詭弁にはすでに反論しておいた。しかしついでに、ここで想定されている人民の自主的な服従というものも、つねに条件づきのものであることを指摘しておこう。人民は統治者の利益のためでなく、みずからの利益のために服従したのである。それぞれの個人が留保なしに服従することを約束したとすれば、それは全員の幸福のためである。このような状況で統治者は、人民の利益を守ることを約束したのであり、もっとも絶対的な専制のもとにおいても、統治者がその誓いを破ったならば、その瞬間に人民も［服従の］誓いから解放されるのである。

人民が愚かにも、［統治者が人民に］命令を下す権利を認めるばかりで、服従と交換にいかなることも規定しておかなかったとしても、この［統治者の命令する］権利そのものも、そのほんらいの性格からして、条件づきのものであろう。この［主張の］正しさを示すためには、無償で行われた［服従の］約束でも、その約束をした者は厳密な義務を負うと主張する者であっても、純粋に無償で行われた約束と、明示されていないものの明白な条件を含んでいる約束とを、注意深く区別していることを指摘する必要がある。暗黙の条件が含まれる約束では、約束が守られるためには、その暗黙の条件が実行される必要があるのは、誰もが一致して認めることである。たとえばある人間が他人のために奉仕することを約束した場合には、その人物が養ってくれることを想定しているのは明らかなのである。

同じように人民が一人または複数の首長を選任し、この首長に服従することを約束したのであれば、首長は人民が放棄した自由を、人民の役に立つ用途にしか利用できないのは明らかである。それでなければ人民は正気を失っているのであり、この約束は無効なものとなるだろう。力によって自由を放棄することが強制された場合には、それが無効であることはすでに証明した。人は力によって強いられているかぎりで、力にしたがう義務があるにすぎない。

法の撤回の可能性

だから「そこに含まれている」条件が満たされているのかどうか、すなわち統治者の意志がほんとうに一般意志であるのかを、つねに確認する必要があるのであり、それを判断するのは、人民だけである。このように法律は純金のようなものであり、どのような操作によっても変質させることができないし、いささかでも検査することですぐに自然の状態が回復されるのである。さらに意志は、みずからを支配することができないものであり、将来のことを約束するのは、意志のそのような本性に反したものである。何かをなすことを強制されることはできるが、何かを意志することを強制されることはできない。そして、約束したという理由で、約束したことを実行することと、以前に約束していないにもかかわらず、将来もその約束の実行を意志しつづけることは、まったく別のことである。

今日の法律は、昨日の一般意志の行為ではなく、今日の一般意志の行為でなければならない。わたしたちは、過去においてみずから意志したことではなく、現在において意志することを実行することを約束したのである。そして主権者が主権者として決定したことは、主権者だけにかかわる事柄であり、自由にこれを変更できることが前提となっているのである。

だから法律が人民の名のもとで語るときには、過去の人民の名においてではなく、現在の人民の名において語るのである。承認された法律が持続的な権威を維持できるのは、その法を撤回する自由をもつ人民が、撤回しないかぎりにおいてであり、このことが人民の現実の同意を示すのである。またここで想定した事例においては、合法的に選ばれた統治者の公共の意志が個人を義務づけることができるのは、個人が国民として集会を開くことができ、妨げなしに、統治者の公共の意志を否認する様子をみせない場合にかぎられるのは、疑問の余地のないところである。

こうした説明から、一般意志は政治体の継続的な紐帯であり、立法者は、それ以前にどのような承認が［人民から］与えられていようとも、説得という手段によって一般意志を指揮することでしか行動することができないこと、あらかじめ一般意志の同意をえずに、どのような個人に命令することもできないことは明らかである。それは、そ形成しようとしているもの［社会］の本質を最初から破壊することがないように、そして社会を強固なものとしようとしながら、社会の紐帯を断つことがないようにするためである。

立法の仕事の不可能性

だから立法という仕事には、どうしても両立することができないと思われる二つのものが存在していることがわかる。一つは人間の力では遂行できないと思われる企てであり、もう一つはこの企てを遂行するための権威だが、この権威は無にひとしいものなのである。

ほかにも注目すべき困難な問題がある。賢者たちは、大衆の言葉ではなく、賢者の言葉で大衆に語る間違いを犯すことがある。それでは大衆は決して耳を傾けないだろう。しかし人民の言葉に翻訳できない観念は、数えきれないほど多いのである。あまりに一般的な見解も、あまりにかけ離れた事物も、大衆の理解を超える。各人は、みずからの個別の利益ほどには、統治計画を好ましく思わないものである。そして善き法律が継続的な不自由を強いるときには、そこから好ましい結果がえられるとしても、そうした法律の利点はなかなか理解しないものである。

生まれつつある人民に、正義の偉大な原則を感じとらせ、国家の理性の基本的な規則を理解させるためには、結果が原因になりうることが必要だろう。すなわち、ほんらいは社会的な精神は、政治的な制度によって生まれるものであるが、その社会的な精神が政治的な制度そのものの創設を司ることが必要になるだろう。そして人々は、法が生まれる前から、法によって作りだされるべき人間になっていることが必要になるだろう。このように立法者は、力も説得も利用することができないので、暴力なしに人々を導き、説き伏せることなく納得させることができるような、別の秩序の権威に依拠せざるをえないのである。

こうした理由から建国者はいかなる時代にあっても天の助けに頼ったのであり、自分たちの叡智は神々からうけとったものだと、神々を誉めたたえたのである。それは人民に自然の法則にしたがうように国家の法律にしたがわせるため、個人の身体の形成と法的な人格の身体の形成のうちに同じ力が働いていることを認めさせるため、そして自由な心で服従し、公共の幸福のための軛を従順に担わせるためだった。

このような崇高な理性は、ふつうの人間には理解できない高みにあるものである。立法者はこの崇高な理性が決定した法律を、あたかも神々の口から語られたものであるかのように装った。そして思慮分別に訴えても動かすことはできない人々を、神の権威に頼って動かしたのである。

しかし神々に語らせたり、自分が神の言葉を語っているのだと主張して、人々に信じてもらったりするのは、誰にでもできることではない。立法者の名において語られる事柄の重大さは、人間のものではありえない雄弁と力強さによって支えられなければならない。深き叡智と確固とした徳に、熱意の炎が加わらなければならないのである。一言で言えば、立法者の偉大な魂こそが真の奇跡であり、この奇跡によって立法者はみずからの使命を人々に信じさせるのである。石版に文字を刻みこませたり、神託を買収して自分は神的なものと秘密の交わりを結んでいると装うことなら、どんな人にでもできることだ。あるいは鳥を飼い慣らして、自分の耳に言葉をささやかせてみたり、人々をだますためのその他の卑しい手段をみつけだすことなら、どんな人にでもできることだ。このような方法しか知らない人でも、運が良ければ一群の愚か者たちを集めることはできるかもしれない。しかし帝国を建設することはできないだろうし、できたとしてもこの法外な事業は、彼が死んだら滅びるだろう。というのも空しい威信から生まれるのは、ひとときかぎりの絆である。絆を永続的なものとするのは、叡智だけなのである。

いまも存続しているユダヤの法と、一一世紀ものあいだ世界の半ばを支配してきたイシュマエルの子［ムハンマド］の法は、これらを制定した人々の偉大さを、いまなお告げているのである。そして高慢な哲学者や盲目な党派心をもつ輩は、これらの法律を制定した人々は幸運な山師にすぎないと考える。しかし真の政治家はこうした制度のうちに、永続的な事業を司る偉大で強力な精神の現れをみいだし、称えるのである。ただしこのことからウォーバートンのように、政治と宗教は共通の目的をもつのだと結論してはならない⑭。片方が他方の道具として役に立つこともあるというだけのことである。《特定の見解を永続的なものとし、教義やセクトの団体のうちにこうした見解を維持するためには、政治的な統一が有益なものであることは、誰もが知っていることである。市民社会の設立において宗教が役立つのはたしかだが、宗教はさらに、道徳的な絆に内的な力を与えるためにも同じように役立つことはすぐに理解できる。この内的な力こそ、財産、悪、生命そのもの、そして人間の世界のすべての出来事から独立したものとして、人々の心にとどくものなのである。

社会契約において誓いがそれほど有益ではないことはすでに指摘したが、この章ではそれと矛盾したことを述べたつもりはない。たんに誓いを立てたから国家に忠実で

あることと、国家が聖なるものであり、破壊できないと信じているために国家に忠実であることには、大きな違いがあるからだ。》

第三章　育成すべき人民について

国家にふさわしい人民

ここで検討しているのは、権利の問題であって便宜の問題ではないが、やはりついでに、すべての善き制度に必要不可欠な便宜についても、簡単に検討しておきたい。巧みな建築家は、大きな建物を建造しようとするときには、まずその土地を観察し、掘り下げて土地の質を調べて、土地がその重みに耐えることができるかどうかを調べるものだ。同じように賢明な立法者なら、思いつきのように法律を編纂するのではなく、法を与えようとする人民が、その法に耐えられるかどうかを調べ、それが確認されてから、法律を作成するものである。

プラトンがアルカディア人とキュレネ人のために立法することを断ったのはそのためである。どちらの民も豊かであり、［法律が要求する］平等を嫌っていることを知っていたからである。クレタ島の法律は優れたものだったが、人民は邪悪だったのもそのためだ。［クレタ島の王の］ミノスが法律を定めたとき、人民はすでに悪徳にそまっていたのである。

地上には、優れた法律には決して耐えられないのに、長いあいだ繁栄した民は無数にいる。優れた法律をうけいれることができた国民があったとしても、それはその国民の歴史のうちのごく短い期間にすぎなかった。人間と同じく、人民は青年期をすぎると扱いにくくなるものであり、老人になるともはや聞き分けがなくなるものだ。慣習が定まり、偏見が根を下ろすと、それに手をつけようとするのは危険で無益な企てである。人々は幸福にしてやると言われても、それに耐えることができないのだ。まるで医者の姿を目にしただけでおびえる愚かで臆病な病人のようである。暴政のために卑屈になった国民が、わずかでも自由を主張した例は少ないし、かりに自由を望んだとしても、もはや自由を支えることはできないのである。

ある種の病は人間の頭を混乱させ、過去の記憶を奪うことがあるが、同じように国家が存続しているあいだにも、激動期が訪れることがある。この激動期に起こる革命は、ある種の発作が個人にもたらすのと同じ作用を、人民にもたらすのである。過去への恐怖の念のために過去の記憶は失われ、国家は内乱で焼かれ、いわばその灰の中から蘇り、死の腕からぬけだして、若さをとりもどすことがある。これこそリュクルゴスのときのスパルタであり、タルクィニウス家の支配の後のローマであり、現代では暴君を追放したオランダとスイスの姿である。

しかしこうした出来事はごく稀である。これがごく例外的なものであるのは、こうした例外的な出来事が起きた国家の体制がつねにきわめて特殊なものだったためである。一般に、長いあいだの隷従と、隷従のもたらした悪徳によって無気力になった人民は、祖国への愛も、幸福の感情も喪失してしまうものだ。こうした人民は、もっと善い状態などありえないと思い込んで、悪しき状態にあるみずからを慰めるのである。同じ土地に集まって住んでいながら、深い谷間によって隔てられている人々のように、ほんものの結合なしで、一緒に暮らしているのである。野心に目をくらまされているために、自分たちの悲惨さすら自覚できないのだ。自分がどのような状態にあるのかを理解できる人は誰もおらず、ただそうなりたいと思う状態だけを見詰めているのだ。

このような国家のうちに生きる人民は、もはや健全な制度を確立することはできない。人民の意志が、その制度と同じように腐敗しているからである。もはや失うべき何ものもなく、もはや何も手にいれることはできない。隷従のうちに心が麻痺した人民は、知りもしない善を軽蔑する。騒乱が起これば国家は破壊されうるが、革命によってこれを再建することはできない。鉄の鎖が砕かれると、すぐに国家は分解し、もはや存在しなくなる。だからいまやこうした人民に必要なのは主人であり、解放者ではないのである。

まだ腐敗しきっていない人民であれば、その悪徳はその人民にふさわしい大きさではあっても、まだその本質に巣くうものではない。これについて説明しよう。

国家の規模

人の身長には、自然によって定められた均整の限度というものがある。この限度を超えると巨人になるか、小人になるのだ。国家の最善の体制についても、同じように国家がもつべき広さの限度というものがある。大きすぎると善く統治することはできないし、小さすぎると独力では国家を維持できなくなる。他国を征服することを好む国家は、領土を限りなく拡張することで、つねに国力を増大できるという原則を採用しているが、この原則ほどに愚かしいものは想像しがたいのである。すべての政治体において、超えることのできない力の最大値とでもいうものがあり、国家の規模が大きくなりすぎると、その最大値から離れてしまうことも多いことが、理解され始めている。ただし、社会の絆は長くなればなるほどに弛《たる》むものであり、一般に小さな国のほうが、よく均整がとれているという点で、大きな国よりも強いことは、まだ十分に理解されていないようである。

経験が示すこの原則の正しさを確認するためには、歴史を一瞥してみるだけでよいのである。この原則は無数の理由から証明できる。まず、距離が遠くなればなるほど、行政が困難になるのは、梃《てこ》が長ければ長いほど、その末端にかけた重しの力が強くなるのと同じである。さらに、途中の段階が多くなればなるほど、行政の費用は高くなる。というのは、まずそれぞれの都市に固有の行政があり、その費用は［都市の］人民が負担する。次にそれぞれの地区ごとに固有の行政があり、その費用も［地区の］人民が負担する。さらにそれぞれの州、太守領、総督領など、大きな行政地域がある。上にいくほど、かかる費用も高くなる。最後に最高行政府があって、すべてを押し潰す。そして非常の事態にそなえた財政的な余力はほとんど残されていない。最後の余力を使い尽くすと、国家はつねに破滅に瀕することになる。

［国家が大きすぎると］政府に必要な力と敏捷さが欠け、法律を遵守させ、圧制を防ぎ、悪弊を是正し、遠隔の地で起こりがちな叛乱の企てを予防することができない。また人民にとっては、じかに見たこともない首長を愛することも、広すぎて世界そのもののように思える祖国を愛することも、ほとんど馴染みのない同胞を愛することも困難である。

習俗が異なり、暮らしている風土も対照的で、同じ統治形式をうけいれることのできないさまざまな国に、同じ法律を適用しても、うまくゆくはずがない。しかし州ごとに異なる法律を定めたのでは、いまのところは同じ首長のもとで、たえず連絡しながら暮らし、たがいに往来しているさまざまな民族も、［もとは］習俗が異なるのであり、［異なる法律のもとで］自分の所有物をみずからのものとして主張できるのかどうかもわからなくなって争いと混乱がもたらされるだけである。最高行政府の所在地には、［各地から］たがいに見知らぬ人々が集められるが、こうした群衆のあいだでは人々の才能は埋もれ、美徳は無視され、悪徳は罰せられない。首長たちは仕事に忙殺されていて、自分では何も調べない。そして遠隔地の多くの役人たちは、つねに中央の権力から逃れようとするか、これを欺こうとするので、この中央の権力を維持するための措置だけで、公的な行政の配慮が手一杯になる。人民の幸福のための措置をとる余裕はなく、残されているのは、首長たちが必要な際にみずからを防衛するための措置だけである。このように国家の規模がその構成と比較して大きすぎると、みずからの重みに押し潰され、崩壊するのである。

さらに国家はその強固さを維持するためにはある程度の土台が必要であり、それなしでは、避けがたく発生する振動に耐え、みずからを維持するための努力をすることができない。なぜならすべての人民はある種の遠心力をそなえていて、たがいにぶつかりあいながら、隣国の人民を犠牲にして広がろうとする傾向があるからである。だから弱い国はつねに併呑《へいどん》される危険に直面している。どんな国の人民も、ほかのすべての国の人民とある種の平衡状態を作りだして、たがいの圧力がほぼ等しくなるようにしなければ、自己を保存することがほとんどできないのである。

このように国家には、拡大しようとする根拠と、縮小しようとする根拠の両方があるのだ。そしてこの二つの根拠のあいだで、国家を維持するためにもっとも望ましい比率を発見するためには、政治家のなみなみならぬ手腕が必要とされる。一般に、拡大しようとする根拠は外的で相対的なものにすぎず、縮小しようとする根拠は内的で絶対的なものであるから、拡大しようとする根拠よりも縮小しようとする根拠を優先する必要がある。何よりも求めるべきなのは、健全で強固な体制である。そして広い領土によってえられる資源よりも、善き統治によって生まれる活力に頼るべきなのである。

それでも外国を征服する必要性が国の体制のうちに含まれていて、自国を維持するためにはつねに膨張しつづけねばならない国もあったのである。こうした国はこの［外国を征服するという］必要性があることを、みずから祝福していたかもしれない。しかしこの必要性は国家の規模の限度と、その没落が避けられない時期とを、同時に示すものだったのである。

国家が善く統治されるためには、その規模、あるいはもっと適切に言えばその広がりを、国家を統治する人々の能力に合わせて考察する必要があろう。そして政府で次々に偉大な天才が絶えず登場することはありえないのだから、ごく平均的な才能でよしとしなければならない。著名な首長のもとで拡大した国が、こうした偉大な才能のあとでつねに登場する愚かな為政者の手のもとで必ず衰退していくのはなぜか、そして国家がある程度の大きさになると、統治者があまりに卑小な存在となるのはなぜかということは、このことから理解できる。反対に首長があまりに偉大で、国家があまりに小さいと（これはごく稀なことである）、国家は善く統治されない。首長はつねに自分の視野の広さを誇り、野心的な計画を推進しようとするために、人民の利益を忘却し、ありあまる才能を濫用する。そのために、才能不足のために視野がかぎられている首長によって統治される場合よりも、さらに人民を不幸にするのである。

君主国は、それがたとえ善く調整された国家であっても、このような統治の欠陥に悩まされるのであり、この欠陥は君主が世襲の場合、すなわち君主が人民によって選ばれるのではなく、生まれによって決まる場合には、とくに顕著に感じられるものである。いわば王国は君主の能力の大きさにおうじて、それぞれの君主の治世ごとに拡大したり、縮小したりする必要があるかのようである。これとは対照的に［貴族政の国では］元老院の才能はもっと安定したものであるために、国家の境界が一定であっても、行政府がそれで苦しめられるようなことはない。

さらに巧みに構成され、合法的に統治されているすべての社会の基本的な規則は、すべての国民が必要なときにはいつでも、すぐに集合できることであろう。というのはいずれ説明するように、代表による集会は、政治体を代表することも、政治体から主権者の名において法律を制定するために、十分な権限を与えられることもできないからである。このため、国家はせいぜい一つの都市で構成されるようにする必要がある。国家に複数の都市が含まれていると、事実として首都がつねに主権者となり、他の都市はこれに従属するようになる。このような構成の国家では、暴政と［権力の］濫用が避けられないのである。

領土と人口の関係

政治体は二つの尺度で測ることができることを指摘しておくべきだろう。一つは領土の広さであり、もう一つは住民の多さである。この二つの量のあいだに［その国に］必要とされる関係が存在している場合には、真の意味で国家は偉大になる。というのは、国家を構成しているのは人間であり、人間を養っているのは領土だからである。このようにこの［二つの量のあいだの適切な］関係とは、住民を養えるだけの広さの領土があり、領土が養うことのできる数の住民がいるということである。一定の数の住民のもつ最大の力は、この比率が適切な場合に生まれるのである。というのは、国土が広すぎると、土地の維持の費用がかかり、土地が十分に耕作されず、作物は余ってしまうからだ。土地が不足していると、国家は［食料の不足を］補うために［隣国から購入しなければならず」、隣国に依存することになる。

この重要な問題の考察によってえられる洞察はわたしたちをあまりに遠くまで導くので、ここでこの問題の考察はやめるべきだろう。たとえば、土地の広さと住民の数のあいだにある一定の適切な関係というものを、計算で示すことができないのはたしかである。土地については、その土地ごとに土壌の性質、肥沃度、作物の性質、気候の影響などが異なるからである。またその土地の住民の気質もそれぞれ異なることに注意が必要である。肥沃な国土に暮らしながら、わずかしか消費しない住民がいる一方で、痩せた土地で多量に消費する住民もいるのである。さらに女性の出産率の高さ、国土が人口の増加に寄与する条件と、人口の増加を阻害する条件、立法者の定めた制度が人口増加にどの程度まで寄与することが期待できるか、などの要素も考慮にいれる必要がある。だから立法者は、「こうした制度の設立にあたっては」つねに現在の条件だけで判断してはならず、将来に予測できる条件に基づいて判断しなければならない。そして現在の人口で満足するのではなく、将来に見込める人口の自然増加に注目する必要がある。

地勢の影響

最後にそれぞれの場所の特別な事情のために、ほんらい必要と思われるよりも、広い土地や狭い土地をもちうる場合が無数にある。たとえば山の多い国であれば、住民は分散してまばらに居住することができるだろう。山国の自然の産物、すなわち森林や牧場は、維持するのにあまり人の手間がかからない。さらにこれまでの経験から判断すると女性の出産率は平地よりも高く、国土の広い面積が傾斜地であり、平坦な土地はごくわずかしかなく、このわずかな平坦地で耕作するしかないのである。これにたいして海辺の土地では、ほとんど不毛な岩がちの土地や砂地においても、人々は密集して暮らすことができる。大地からえられる作物は少ないとしても、これを漁撈の収穫物でほぼ補うことができるし、海賊や海の流民による攻撃を防衛するためにも人々は密集して暮らさなければならず、人口が過剰になれば、交易や植民によって国の負担を軽減することができるからである。

建国の時期

これとは別の条件も考慮にいれる必要がある。この条件は他の条件で代替することができず、これなしには他のすべての条件も無効になるほどに重要なものである。すなわち［立法の時点で］国民が豊かな暮らしと、しっかりとした平和を享受していることである。［軍隊で］大隊が編成される場合と同じように、国家の秩序が定められる時期というものは、その集団がもっとも弱く、もっとも［攻撃に］抵抗しにくく、もっとも破壊されやすい瞬間なのである。人々が動揺しているこうした時期には、誰もが［国家の］危険性よりも、自分の地位のことに専念するものであり、むしろまったくの無秩序の状態にいる人々のほうが、しっかりと抵抗するものなのだ。この危機の瞬間に戦争や飢饉や内乱が発生した場合には、国家はかならず倒壊してしまう。

こうした嵐の中で国家が設立された例が少ないというわけではない。しかしこうした国家では、政府そのものが国家を倒壊させるのである。権力を簒奪しようとする者は、このような騒乱の時期を招きよせ、あるいはこうした時期が到来するのを待っていて、人民が冷静であれば決して承認しないような破壊的な法律を、公衆の恐怖に乗じて承認させるのである。だからどのような状態で建国されたかということは、立法者による建国と暴君による建国を区別するためのもっとも確実な特徴の一つであると言えるのだ。

繰り返しになるかもしれないが、立法者が人民の政治制度の創設を企てる前に実行すべきことは何かという問題を要約しておこう。時間と権威を無駄にしないためには、この問題は重要だからである。まず、すでに法律にしたがっている人民の政治制度を変革しようと試みてはならない。もっと悪いのは、以前に廃止された政治制度を再建しようとしたり、摩耗した機構をふたたび活性化しようとしたりすることだ。というのは法の力は塩の風味のようなものだからだ。また、かつて活力をもったことのない人民に活気を与えることはできるが、すでに活力を失った人民に活気を与えることはできない。これは基本的な原則だと思う。アギスはスパルタで、リュクルゴスの規律を復活させようとした。マカベア家はエルサレムでモーセの神政を復活させようとした。ブルトゥスは古代ローマの自由を復活させようとした。リエンツォも後に同じことを試みた(15)。この誰もが英雄であり、リエンツォもその晩年には英雄だった。そして誰もがこの試みのうちで死んだのである。

あまりに大きな国家は規律で統治することができない。あまりに小さい国は安定性に欠ける。中程度の国でも、この両方の欠点が共存しているにすぎないこともあるのである。

また周囲の国家について検討することも必要である。古代ギリシアで小さなポリスが存続できたのは、その周囲を囲んでいたのが、同じような小さなポリスであり、これらのポリスが共通の利益で結ばれた場合にはまとまって、大国と同じような力を発揮したからである。どちらも相手を嫉妬している二つの強国に囲まれている国は、不幸な状況にある。この二つの国の争いに巻き込まれて、強いほうの国に潰されずにいるのは、非常に困難なことだからだ。他の国の中にまるごと取り囲まれている国は、存在しないにひとしいものと考えるべきである。住民の人口と比較して大きすぎる国や、その領土の規模から判断して人口の多すぎる国も同じように無にひとしいものである。ただしこの不均衡が偶然的なものであり、すべてのことを正しい均衡にもどすような自然の力が存在している場合は例外である。

最後に、偶然の状況にも考慮する必要がある。たとえば飢え死にしようとしている人民に、規則について語っても意味のないことであり、妄想に駆られている人に、理性について語っても意味のないことだからだ。戦争が起これば、既存の法律は沈黙してしまうし、法律の支配を回復することはほとんどできないからである。しかし飢饉、狂気、戦争はいつまでもつづくものではない。どんな人間でも、どんな人民でも、人生のある瞬間において、あるいは最悪の事態が過ぎ去った時期には、理性の声に耳を傾けるものだ。この瞬間を捉える方法を学ぶべきなのである。

立法に適した人民の特性

それでは立法に適した人民はどのような特性をそなえているだろうか。それはまだ真の法律による軛に服したことのない人民である。根強い慣習も迷信ももっておらず、それでいて起源における結合か、利益による結合によってすでに結ばれている人民である。隣国から突然侵略されても打倒される恐れがなく、隣国どうしの争いに巻き込まれることがなく、個々の隣国からの侵略には独力で抵抗することができ、自国が侵略された場合には、他国の援助をうけることができ、他国が侵略された場合には援助することのできる人民である。すべての構成員がたがいに顔見知りになることができ、一人の人間として担い難いような負担を、どの構成員にも強制する必要のない人民である。ほかのどの国にも依存せず、ほかのどの国からも依存されない人民である（注三）。富裕でも貧困でもなく、自給自足できる人民である。要するに、古代の人民の堅固さと近代の人民の従順さを兼ねそなえた人民である。

立法という仕事で困難なのは、何を作りだすかではなく、何を破壊すべきかを判断することにある。そして立法が成功することが稀なのは、自然の素朴さを社会の欲求と結びつけるのが困難だからである。たしかに、これまで述べた条件がすべてそなわっている人民をみつけるのは難しいことだ。うまく構成された国家が少ないのはそのためである。

（注三）隣接した二つの国があり、その一方が他方に依存しているとすれば、それは依存する国にとっては辛い条件であり、依存される国にとってはきわめて危険な条件である。依存されている国は、賢明であれば、他国を依存からすみやかに解放するだろう。

第四章　法の性質について、君主について、社会の正義について

法とは
秩序に適った善なるものは、人間たちの協定とは独立して、事物の本性からして善であり、秩序に適っているのである。

すべての正義は神に由来するものであり、神だけがその源泉である。しかし人間がこのような高みから［すなわち神から］正義をうけとる術を知っていたのなら、人間には政府も法も不要だろう。人間にとって法とは、理性だけから生まれる普遍的な正義であり、人間の単純な権利だけに依拠するものである。しかしこの正義が人間たちにうけいれられるためには、相互的なものでなければならない。

この問題を人間という観点から眺めてみると、自然は制裁を加えてはくれないのだから、人間たちのあいだでは正義の法は効力がないのである。善人たちはすべての人とともにこの正義の法を守ろうとするが、善人にたいしては誰一人としてこの正義の法を守らないならば、この正義の法なるものは悪人たちに利益をもたらすだけで、善人には重荷になるだろう。

だから権利と義務を結びつけ、正義にその目的を実現させるためには、協約と法律が必要になるのだ。すべてのものが共有である自然状態では、わたしが何らかの義務を負うのは、わたしが何かを約束した人々にたいしてだけである。わたしが他人の所有物として認めるのは、わたしには無用なものだけである。

しかしここで法という語で、わたしが何を語ろうとしているのかを説明しておくことが大切である。というのは、法という語に曖昧で形而上学的な観念を結びつけて満足しているあいだは、自然法とは何かを知ることはできても、国家における法とは何かについては、知りえないままだからである。

法とは、一般意志の公的で厳粛な行為であることはすでに指摘した。基本契約によって各人がこの一般意志に服従したのと同じように、すべての法の効力の源泉もまたこの契約だけにある。しかしこの論文にふさわしい厳密な意味で、この法という語について、もっと正確な意味を与えてみよう。

法の本性をなすのは、法の内容と形式である。法の形式は、法律を施行する権力のうちにある。法の内容は、法で定められた事柄のうちにある。この章では法の内容だけを考察するのだが、法について考察している人々は誰も、この法の内容については無知なようである。

法の一般性

法で定められる事柄は、必然的に共通の善にかかわるものだから、法の対象は一般的でなければならず、法を命じる意志も一般的でなければならない。この二重の普遍性が法の真の性格を作りだすのである。実際に個別な対象は、さまざまな個人とさまざまな関係をとり結ぶが、それぞれの個人はこの対象にたいして独自の意志をもっている。この個別の対象については、完全に統一された一般意志は存在しないのである。

それではここでは同じ意味で使っているこの普遍性と一般性という語は、何を意味しているのだろうか。［一般性とは］抽象によって考察した〈類〉に属するもののことであり、［普遍性とは］問題となる〈すべてのもの〉に適したもののことである。[16] そしてこの〈すべてのもの〉は、その部分との関係でしか考えることができない。だから全人民の一般意志は、［共同体の］外部の個人にとっては一般的なものではないのである。外部の個人は、人民の一部ではないからだ。ところで人民がある個別の対象について検討し始めた瞬間から、その個別の対象が人民の一人だったとしても、全体とその一部のあいだに一つの関係が生まれ、二つの分離した存在が形成される。一つはその一部であり、他方は全体からこの一部を控除した残りの部分である。しかし全体から一部を控除した存在は、もはや全体ではない。だからこの関係が維持されるあいだは、もはや全体は存在せず、大きさの不均等な二つの部分が存在するのである。

反対に、全人民が全人民にかかわる法律を定めるときには、人民は自分のことしか考えていない。ここに一つの関係が生まれるとしても、全体が分割されるわけではなく、全体の対象についての一つの視点と、同じく全体の対象を眺める別の視点があるにすぎない。そのときは［法で］定められる対象も、［法を］制定する意志も、どちらも一般的なものである。わたしが法と呼ぶのは、この行為である。

わたしは法の対象はつねに一般的なものであると主張するが、それは法が［対象である］国民を一つの全体としてあつかい、個々の行為を、その類とその種において扱うということである。個別の人間を個人としてあつかうことはなく、行為を単独で個別的なものとしても扱うことはないのである。だから法は新たな特権を定めることはできるが、特定の人物を名指《なざ》して特権を与えることはできない。法は複数の市民階級を作りだして、それぞれの階級に入るために必要な資格を定めることはできるが、特定の個人を名指して、いずれかの階級に入れることはできない。法は王政を設立したり、世襲による王位の継承を定めたりすることはできるが、国王を選ぶことも、王家を指名することもできない。要するに個別の対象にかかわるすべての機能は、立法権には属さないのである《法が遡及《そきゅう》的な効果をもちえない理由の一つがここにある。

［遡及的な効果を発揮させるということは］まだ誰も実行したことのない種類の行為について一般的に定めるのではなく、個別の事実について規定を定めることだからである。まだ誰も実行したことのない種類の行為とは、法が施行されるまでは個人にはまったくかかわりがなく、当の行為を行った人々の意志によってのみ、個人にかかわるものなのである。》

立法の権限

この観点からみると、法を作る権限は誰にあるのかは、問うまでもないことはすぐに分かる。法律は一般意志の行為だからである。統治者は法よりも上位に立つのかと、問うまでもない。統治者も国家の［構成員の］一員だからだ。法が不正でありうるかということも、問うまでもない。いかなる人も、自分自身にたいして不正を行うことはできないからだ。最後に国民が法にしたがいながら、しかも自由でありうるのはどうしてかということも、問うまでもない。法は国民の意志を記録したものにすぎないからである。

また誰であろうと、一人の人間が独断で命令したものは、法ではありえないことも明らかである。法とは、意志の普遍性と対象の普遍性を結ぶものだからだ。主権者であっても、個別の対象について命じた場合には、それは法《ロワ》でなく、命令《デクレ》にすぎず、主権者の行為ではなく、次に説明するように、行政機関の行為である。

正義の土台

この観念がもたらすもっとも大きな利点は、わたしたちに正義と自然法の真の土台を、明確に示してくれることにある。実際に最初の法、すなわち社会契約から直接に生まれる真の意味での唯一の基本的な法は、各人が何よりも全員の最大の善を優先するということである。

次に、この最大の善に貢献する行動のうちで、複数の個別の法によって定められている具体的な規定が、狭義の意味での実定的な法を構成する。この最大の善に貢献するものの、法が明示的に規定していないものはすべて、社会性（注四）、善行、習俗の行為を構成する。これらの行為は、自分に不利に働くとしても、わたしたちが実行せざるをえないと感じるものであり、力または徳と呼ばれるものである。

この原則を、国家がわたしたちにその理念を示してくれる一般社会にまで敷衍《ふえん》してみよう。わたしたちがその一員である社会、わたしたちが生きるための支えとして必要としている社会のために、悪を行うことにたいして自然の嫌悪感が生まれるのである。この嫌悪感はもはやわたしたちのうちで、悪をなされることへの恐怖によって揺らぐことはない。わたしたちは本性によって、習慣によって、理性によって、他人を同胞の市民のように扱うことを促されるのである。この性向が行為に転換されると、合理的な自然法の規則が誕生する。これはほんらいの意味での自然法ではない。ほんらいの自然法は真実だが非常に曖昧な感情だけに依拠するものであり、自己への愛によって窒息してしまうことが多いものである。

こうしてわたしたちのうちに、正義と不正についての最初の明確な観念が生まれてくる。というのは、法が正義の前にあるのであり、正義が法の前にあるのではないからだ。法が不正でありえないのは、正義が法の土台であるからではなく（これはつねに正しいとはかぎらない）、人がみずからを害するのを欲するということは、人間の本性に反しているからだ（これは例外なしに正しい）。

〈みずからになされたいことを他人になせ〉というのは、美しい至高の掟であるが、この掟は正義の土台として役立つどころか、この掟が土台そのものを必要としているのは明らかではないだろうか。というのは、わたしが他人であったならばもつような意志に基づいて、いまこのわたしが行動すべきだというのは、明確で強固な根拠でありうるだろうか。この掟には無数の例外があること、そしてこうした例外についてはすでに詭弁にすぎない説明しかされてこなかったことは明らかである。犯罪者に有罪を宣告する判事は、みずから犯罪者であったならば、無罪を宣告されることを望むのではないだろうか。どんなことを要求しても、その要求が拒まれないことを望まない人間がいるだろうか。だとすると、人がわたしたちに望むものはすべて与えねばならないことになるのだろうか。

別の掟として、〈各人にその所有を認めよ〉〈クイクエ・スウム〉というものがあり、これはすべての所有権の土台とされているが、これは所有権そのものを土台としているのでなければ、いったい何を土台としているのだろうか。そしてわたしがホッブズになって、〈すべてはわたしのものだ〉と主張しないとしても、自然状態においてわたしに有益であり、わたしが所有することのできるすべてのものを、少なくともわたしのものと主張してならない理由があるだろうか。

だから正義と不正の真の原理は、人間と人間の個人的な関係のうちにではなく、すべての人々の最大の善という基本的で普遍的な法のうちに求めるべきなのである。そしてこの第一の法からすぐに導きだせないような、正義についての特殊な規則は一つもないのである。〈各人にその所有を認めよ〉という前記の掟もそこからすぐに導きだせる。個人の所有権と市民の自由は、共同体の土台だからである。また〈汝の隣人を汝みずからのごとくに愛せよ〉という掟もすぐに導きだすことができる。わたし個人を全体にまで敷衍して考えることは、一般的な社会のもっとも力強い紐帯であり、わたしたち個人のすべての情熱が国家のうちに統一されるときほど、国家が大きな力と生命をもちうることはないからである。要するに、正義の行為が隣人に害を与える事例は無数にあるが、すべての正義の行為が、共通の利益を最大にすることを原則とするのは必然的なことであり、これに例外はないのである。

（注四）この語をフランス語の意味で理解してはならないことは、注意するまでもないだろう。[17]

第五章　法の分類

全体の秩序を定め、公的な事柄に最善の形式を与えるためには、さまざまな関係を考慮する必要がある。考慮すべき第一の関係は、政治体が全体としてみずからに働きかける関係である。これは全体が全体とかかわる関係であり、主権者と国家との関係である。

この関係はやがて検討するように、さまざまな中間的な力との関係で構成されるのである。この関係を規制する法は国家法と呼ばれ、また基本法とも呼ばれるが、この法が賢明な形で定められている場合には、こう呼ばれるだけの理由があるのである。それぞれの国家において、国家の秩序を定める賢明なやり方が一つしかないのであれば、それを発見した人民は、この方法を変更してはならない。しかし設立された秩序が悪しきものである場合には、善き秩序をもたらすことを妨げるものを基本法と呼ぶ理由はない。人民はいかなる場合にも、それが最善のものであったとしても、自分の法を変更する権利があるのである。ある人が好き好《すこの》んでみずからに害を加えるとしても、それを妨げる権利を誰がもっているというのだろうか。

考慮すべき第二の関係は、政治体の構成員の相互的な関係、または構成員と全体の政治体の関係である。この関係においては、構成員の相互的な関係はできるかぎり弱め、構成員と政治体の関係はできるかぎり強める必要がある。そうすることで、すべての市民は他のすべての市民への依存から完全に独立し、公民国家《シテ》にはきわめて強く依存するようにしなければならない。これはつねに同じ方法で実現できる。国民の自由を確立するのは、国家の力だけだからである。この第二の関係から民法が生まれる。

主権が私人に権力を行使する方法と形式を規制する法は、ローマでは主権の法と呼ばれた。人民の決定を元老院に上告することを禁止する法や、護民官の人格を神聖で不可侵なものとする法などである。

市民の義務と権利を規制する特殊な法は、国内の問題と財産の所有については民法と呼ばれ、公的な治安および人民と物件の安全性については社会秩序法（ポリス）と呼ばれた。

考慮すべき第三の関係は、人間と法の関係である。これは法に服従しない者を処罰する場合である。この関係から刑法が制定されるのである。刑法とは特別な種類の法というよりも、ほかのすべての法［への違反］にたいする制裁なのである。

これらの三種類の法のほかに、第四の法があるが、これがもっとも重要な法である。この法は、大理石や銅版に刻みこまれるものではなく、市民たちの心に刻みこまれる法である。これは真の意味で国家を作りだすものであり、日々新たな力をえるものである。ほかの法が古くなり、滅びてゆくときに、こうした法に新たな生気を与え、あるいはこれに代わるものである。人民のうちにその建国の精神を保たせるものであり、知らず知らずのうちに権威の力を習慣の力としてゆくものである。すなわち習俗と慣習のことである。現代の政治学者は、法のこの部分は知らないようだが、ほかのすべての法が成功するかどうかは、この部分にかかっている。偉大な立法者は、個々の規定のことだけを念頭においているようにみえるときにも、ひそかにこの部分に配慮しているのである。習俗は、生まれるまでに長い時間がかかるが、この部分こそがアーチの要石《かなめいし》なのであり、これが揺らぐことのない核心となるのである。

これらのさまざまな種類の法のうちで、この論文では国家法だけを考察することにしよう。

第六章　立法のさまざまな体系について

立法の目的

あらゆる立法の体系は、すべての人々の最大の幸福の土台となるべきであるが、この最大の幸福とは正確には何を意味するかを探ってゆくと、二つの主要な目標、すなわち自由と平等に帰着することがわかる。自由が目標となるのは、［国民が自由を失って］個別的なものに依存していると、国家という政治体からそれだけ力が奪われるからである。平等が目標となるのは、それがなければ自由が存続できないからである。

社会的な自由とは何かについては、すでに説明してきた。平等という語ですべての人の権力と富の大きさを厳密に同一にすることと理解してはならない。権力の平等とは、［一人の市民のもつ権力があまりに大きくなって］いかなる場合にも暴力にまで強まることがないこと、そして［すべての権力が］つねに地位と法律とに依拠して行使されることを意味する。富の平等とは、いかなる市民も他の市民を買えるほどに富裕にならないこと、いかなる市民も身売りせざるをえないほどに貧しくならないことを意味するものと理解すべきである。このことは、［権力と富が］豊かな者も、自分の財産と勢力の行使を抑制し、貧しき者も、貪欲と羨望を抑制することが前提となるのである。

こうした平等は、実際には存在しえない机上の空論だという意見もあるだろう。しかしなぜなのか。［権力と富の］効果が避けられないものだからといっても、少なくともそれを規制しようとしてはならないという理由があるのだろうか。たしかに、平等が破壊されるのが、自然な成り行きというものである。だからこそ、立法の力で、平等を維持するように努めるべきなのである。

国の状況にふさわしい制度

この自由と平等が、すべての善き制度の一般的な目標であるが、それぞれの国の置かれた状況と住民の気質から生まれてくる固有の状態にあわせて、どちらも修正する必要がある。この固有の状態に基づいて、それぞれの人民に個別の立法の体系を与えるべきなのである。この体系はその人民にとっては最善のものではないかもしれないが、その体系が運営される国にとっては最善のものなのである。

たとえば土地が痩せて不毛だとしよう。そして住民の数と比較して国土が狭すぎるとしよう。それなら工業と工芸に力をいれ、こうした産業の製品と交換して不足している食糧を手に入れるのである。反対に肥沃な平野があり、豊かな丘陵に恵まれていたとしよう。そして住民の数と比較して、国土が広すぎるとしよう。それなら農業に力をいれ、手工業を国内から追放するのである。手工業は国内のいくつかの限られた場所に、ただでさえ少ない住民を集めて、国の人口を減らす役割をはたす恐れがあるからだ。周知のように、ほかのすべての比率が同じであれば、田舎よりも都市の住民の数が少ないのが当然だからである。

国に、長くて便利な海岸線がそなわっているとしよう。それなら海を覆うほどの船を建造し、貿易と航海に力をいれるのである。国の海岸が岩だらけで、船も近づけず、波が空しく押し寄せるだけだとしよう。それなら未開のままで、魚を主食として暮らすがよい。その国の人民は他国よりも平穏で、おそらくより善い生活、そして確実に幸福な生活をすごすだろう。

要するに、すべての人民に共通の原則というものはあるが、それぞれの人民に固有の違いのために、こうした原則をある特殊なやりかたで調整し、その人民にふさわしい立法を定めるべきなのである。だからこそ、かつてのヘブライ人、最近のアラブ人は宗教を主要な目標としていたし、アテナイは文芸を、カルタゴとテュロスは商業を、ロードス島は航海を、スパルタは戦争を、ローマは徳［勇気］を主要な目標としていたのである。『法の精神』の著者は、多くの実例を示しながら、立法者がどのような技をもって、それぞれの人民の異なった目標にあわせて制度を調整していくべきかを説明しているのである。

環境と法の関係

国家の体制を真の意味で堅固で永続的なものとするためには、自然の状態と法の定めがきわめて調和していて、同じ問題にたいしてはどちらも協力して対処することが必要である。法は自然の状態をいわば保証し、これに同伴し、それを修正するだけにとどめるようにするのが望ましい。しかし立法者がその目的を誤解して、自然の状態の成り行きから生まれる原理とは異なる原理を採用した場合には、知らず知らずに法は脆弱になり、国の体制が変質し、国内の争いが絶えないだろう。たとえば自然の原理が自由を目指しているのに、立法者の原理が隷属へと向かった場合、自然の原理が富の増加を目指しているのに、立法者の原理が人口の増加へと向かった場合、あるいは自然の原理が平和を目指しているのに、立法者の原理が征服へと向かっている場合などである。そうなるとやがては国家は破壊されるか変質してしまい、敗《ま》けることを知らない自然がふたたび支配するようになるのである。

第三篇　国家法または政府の制度

さまざまな形態の政府について議論する前に、合法的な社会における政府という語の正確な意味を決定しておくべきだろう。

第一章　国家の政府とは何か

政府の定義

最初に断っておきたいのだが、この章は注意深く読んでいただきたい。注意深く読もうとしない読者にわからせる術《すべ》を知らないからである。

自由な行為であれば、それはつねに二つの原因が協働して生みだされる。その一つは精神的な原因であり、これは行動を決定する意志である。もう一つは身体的な原因であり、これが行動を実現する力となる。ある物に向かって歩みを進める場合を考えてみよう。その行為が行われるためには、まず第一にわたしがそこに行くことを望むことが必要であり、かつわたしの足がそこまでわたしを運んでいくことが必要である。[歩くことのできない]中風患者はたとえ走ろうとしたところで、また速く走れる人でも走ろうと思わなければ、二人とも最初の場所にとどまったままだろう。

政治体を動かす原動力もまた同じであり、力と意志で政治体は動かされる。政治体の力は執行権と呼ばれ、意志は立法権と呼ばれる（注五）。この二つが協働しなければ何ごともできないし、何ごともしてはならないのである。

すでに述べたように、立法権は人民に属するものであり、人民以外の誰にも属しえない。これにたいして執行権が人民に属するものではありえないことはすぐに理解できる。[以下本文欠]

（注五）わたしは執行権（エグゼキュティフ）と立法権（レジスラティフ）と語り、執行権の（エグゼキュトリス）とか立法権の（レジスラトリス）とは語らない。あとの二つの語は形容詞だと考えるからである。わたしはこうした文法の細かな規則はそれほど重視するものではないが、啓蒙的な書物では、とくに類比のほうが正確な意味を理解させてくれる場合には、用法よりも類比を重視すべきだと思う。

＊公民宗教についての断片［編者による小見出し］

宗教の役割

人々が社会のうちで生活するようになるとともに、人々を社会のうちで暮らすようにさせる宗教というものが必要になる。人民がかつて宗教なしで存続したことはないし、これからも存続することはないだろう。人民に宗教が与えられなければ、人民はみずから宗教を作りだすだろうし、そうでなければすぐに破壊されてしまうだろう。国民にその生命を犠牲にすることを要求することのできるすべての国家においては、来世の存在を信じていない人は、臆病者になるか、狂者になるのは必然的なのである。しかし来世の希望を強くしすぎると、狂信的な人がすぐに現世を軽蔑するようになってしまうのは、あまりに周知の事実である。この狂信者から来世の幻をとりさって、美徳には報酬が与えられるという信念を与えたまえ。すると狂信者は真の市民に変身するだろう。

三つの宗教

社会との関係で考察すると、宗教は二つの種類に分類できる。すなわち人間の宗教と国家の宗教である(18)。第一の人間の宗教には神殿もなく、祭壇もなく、儀式もない。ただ至高の神にたいする純粋に霊的な崇拝の方式と、道徳の永遠の義務があるだけであり、これは純粋で素朴な福音の宗教であるか、真の理神論である。第二の国家の宗教は、いわば一つの国だけに限定され、市民に固有の守護神を与える宗教である。独自の儀式と儀礼があり、法で定められた外的な崇拝の方式がある。この宗教を信奉する国にとっては、その国の外部に住むすべての人は不信心者であり、異邦人であり、野蛮人である。こうした異国の民は人間の義務と権利を知らず、その神々と法律から遠く離れているのである。古代のすべての人民の宗教は、いかなる例外もなしに、このような宗教であった。

もっと奇妙な第三の宗教がある。これは人間に二人の首長、二つの法律、二つの祖国を与えるものであり、人々を矛盾した義務にしたがわせるものであり、信者であるかぎり市民でありえず、市民であるかぎり信者でありえないようにするものである。

ラマ教も日本の宗教も、ローマ［教皇庁］のキリスト教もそのような宗教である。これを司祭の宗教と呼ぶことができよう。

これらの三種類の宗教を政治的な視点から考察してみると、そのどれにも固有の欠陥があることが分かる。第三の宗教の悪しきところは明確なので、それを指摘して楽しむのは時間の浪費というものだろう。

第二の国家の宗教は、聖なる礼拝と法への愛を結びつけ、祖国を国民の崇敬の対象とするという点では、善き宗教である。この宗教は国家に奉仕することは、神に奉仕することであると国民に教えるのである。これはある種の神政であり、この体制においては国家には統治者のほかに祭司は存在しえない。祖国のために死ぬことは殉教することであり、法律に違反することは不敬で瀆神な行為であり、犯罪人を公共の非難の対象とすることは、その人を神の怒りに捧げることである。聖なるものであれ《サケル・エストー》[19]。

しかしこの宗教は、誤謬と虚偽に依拠するものであり、人々を欺き、軽信で迷信の徒とするものであり、神への真の礼拝を空虚な儀式のうちに埋没させてしまうという意味で、悪しきものである。この宗教が排他的で圧制的になって人民を残忍で不寛容なものとするときには、これはさらに悪しき宗教となる。こうなると人民は殺人と虐殺だけを熱望するようになり、彼らの神々と法律を認めないすべての人を容赦なく殺害するのは、神聖な行為であると思い込むようになる。しかし他の人類の犠牲のもとで、特定の社会の絆を固くすることは許されないことである。

［キリスト教が支配する前の］多神教の時代には、それぞれの国に独自の礼拝と独自の守護神がいたのに、宗教戦争は起こらなかった。それぞれの国に固有の礼拝があり、固有の政府があったからこそ、そして神々と法を区別していなかったからこそ、宗教戦争は起こらなかったのである。戦争はありうるかぎりでもっとも純粋に国による戦争だった。神々の支配する領分は、いわば国境で定められていたのである。ある民族の神は、他の民族の神にはいかなる権利も、もたなかった。［キリスト教が支配する前の］異教の時代の神々は嫉妬深い神々ではなかった。神々は世界の帝国を平和に分けあって統治し、人間たちが作った国境に素直にしたがっていたのである。ある宗教を信奉する義務は、それを定めた法律にしたがうことだけから生まれたものである。ある人民を改宗させるためには、その人民を隷属させるしか方法がなかったのだから、〈わが神々を信ぜよ、さもなくば攻撃するぞ〉と言うことほど、愚かしいことはなかったのである。崇拝する神々を変える義務は、勝利と結びついたものだったため

に、改宗を問題にする前に、まず征服する必要があった。要するに、人間が神々のために戦うどころではなく、ホメロスが語るように、神々が人間のために戦ったのである。

ローマ人はある土地を占領する前に、その土地の神々に退去するように促した。たしかにローマ人はタレントゥム人に、戦に敗れて怒りにかられる神々をそのまま信仰させたが、それは敗れた時点でこれらの神々がローマの神々に服従し、臣従の誓いをすることを強いられたとみなしたからである。ローマ人は、征服した民にその法律を残しておいたのと同じように、神々を残しておいたのである。ローマ人が征服した民に要求した唯一の供物が、カピトルの丘のユピテルに捧げる一つの黄金の冠だったことも多いのである。

このようにそれぞれの国は他の国にたいして寛容な精神を示していたが、異教の迷信が、さまざまな文明と無数の徳のさなかで、多数の残酷な行為をもたらしたのだった。しかしわたしはこの残酷な行為をその［宗教にたいする］熱意と分離することも、国家の宗教の権利と人間の権利を和解させることもできないと思う。だから国民をもっと弱く、穏やかな絆で結びつけ、英雄も狂信者も登場しないようにするほうがましだと思う。

真のキリスト教

だから残されたのは人間の宗教、すなわちキリスト教である。しかし現在のキリスト教ではなく、福音書のキリスト教である。この神聖で崇高な真の宗教においては、同じ神の子であるすべての人々は、たがいに兄弟であることを認めあう。人々を結びつける社会という絆は緊密なものであって、［人々の］死にあっても解けるものではない。

ただしこの宗教は、国家の構成とはいかなる特別の関係ももっていないので、国家法および民法にたいしては、自然法に由来する力を認めるだけで、法に新たな力を加えることはない。そのために社会のもっとも偉大な絆の一つが、国家においてその効力を発揮できないままに放置されることになる。

真のキリスト教徒で構成された人民は、想像できるかぎりで最高の社会を作りだすだろうと主張する人もいる。しかしこの社会は、純粋に道徳的な意味ではもっとも完全なものとなりうるだろうが、もっとも強い社会でも、もっとも永続的な社会でもないのはたしかだ。この社会では人民は法律を遵守するだろうし、首長たちは公正であろうし、兵士たちは死ぬことを恐れないだろう。それはそうだろうが、それですべてというわけではないのだ。

キリスト教の無世界性

キリスト教はまったく霊的な宗教であり、信者を地上の事柄から遠ざける。キリスト教徒の祖国はこの世には存在しない。たしかにキリスト教徒はその義務を尽くす。しかしキリスト教徒はみずからの義務を尽くすべく配慮しながら、みずからの配慮が成功するかどうかについてはまったく無関心なのだ。この地上ですべてが順調であるかどうかなど、信者にはかかわりのないことなのだ。国家が繁栄しているとしても、キリスト教徒は公共の幸福をそれほど享受しようとはしないだろう。国が衰えるとしても、民の上に重くのしかかる神の御手を祝福するだけのことである。

社会が平和であり、調和が維持されるためには、すべての市民がただ一人の例外もなく、善きキリスト教徒であることが必要だろう。しかし不幸なことに数人の野心家や偽善者がいたら、たとえば一人のカティリナ、一人のクロムウェルがいたならば、その人物が信心深い同胞を好きなようにするのは確実なことである。

このような野心家が、悪巧みによって同胞を騙し、公的な権威の一部を奪い取る秘策をみいだしたならば、すぐに権威が生まれる。神がこの人物に服従することを欲したまう。この者は神が、神の子らを罰したまう鞭《むち》だということになる。権力の簒奪者を追放することは良心が咎めるだろう。そのためには血を流し、暴力を行使し、公共の平穏を妨げる必要があるだろうから。こうしたことはキリスト教徒の優しさにそぐわない。それに結局のところ、この地上の悲しみの谷にあって、自由であろうと鉄の鎖につながれていようと、どれほどの違いがあるだろうか。大切なのは天国に行くことだ。そして諦めることは、天国に行く方法の一つである。奴隷でも自由な人間でも、誰もが救われることができるのだ。

外国とのあいだで戦争が起きたらどうなるだろう。市民たちは戦線に行進していくだろう。逃亡しようなどと考える者はいないだろう。市民たちは勝利への情熱もなしに、その義務をはたすだろう。征服することよりも、死ぬことを弁えている人々なのだ。勝利や敗北に、どれほどの意味があるというのだろう。市民たちに何が必要であるかは、神の摂理がご存じなのである。

誇り高く、猛々しく、熱狂した敵の兵士にとって、キリスト教徒のストイックな精神がどれほど御しやすいものか、想像してみていただきたい。キリスト教徒を、栄光と祖国への熱烈な愛に燃えている高潔で寛大な民族と対抗させてみてほしい。キリスト教の共和国が、スパルタやローマと敵対したと想定してみてほしい。キリスト教徒は、気をとり直す暇もなく打破され、圧倒され、破滅させられるだろう。命が助かるとしたら、それは敵が彼らに蔑みの念を抱いたときでしかないだろう。ファビウスの兵士たちの誓いは、じつに見事なものだと思う。彼らは死か勝利かのどちらかだとは誓わなかった。勝って帰ると誓ったのであり、その誓いを守ったのである。キリスト教徒なら、そのような誓いは立てなかっただろう。そのような誓いは神を試すことになると考えただろう。

しかしさきに〈キリスト教の共和国〉と言ったのは間違いだった。この二つの言葉はたがいに相いれないものである。キリスト教が教えるのは、服従することと依存することだけである。キリスト教の精神は圧制にはきわめて好都合であり、圧制はいつでもこの精神を利用せずにはいられないのである。真のキリスト教徒は、奴隷となるように作られている。キリスト教徒はみずからそのことを自覚しているが、それにほとんど心を動かされない。この短い人生は、彼らの目にはそれほど価値がないものなのである。

キリスト教徒の軍隊は優秀であると言われる。わたしはそれを否定する。その証拠をみせてほしいものだ。わたしはそもそもキリスト教徒の軍隊なるものをまったく知らない。あるいは十字軍の例をあげる人がいるかもしれない。十字軍の兵士たちの勇気については論じないが、兵士たちは司祭の率いる兵士であるか、教会の市民だったにすぎず、十字軍はキリスト教の軍隊とはほど遠いものだったことを指摘したい。兵士たちは霊の国のために戦ったのだ。十字軍を正しく理解すれば、これは異教の戦いである。福音書の教えは国家の宗教ではないのだから、キリスト教徒のあいだには聖戦なるものはありえないはずである。

異教徒の皇帝のもとではキリスト教の兵士たちは勇敢に戦った。わたしもそれを信じる。しかしそれは、キリスト教の兵士たちが［友軍の］異教徒の兵士たちと、名誉を争っていたからだ。皇帝がキリスト教徒になってしまうと、この競争心は存在しなくなる。そしてキリスト教の軍隊は言うに値することは何もしなくなるのである。

公民宗教

しかし権利の問題に戻って、その原理を確立しよう。社会契約は主権者が国民にたいして権利を所有することを定めるが、すでに指摘したように、この権利は公共の利益の範囲を超えることがない。だから国民が主権者にみずからの見解を表明する義務を負うのは、共同体に重要な意味をもつ場合にかぎられる。ところで国家にとっては、それぞれの市民が一つの宗教を信奉することが大切である。しかしこの宗教の教義が国家にとって問題になるとすれば、それは道徳にかかわる場合だけである。他のすべては、国家の能力を超えたことであり、その他の事柄については、各人が好むままの意見をもっていても構わないのであり、主権者の関知するところではない。

だから市民が社会に有益なものとして認めるべき肯定的な教義と、市民が有害なものとして拒否すべき否定的な教義というものがあるのである。

こうしたさまざまな教義は、純粋に公民的な信仰の告白を構成するものであり、それを定めるのは法の役割である。ただし正確には宗教の教義としてではなく、社会性の感情としてである。この感情なしでは、善き市民であることも、忠実な国民であることもできないのである。法は誰にもこの宗教を信仰することを強制できないが、これを信じない者を国家から追放することができる。法はその者を不信者として追放できるのではなく、非社会的な人間として、法と正義と祖国を真摯に愛することができない人物として、必要とされるときに自己の生命を義務のために捧げることのできない人物として、追放することができるのである。

すべての市民は、為政者の前でこの信仰の表明を行い、すべての教義を明示的に承認することを認めなければならない。もしもこの教義を承認しない者がいるならば、その者は公民国家《シテ》から切り離されるが、すべての財産を平和的に持ち去ることはできる。この教義を承認した後に、この教義を信仰していないかのようなふるまいを示した場合には、死刑によって罰せられるものとする。もっとも重い罪を犯したのである。法の前で偽ったのだ。

この公民宗教の教義は単純で、わずかな項目によって、説明や注釈なしで、厳密に表現されるだろう。肯定的な教義としては、慈愛に満ち、力強く、賢く、予見し、配慮する神が存在すること、来世が存在すること、正しき者が幸福になること、悪人は罰せられること、社会契約と法律が神聖なものであることが挙げられる。否定的な教義としては、ただ一つだけを指摘しておく。それは不寛容を退けることだ。

寛容

公的な不寛容と教会の不寛容は異なるものだと主張する人々がいるが、それは間違いである。片方の不寛容を認めるならば、かならず他方の不寛容につながる。この二つの不寛容は分離することのできないものだ。［この不寛容の論理はつぎのようなものだ］わたしたちにとって呪われているとしか思えない人々とは、ともに暮らすことができない。こうした人々を愛することは、彼らを罰する神を憎むことだろう。こうした人を［正しい宗教に］改宗させるか、迫害することが絶対に必要である、というわけだ。

だから公的な信仰告白に必要で不可欠な条項は次のようなものとなるだろう。「わたしが神の崇拝について考えているのと同じように考えない人物も、神の前で罪を犯しているとは思いません」

さらに考察を進めよう。同じ教義を信奉する不寛容な人々が集まった場合には、平和に暮らすことはできない。たがいに相手の信仰を調べる権利を認められた瞬間から、すべての人がすべての人の敵になる。各人がすべての人について、すべての人が各人について、たがいに迫害し、迫害される者となる。不寛容な人間はホッブズの考える「万人が万人の敵である」人間のようなものとなる。こうして不寛容は、人間たちのうちに戦争をもたらすのだ。不寛容な者たちの社会は悪魔たちの社会のようなものだ。たがいに苦しめあうことだけに合意するのだ。異端審問の恐怖が猛威をふるうのは、すべての人が不寛容な国だけだ。このような国では、犠牲者が死刑執行人でないのは、たんなる偶然にすぎない。

救われるためには、わたしのように考えるべきなのだ。不寛容は、地上を荒廃させた恐るべき教義である。公民国家《シテ》からこの悪魔のような教義を取りのぞかないかぎり、公的な平和のために何もしていないのとひとしいのである。不寛容を呪うべきものと考えない人は、キリスト教徒でも、公民でも、人間でもありえない。それは怪物であり、人類の平安のために犠牲にささげるべきである。

この信仰告白が確立された後には、厳粛に毎年この告白を新たに繰り返す必要がある。この厳粛な告白には、厳かで素朴な崇拝儀礼を伴うべきであり、この儀礼を司るのは為政者だけとする。この儀礼がすべての人の心に、祖国への愛を蘇らせるのである。為政者が宗教について定めることができるのはこれだけである。

その他の問題については、市民の信仰告白に反しないすべての意見と、公的な崇拝の儀礼と矛盾しないすべての崇拝を導入させることができる。そして宗教の争いも、聖なる戦争も心配するにはおよばないのである。教義について議論することには誰も関心をもたないために、教義に微細な改善を加えることなど考えもしないだろう。世界のすべての宗教の土台となり、いかなる人物の罪も咎めないこの宗教そのものには、いかなる伝道者も宣教師も、その過ちを直すために登場する権利をもたないだろう。

もしもこの恐るべき不寛容を説く人物が現れたならば、問答無用で処罰されよう。その人物は、法に反し、挑発を好む人物として処罰されるが、望む場合には、故郷に戻ってその殉教を人々に語ることは許される。古代の人々には、このいざこざを起こし、挑発を好む宣教師という人物がどのような人間なのかを理解させるのが困難だったものである。

このような方法で、人間の宗教の利点と市民の宗教の利点を統一することができよう。国家には独自の崇拝があり、いかなる他国の崇拝儀礼を敵とすることもない。人間のものでありかつ神聖なる法が、つねに同じ対象に統合されているのであり、もっとも敬虔な信仰者が、同時にもっとも熱心な公民である。そして聖なる法の擁護者は、人間たちの神の栄誉となろう。

いまや排他的な国家宗教というものが姿を消し、もはや二度と登場することはありえなくなったので、その人の教義が、市民の義務に反しないものであるかぎり、そして他者に寛容であるかぎり、どのような教義を説く人にも寛容でなければならない。ただし「教会の外に救いなし」と主張する人物は、国家が教会である場合をのぞいて、国家の外に追放されるべきである。このような不寛容な教義が通用するのは、神政政治のもとでのみである。他のすべての政府ではそれは非合理であり、有害なのである。

＊プロテスタントの結婚についての断片［編者による小見出し］

［市民としての］身分、子供の名前、財産の相続など、民法上の行為はすべて民法に基づいてその効果を発揮すべきであることは明白である。したがって［これらにかかわる宗教的な］秘蹟《サクラメント》の効果は、純粋に霊的なものにかぎるべきである。しかしこれがそうはなっていないのである。これらのすべてのことがひどく混乱しているために、市民としての身分と財産の相続が、司祭だけに依存するものとなっている。これがすべて聖職者に依存しているために、聖職者なしでは、フランス王国の全土にわたって一人の嫡子も生まれず、いかなる市民も父親の遺産を相続できないのである。そして今から三十年後には、フランス全土には私生児しかいなくなるだろう。司祭の職能が民法上の効果を発揮しているかぎりは、司祭たちこそが真の為政者ということになる。わたしにはフランスを統治する真の政府は、聖職者の会議のようにみえるのである。

そのことを証明する確実な証拠、ほとんど信じられないような証拠をご希望だろうか。それなら、王国でプロテスタントたちがどう扱われているかを調べてみればよいのだ。

わたしには聖職者たちが現在フランスのプロテスタントに行使している権利を、望むかぎりで、なぜすべての市民に行使しないのか、不思議に思う。これまでの経験から、ナントの勅令が廃止されたことで、君主政がいかに弱体化したかは明らかに感じとれる。王国に残っているのは迫害されたセクトの残骸にすぎないのに、これを残された臣民の唯一の苗床にしようというのである。それから［ナントの勅令の廃止から］というもの、この不幸な人々は、この世の始まりからいかなる民も置かれたことのないもっとも恐るべき状況に置き去りにされ、この地にとどまることも、去ることもできないでいる。異邦人であることも、市民であることも、人間であることも許されていないのである。これらの人々からは自然の権利すら奪われており、結婚することも禁じられ、祖国も家族も財産も奪われて、禽獣に等しい状態に置かれている。

この前代未聞の処遇が、どのような原理の連鎖から、しかも誤解された原理の連鎖から生まれたのか、考えてみていただきたい。王国の法律は、合法的な結婚に必要な厳粛な形式を定めており、これはきわめて明確に理解されている。しかしこれで聖職者はこの形式を管理できるようになったために、聖職者たちはいわゆる［教会の儀礼である］秘蹟と、この［市民的な結婚の］形式を混同したのである。聖職者たちは〈教会の子供〉でない人々には、秘蹟の儀礼を行うことを拒否した。そして誰もこの拒否を不正として非難することができない。こうしてプロテスタントは、自分の宗教を捨てないかぎり、法律で定められた形式にしたがって結婚することができなくなったのである。そして為政者は、法律で定められた形式によって執り行われた結婚しか、合法的な結婚と認めていないのである。

このようにしてプロテスタントの人民は、容認されると同時に、禁止されているのである。生かそうとすると同時に、殺そうとしているのだ。この不幸な人々が結婚すると、［結婚によって］結んだ絆の純潔を惨《ま》めな状態で尊重し、為政者によって断罪され、家族から財産が奪われるのを目の当たりに眺め、妻を同棲者に貶《おとし》め、子供を私生児に貶めるしかないのである。お分かりのようにすべてのことが合法的に、法律の帰結として起きているのである。これは他の国にはみられない状況である。わたしに向かって嘆く道理の叫びに屈してしまうことを恐れるあまり、わたしはあわてて筆を擱《お》かずにはいられない。

これまでの経験からプロテスタントは、キリスト教のすべてのセクトの中で、もっとも賢明で穏健であり、きわめて平和を好み、社会性にあふれていることは明らかである。法がその支配を確保し、指導者がその権威を維持できる、まさに唯一のセクトなのである。

＊断片［編者による小見出し］

一　主権は不可侵であること（一ページ、表）。

二　道徳のしるしは不確実なものであり、計算するのは困難である。安全性、平穏さ、自由そのもの（一ページ、裏）。

三　戦争と内乱のさなかにあっても、極端なまでに人口が増えた民がある。反対に、平和そのものが市民を貪り、消費し尽くした政府もある（一ページ、裏）。

四　自由な状態では男たちはしばしば集会を開いたが、女たちと暮らすことは少なかった。

スパルタの法律は、所有権を保証する代わりに、これを破壊した。法律が習俗となるところでは、習俗が法律になる（四七ページ、裏）。

五　敗者を殺す権利と言われるものは、いかなる形でも戦争状態から生まれたものではないことは明らかである。戦争は人間のあいだの関係ではなく、国家のあいだの関係である。国家においては、私的な個人が敵どうしになるのは偶然によってでしかなく、市民としてよりも兵士としてである。異邦人が、統治者に宣戦布告することなしに、国民から盗み、略奪し、身柄を拘束するならば、それは敵ではなく山賊である。そして戦争のさなかにあっても、公正な統治者は敵国において、公共に属するものはすべて押収しても、私人の身柄と財産は尊重する。公正な統治者は、みずからの権力の土台である法を尊重するのである。戦争の目的は、敵の国家の破壊である。武器を手にしているかぎり、［敵国を］防衛しようとする者を殺すことができる。しかし武器を置いて投降した瞬間から、もはや敵でも、敵の道具でもない。その生命を奪う権利はないのである。国家の成員を一人も殺さずに、国家を殺すことができるのである。そして戦争は、その目的に必要な権利でなければ、いかなる権利も与えない（七二ページ、裏）。

訳注

（1）以下では、ジュネーヴ草稿で抹消されていた部分を《 》で囲んで示す。

（2）ルソーはこの草稿では、自然法によって社会が設立されるという理論の不合理性を明らかにしようとする。そのためにここではディドロが『百科全書』に掲載した「自然法」の論文に登場する「乱暴な推論家」との対話を引用し、この独立した人間に自然法を批判させるのである。この文はディドロ「自然法」三節からの引用である。井上幸治訳「自然法」、『ディドロ著作集』第3巻『政治・経済』、法政大学出版局、一二ページ。

（3）ディドロは前の文章で、「人類の抱く唯一の情念は、万人の幸福であるからである」と語っている。ディドロ「自然法」第六節。邦訳は前掲書一四ページ。

（4）同、七節。邦訳は同。

（5）同、八節。邦訳は同、一四〜一五ページ。

（6）同、九節。邦訳は前掲書一五ページ。ここで人類の敵というのは、自分の「個別意志にしか耳をかさない者」のことである（同、九節。邦訳は同、一五ページ）。

(7)グロティウスは『戦争と平和の法』において、自然法の原則がしだいに取り消され、「盗むことも、戦争の宣言なくして外国人に対して掠奪を行うことも、合法的と考えられた」と指摘している(第二巻第一五章五。一又正雄訳、巌松堂書店、第一巻五八九ページ)。

(8)キケロ『義務について』第一巻第一二章。邦訳は『キケロー選集』9、高橋宏幸訳、岩波書店、一五〇ページ。

(9)ディドロ「自然法」第五節。「そこで、わが乱暴なる推論家をねじふせる前に、われわれは彼に、なんと答えたものだろうか」(邦訳は前掲書一一三ページ)。

(10)バルボアの物語については、本書二八七ページの訳注(19)を参照されたい。

(11)グロティウスのこの主張については、本書二八〇ページの訳注(2)を参照されたい。

(12)カリグラ帝の議論については「社会契約論」第一篇第二章(二二ページ)を参照されたい。羊飼いは羊たちより優れているから、王は人民よりも優れているというのが、事実問題としての帝の議論である。プラトンは『政治家』で今度は権利問題として、政治家は「馬の群や牛の群を飼育する者ににている」(二六一D)と語っているのである

（副島民雄訳、『プラトン全集』２　角川書店、三二七ページ）。
（13）本書二八八ページの訳注（23）を参照されたい。
（14）ウォーバートンについては、本書二八九ページの訳注（25）を参照されたい。
（15）アギスはスパルタの王。おそらくアギス四世（前二六二頃〜二四一）を指すだろう。リュクルゴスの古い制度を復活させようとしたが、失敗してスパルタは没落する。マカベア家は、前一六二年にユダヤ王国で、ヘレニズム化とシリアの支配にたいする復古的な叛乱を指導した。マルクス・ユニウス・ブルトゥス（前八五〜四二）は、ローマが帝国となるのを防ぐために、カエサルを暗殺した。コラ・ディ・リエンツォ（一三一三〜五四）は、ローマの民衆運動の指導者で、古代ローマの復活を目指したが、追放され、殺害される。
（16）ルソーはここで一般性と普遍性を同義に使っていて、明確に区別はしていない。ただし一般性（ジェネラリテ）は類（ジャンル）にかかわる問題であり、普遍性（ユニヴェルサリテ）は全体にかかわる問題であるために、このように補足してみた。一般性は全体にかかわるもので、類の外部の者も、類の内部の個別なものも一般性をもちえず、個別意志は一般意志と異なることが重要なのである。

(17) ルソーはここでシビリテという語を使っている。これは普通フランス語では礼儀正しさや丁寧さを示す語であるが、ルソーは古代ギリシアのポリス(シテ)の意味を強調したいのだろうと考えて、社会性と訳している。

(18) ここで国家の宗教と訳した語については、本書二九九ページの訳注(61)を参照されたい。

(19) この語については、本書二九九ページの訳注(62)を参照されたい。

解説――『社会契約論』の構成

中山元

第一章　ルソーの政治哲学の課題

ルソーの『社会契約論』の目的は、この書物の前提となる『人間不平等起源論』の「献辞」で語られた理想の国家が実現可能であることを示すことだった。ルソーはジュネーヴ共和国に捧げたこの文章で、「わたしが生まれたいと考える国、それは主権者と人民の利害が唯一で、同一のものである国[1]」だと語っていた。フランス革命以前の旧体制のヨーロッパにおいて、真の意味で主権者と人民の利害が同一の国、すなわち人民主権の国家は存在していなかった。だから、これはルソーの夢想である。しかしルソーは、ジュネーヴ共和国の体制にわずかな修正を加えるだけで、その理想を実現できることを「献辞」で訴えたのである。そして『社会契約論』はそのことがジュネーヴだけではなく、あらゆる国家で実現可能であることを訴えようとするものである（もちろんそのためには既存の体制を変革する「革命」が必要である。それがどうして可能となるかは別の問題である）。

ルソーが『人間不平等起源論』で目指したのは、人間の原初的なありかたとして、自己保存の原理と憐れみの情だけを抱いた野生人の自然状態における生き方を記述し、この野生人がいかにして社会を作りだし、文明のうちに堕落していったかを歴史的に記述することだった。

野生人は自分の母親も妻も知らない孤独な人間であり、他者との交流がないために善も悪も知らない人間として描かれた。しかし人間の歴史において発生したある状況のために、野生人はそのままでは生き続けることができなくなり、他者と社会を形成することになる。人間はそもそも社会のうちに生きてきたのだから、これは必然的な経過と言わざるをえない。森の中に戻ることはできないのである。

歴史において人間が実際に作りだした社会というものは、理想にはほど遠いものだったし、社会において人間は疎外され、堕落している。それがルソーが現実を前にして、『人間不平等起源論』で下した結論だった。この書物はマルクスに先立って、人間の疎外の現状を告発する雄弁な書だったのである。しかし人間が道徳的な存在になるためには、社会というものがどうしても必要である。この野生人の生は、あまりに空虚なのだ。人間に人間らしさを獲得させ、しかも堕落しない社会を作りだすことはできないだろうか。あるいはすでに社会が堕落しているとすれば、それを改革することはできないだろうか。

これがルソーの政治哲学のほんらいの課題である。ルソーは『学問芸術論』を執筆した段階で、壮大な政治体制論を構想しており、『人間不平等起源論』はいわばそのための序論であり、原理論だった。やがてルソーはその政治体制論の構築を放棄することになるが、その重要な一部として残されたのが『社会契約論』だった。

この書物が『人間不平等起源論』を前提としていることは、ほぼ完成された草稿であるジュネーヴ草稿の第一篇第二章に登場する「独立した人間」との対話が明確に示している。この「独立人」は、ディドロが『百科全書』に掲載した論文「自然法」で「説得」の対象となった「乱暴なる推論家」(2)を借用してきたものである。この推論家は自然状態において自分の私利を追求する人間、「死のまぎわに、人類の大部分を犠牲にしても、自分の生命を救おうとしない者があるだろうか」(3)と問い掛ける人間である。これは自然状況から脱けだして社会を形成しようとする野生人の姿を描いたものと考えられるのだ。そしてこの対話をとおして、ルソーはディドロの自然法の理論を批判しながら、主権者と人民の利害が同一である国家を形成する方法を、「独立した人間」に説得しようとするのである。

時代推移論

この「独立した人間」との対話が行われるのは、どのような時期なのだろうか。ここで『人間不平等起源論』での時代推移論をふりかえってみよう。まず最初にあるのは純粋な自然状態であり、森の人である野生人が家族もなしに孤独で暮らしていた時代である。これはきわめて長いあいだ続いたと考えられている。

その後、「さまざまな問題」(4)が発生し、この孤立の状態は維持できなくなる。そして人々は集い、力をあわせて問題を解決しようと努力する。これが「生まれつつある人間」の時代(5)である。これはある種の自然発生的な社会の状態である。そこではまず群れが誕生し、さまざまな技術が蓄積され、言語が生まれる。精神的に発達し、自分と動物との違いを認識し、自尊心が動き始める(6)。これが社会状態に移行する前の第一段階であり、群れの段階と呼んでおこう。

次にこの群れのうちに暮らす人々が分かれて家族を形成し、家を建てるようになる。これが私有財産の始まりである。ルソーはこの段階を「最初の革命」[7]と呼んでいる。夫婦と親子の愛情が芽生え、「それぞれの家族はいわば小さな社会のようなものとなった」[8]。恋愛という激しい情熱が誕生し、自尊心が強まるようになる。この「人類の幼年期」としての第二段階を、家族的な所有の段階と呼んでおこう。

次に「世界のまさに青年期」[9]と呼ばれる段階が訪れる。自然の大変動が発生し、地域的な言語が形成され、地域的な社会が生まれる。技術的な進歩が実現し、人々の生活は現代の未開人と似た水準にまで向上する。

その後の進展は急激である。いわゆる新石器革命と呼ばれる革命が発生し、人々は技術を発達させ、家族的な所有だけでなく、不平等な所有が生まれる。そのきっかけとなったのが、鉄と小麦の登場である。鉄器による農耕道具の製作と、それによる小麦の耕作が大きな不平等をもたらすようになる。そして小麦を耕作するためには、土地の私有が認められていなければならない。土地を囲いこみ、それを自分のものだと宣言して、他者が立ち入ることを禁じないかぎり、耕作は無意味だからである。こうして第四段階である「私的な所有の段階」に到達する。

　そこで『人間不平等起源論』の第二部の冒頭に登場する金持ちの宣言が響きわたる。「ある広さの土地に囲いを作って、これはわたしのものだと宣言する」[10]ことを思いついた人が登場し、これを人々がうけいれたときに、市民社会が創設[11]されたのである。これはもはや逆転のできない一歩である。一つの地域で社会が創設されると、他の地域も同じ方法で対処するしかなく、境を接するところで社会が対立し、地球は社会で覆われてゆく。この生まれつつある社会は、「弱い者たちには新たな軛を与え、富める者には新たな力を与えるものだった[12]」のである。

　市民社会は貧しい者を守るため、平和をもたらすためという名目のもとで設立されたのだが、この市民社会の誕生が実際にもたらしたのは戦争状態だった。「わずかな野心家の利益を守るために、人類の全体を労働と、隷属と、貧困に服させる[13]」ものだった。『社会契約論』の第一篇第一章の冒頭で高らかに語られるように、「人は自由なものとして生まれたのに、いたるところで鎖につながれている」（一八ページ。以下では本書からの引用部分のページは括弧にいれて示す）のである。

　この状態ではもはや自己保存の原理だけが残り、憐れみの情は姿を消してしまっている。人類を導いてきた二つの自然法の片方、自己愛の原理だけが残っている状態では、人々は他者を犠牲にしてでも、自分の生存と利益を追求せざるをえないのである。その状態におかれた野生人は、はたしてどうふるまうのが望ましいだろうか。

「独立した人間」との対話

ディドロはこの状態におかれた野生人を「乱暴なる推論家」と呼んで、理性と自然法に訴えることで説得しようとするのである。この「乱暴なる推論家」は、新たに形成された社会のうちで恐怖と動揺を感じている。そして「わたしが不幸になるのか、他人が不幸になるのか(14)」のどちらかしかないのであれば、わたしが幸福になり、他人が不幸になるのを望むのは「自己保存」の原理からしても、当然の結論だと主張する。

しかしディドロはこの当然の結論をだす人間に、自然に社会を形成する人間たちの心に刻まれているはずの自然法に訴えて、説教をする。自然法が教えることは、「人類のいだく唯一の情念は、万人の幸福である(15)」ということだ。人間は動物とは違い、「尊厳」のある生物であり、「共通の一般利益にかなうならば、すべて善く、偉大で、高貴で、崇高なこと(16)」なのだと言い聞かせるのである。

しかしルソーが指摘するように、憐れみの情という「自然の優しい声」がほぼ消滅している人間には、この自然法の原則は適用されない。野生人の状態を放棄して「社会が進歩するとそれぞれの人の心のうちに自分の利益を優先したいという感情を芽生えさせて、人間の魂のうちで人間愛が窒息してしまうことがわかる」（三二〇ページ）はずなのである。自然法はおそらく「まったくの妄想」（同）にすぎないものであり、この妄想に頼って社会を設立することなどできないのである。ディドロの考えた人間像は、ルソーが描こうとした「あるがまま」の人間像ではなく、当時の啓蒙の哲学者が考えた望ましい人間像、理性をもった人間として、自然法の教えに忠実にしたがう「あるべき」人間像なのである。

しかしルソーはそのような人間像を前提とすることを拒む。ルソーは『社会契約論』の冒頭で、この書物で採用する方法論として、「わたしがここで調べたいと思ったのは、人間をそのあるがままの姿において捉え、考えられるかぎりで最善の法律を定めよう」（一七ページ）という方法を示している。この「あるがまま」の人間に基づいて、自己保存と憐れみの情の二つの原理だけを前提として、議論を構築しようとするのである。

それではディドロのように自然法に依拠するのでもなく、宗教や神の意志に依拠するのでもなく、〈内なる声〉(三一七ページ)としての良心に依拠するのでもなく、正義が貫かれ、人間が道徳的な存在でありうる社会を構築することはできるだろうか。ルソーはできると考える。そして『社会契約論』の示した論拠によって、この「乱暴なる推論家」(ルソーは乱暴なという価値評価の言葉を避けて、「独立した人間」と呼ぶ)を説得できると考えるのである。「彼には、人間の初歩的な人為[技術]が自然に加えた害を、完成された人為[技術]が償うことを示そう。彼が幸福だと信じているすべての状態が悲惨なものであること、確固とした基礎がある議論だと信じているものがすべて誤謬《ごびゅう》であることを示そう。より善い体制のもとでは、善行は報われ、悪行は罰せられ、正義と幸福が一致する望ましい状態が実現されることを、彼に理解させよう」(三二一ページ)というのが、ルソーの野望である。

第二章　国家論批判

ジュネーヴ草稿では第一篇第三章からすぐにルソーの社会契約の理論が展開されるが、『社会契約論』ではまず、さまざまな国家論の批判が行われることになる。『人間不平等起源論』ではごく簡潔に四つの社会形成の理論が批判されていたが、『社会契約論』では国家論批判は三つの章に分けて展開される。この書物での国家論批判は、『人間不平等起源論』での批判よりもさらに体系的で鋭いものとなっている。第一篇第二章では父権説が、第三章では実力説が、第四章では合意説が批判される。その要点だけを確認しておこう。

第二章では社会を家族との類比で考えることがもたらす罠を暴こうとする。ロックは『市民政府論』ですでに国家の支配者を家族の父親との類比で考え、根拠づけようとすることの誤謬を鋭く指摘していた。ルソーもこの章では、親子の絆は自然なものであり、子供が成人すれば、「この自然の絆は解消される」(二〇ページ)ことを指摘する。国家は人為によって創設されねばならないものであり、これを親子の愛情という自然なもので根拠づけることはできないのである。

第三章では最強者の権利によって国家を根拠づけることはできないことを指摘する。暴力はあくまでも強制であり、それが社会の根拠となることはない。暴力にはしたがわざるをえないだろう。しかし国民は強制されて嫌々ながら服従するのであり、「義務によって服従する」(二五ページ)わけではない。ルソーはついでに王権神授説も批判する。「すべての権力が神に由来する」（二六ページ）ということを認めるとしても、「すべての病もまた神に由来する」（同）のである。医者を呼んで病に抵抗することが認められるのであれば、不条理な王の命令に抵抗することも、また神の是認するところであろう。

第四章は合意説について二つの矛盾した議論を批判する。ルソーは国家の成立は人々の合意によるものと考えているのであり、合意説そのものが間違っていると主張するわけではない。合意の性格が問題なのである。この批判をつうじて、ルソーの考える真の合意の理論が提起されることになるのであり、これは重要な章となる。

最初に批判されるのは、国民が自由意志で自分の自由を放棄することに合意することによって、社会が形成されるという理論である。とくにここで批判の対象となっているのは、グロティウスの奴隷の理論である。グロティウスは、自由人は生存するために、自分の自由を放棄して奴隷となることができるように、一つの人民が「みずからの自由を譲り渡して、王の臣下となることができ」（二七ページ）ると主張していた。これは専制国家を擁護する理論となるものであり、ルソーは『人間不平等起源論』と同じような論拠で、この理論を激しく批判する。

ルソーは人間の自由とは、財産のように譲渡することのできるものではなく、天から与えられた贈り物であり、これを喪失することは、人間でなくなることだと指摘する。人民が何の代償もなく、そのようなことを行うと考えるのは「その人民は気が狂っていると想定することだ。しかし狂気からは権利は生まれない」(二九ページ)のである。

次に批判されるのは、人民が自由意志からではなく、他の国に征服されて、生命を奪われる代わりに奴隷となり、服従することで国家が形成されるという理論である。グロティウスもプーフェンドルフも同じような論拠で専制国家を擁護していたのだった。ルソーは征服された場合には、征服者と被征服者のあいだには、まだ戦争状態がつづいているのであり、国民は征服者にたいして「いかなる〈義務〉も負わない」(三四ページ)と指摘する。これは暴力による支配と同じ問題と考えることができる。征服されて奴隷となった者は、暴力によって制圧されているのであり、そこにはいかなる義務と権利の関係も成立しようがないのである。「そこには一人の主人と多数の奴隷がいるだけ」(三七ページ)であり、公益も政治体も存在しないのである。

第三章　政治体の設立──『社会契約論』第一篇

社会契約の締結の時期──未聞の革命へ

それでは真の意味での政治体が成立するために必要なものは何か、ルソーはそれが人民の全員一致による合意であると考える。それが社会契約である。人民が政治社会を形成するためには、外部から、たとえば征服者や国王などから政治体が与えられるのであってはならない。人民の内部から、人民の合意によって国家が設立されるのでなければ、人民は強制されずに内的な義務によって服従するようになるはずがないのである。

ルソーは社会状態が設立されるにいたるきっかけを、自然状態の内部から考察しようとする。さきほどの時代推移論を思いだしていただきたい。ルソーは人間の歴史が発展するのは、人々がさまざまな困難な問題に直面したときだと考えている。新しい障害に直面した人々は、新しい手段によって、何よりも新しい社会の構築によって、この障害を克服せざるをえないのであり、それに失敗していれば、人類はすでに滅びていたはずなのだ。

しかしルソーの描く人間の歴史において、障害を克服することは、人間にとって新しい可能性をもたらすものであると同時に、もはや後戻りのできない決定的な段階を、一つずつ乗り越えてゆくことを意味する。よりよいものを手にすることができるとともに、何かあるものを決定的に失ってしまうというのが、その代償なのである。『人間不平等起源論』の時代推移論では、このような不連続な分岐点が主に三つ描かれていた。ルソーはその分岐がもたらしたものの利点と欠点を見定めながら、そこに新しい社会契約の締結の可能性と、未聞の革命の可能性を模索していくのである。最初の分岐点は、「生まれつつある人間」がそれまでにない障害に直面した時期だろう。すでに指摘したように『人間不平等起源論』では「さまざまな問題[17]」のために人々が集まって暮らすようになったことが描かれていた。こうした問題はたとえば自然の災害であったり、他の動物との闘いであったりするだろう。この段階で締結されると考えるならば、この社会契約は人間の歴史のかなり早い段階で締結されることになる。

ただしジュネーヴ草稿では、この社会契約という「完成された人為［技術］」が癒すのは、「人間の初歩的な人為［技術］が自然に加えた害」（三二一ページ）だと語っていることを考えると、まだ人為がそれほど自然に害悪を加えていないこの時期は、社会契約を締結するには、人類はまだあまりに素朴なように思える。この時期に必要なのは革命であるよりも、自然法のようなものについての合意のようにみえる。

第二の分岐点は、社会が自然発生的に成立したあとで、不平等が深刻なものとなり、強い者は弱い者を虐《しいた》げ、人々の間をホッブズの記述するような戦争状態が支配する社会のごく初期の段階だろう。『人間不平等起源論』で言えば、家族的な所有の段階から「世界のまさに青年期」に転換する時期、またはこの段階から「私的な所有の段階」に転換する時期と考えることができるだろう。

ジュネーヴ草稿で描かれた「独立した人間」は、このような成立したばかりの社会のうちで危惧を感じながら、しかも国家を設立するのではなく、自分だけの利益を追求することが望ましいのではないか、国家を成立することにどんな利点があるのかと自問していたのである。この分岐において、「独立した人間」たちが国家を設立するというのが、ジュネーヴ草稿での社会契約の構想だったかもしれない。そうするとこれは、生まれたばかりの社会を自己保存の原理が支配する初期の段階だろう。

この時期が妥当と思われるのは、すでに指摘したように、ジュネーヴ草稿で「人間の初歩的な人為［技術］が自然に加えた害」が語られているからであり、「初歩的な人為［技術］」というのは、この時期にふさわしいと思われるからである。しかしもう一つ別の理由がある。それはルソーの最初の政治体制論では、人間の歴史を一本道と考えるのではなく、いくつかの段階で分岐しながら、現代のフランスにまで到達したかのように考えているからだ。そしてこの段階、まだ所有が確立せず、利己愛が猛威をふるうようになる前の段階が、その最初の分岐として考えられているからである。ある条件があれば、人間の歴史は現実の歴史の分岐をたどることはなかったかもしれないし、疎外され、堕落した社会を作りだすこともなかったかもしれない。現状を見るかぎり、ほかに可能な道はなかったようにみえる。しかしその分岐には、人類がもっと別の人類になることができた可能性が秘められているかもしれないのであり、そこにもっと別の革命の可能性、未聞の革命の可能性も秘められているかもしれないのだ。

たとえば『人間不平等起源論』では、この初歩的な社会時代から、同時代のフランスにいたるまでの歴史的な変遷がたどられているが、この変遷は人間の憐れみの情が「窒息し」、利己愛が圧倒的になって退廃と虚栄と奢侈が支配するようになり、一部の支配者を除いてすべての人間が鎖につながれる歴史なのである。そして『社会契約論』でも同じ状況が前提とされている。

しかしこの虚栄の文明の歴史は、必ずしも不可避なものではないかもしれない。もしも憐れみの情がまだ生きている状態で、利己愛がそれほど強烈になっていない状態において共和国が設立されていれば、もっと別の歴史がありえたかもしれないのである。というのも、利己愛には二つの形態があり、虚栄心というものは、「利己愛（アムール・プロープル）の二つの分肢のうちの一つ」にすぎないと考えられるからである。ルソーは『コルシカ憲法草案』においてこの分肢について、「世人の好みがつまらぬものに大きな価値を置いているような場合には［利己愛から］虚栄（ヴァニテ）が生まれる。だが世論が真に偉大で美しいものを尊ぶ場合には誇り（オルギュイユ）が生まれる。それゆえ、ある人民を導いていかなる対象を尊重するようにしむけるかによって、人は、その人民を誇り高き人民にも虚栄的な人民にもすることができる」[18]と語っていたのである。

このように当時のフランスのように虚栄に支配された文明社会では無理であるとしても、まだそれほど利己愛が発達していないこの時期に、ある人が人民を導くことで、いまだ誰も経験したことのない革命への道を進ませることができるかもしれないのである。少なくともジュネーヴ草稿のルソーは、ここでその可能性を暗黙的に示唆しているようである。

これは歴史的には実現されなかった道であり、この初期の社会状態から歴史の背後を伏流しながら、やがてある時点で泉として湧きだすこともあるかもしれない。歴史の背後のこの伏流が顕在的なものとなるためには、一つの秘密の革命と、「真に偉大で美しいものを尊ぶ世論」と導く人の存在が必要となるだろう。この世論と特別な役割をはたす人（立法者または教育者）の役割は、『社会契約論』の表側からはなかなか見えにくい秘密の通路の存在を示唆しているのである。

じつは『エミール』という書物は、教育という手段によって、人間の歴史においてまだ野生人の段階にあるような少年の心に働きかけることで、この失われた分岐に働きかけて、疎外されておらず、堕落していない人間を作りだすという〈心の革命〉を実現する試みとしても読むことができるのである。その意味で『エミール』は『人間不平等起源論』とは密接な関係にあるのである。

ルソーは『社会契約論』では人類を市民として育て上げる道と、その革命のために必要な社会的な機構を描こうとした。しかし『エミール』では、人類を「市民」とするのではなく、人間愛に満ちた「人間」として育てる道と、その革命のために必要な教育の方法を描こうとするのである。ルソーは「人間を作るか、市民を作るか、どちらかにきめなければならない。同時にこの両者をつくることはできない[19]」と断言しているが、この言葉は市民にいたる革命の道と、人間にいたる革命の道の鋭い分岐と、その緊張関係を暗示するものなのである。

さて第三の分岐点として考えられるのは、この「障害」が『人間不平等起源論』で描かれている最終段階、一人の暴君を除くと、人々のあいだに最悪の自然状態が支配している時期と考えることもできる。これは人間の歴史的な発展の現実の帰結、同時代のフランスのありかたを示す状態である。さまざまな国家のあいだでは戦争状態が維持されているために、国民は戦争に駆りだされ、「その理由も分からずにたがいに殺しあう事態[20]」となった時期、すべての国民が奴隷となって「新しい自然状態[21]」、しかも最初の純粋な自然状態とは似ても似つかない「腐敗の極にある自然状態」が訪れたときのことである。

これが「自然状態」であるというのは、一見すると奇妙なことである。すべての国民が奴隷となっているのは、自然状態とは言えないからである。ルソーはここで重要な言い落としをしているのだと考えるべきだろう。この段階は、ルソーが、やがて到来する時期が近づいていることをほのめかしている社会の大変革、すなわち革命が訪れねばならない時期なのである。国民が軛を離れるのは、早ければ早いほどよいとルソーは本書の冒頭近くで言明しているが、国民は自分たちを繋いでいる鎖を解き放ち、抑圧する者を追い払うべきなのだ。ここでルソーが語っている「第二の自然状態」とは、抑圧する者が存在しなくなり、すべての国民が対等な存在となった新しい自然状態でなければならないはずなのである(22)。

その場合にはこの社会契約が締結されるのは、ルソーが目前にしているフランス社会の内部で、革命を経験した人民のあいだであることになるだろう。するとこの社会契約の理論は、腐敗の極にある社会のうちから、人民による人民のための国家を形成するための理論へと、革命を求めるアジテーションへと変身することになる。実際にルソーはこの『社会契約論』が、ジュネーヴ共和国を人民の真の共和国に作り直すための手助けとなることを強く望んでいたのであり、その意味ではきわめてアクチュアルな意味をそなえた書物だったのである。

社会契約の根本原理——自己保存

このように契約が締結される時期はさまざまな段階に想定することができるが、その原理は一つ、すなわち自己保存の原理である。最初の時期において、自然状態において孤独に生活する野生人は、もはや単独では自分の問題を解決できなくなり、自己保存という自然法がそのままでは維持できなくなったのだった。第二の戦争状態では、社会のあいだでホッブズ的な競争が激しくなり、人々はある種の契約を締結して戦争を回避しなければ、自分の生命を維持できなくなったのである。第三の腐敗した自然状態のもとでは、暴君を倒し、このような暴政がふたたび訪れないような社会を構築しないかぎり、人間は自分の自由を守ること、すなわち人間として生きることができなくなっていたのだった。いずれにしても、自己保存という自然法の原理を維持するためには、新しい社会を設立することが不可欠となっていたのである。

ジュネーヴ草稿ではこのことを自然と人為の対比で語っている。社会は人為である。この社会という人為は、自然の状態を維持できなくなったために必要となったものである。しかし現実において、この人為は、人間が自然に加えた「害」となったのだった。社会契約が目指すのは、この人為を消滅させて「自然に戻る」ことではなく、この害を「完成された人為［技術］が償う」（三二一ページ）ことが可能であることを示すことなのである。

このように問題なのは、新しい社会において、自己保存という原理が否定されないようにすることだった。これがルソーとホッブズを分かつ大きな違いである。ホッブズの理論では、人々が自己保存という原理に固執するかぎり、人々のあいだの競争と闘いはやむことがないからこそ、人々は契約を締結し、外部の主権者にすべての権利を譲渡し、たがいの自己保存の権利を放棄することが求められる。しかしルソーは、人々が社会のうちでも、自己保存の権利を否定されることがない方途を考えだす必要があると考えた。この権利を放棄することは、人間の自由を放棄することに等しいからである。たんに自由に制限を加えるだけにすること、しかも社会が形成されてからも「自己への配慮」を怠らずにいられるようにすることが大切なのだ。だからルソーのこの課題は次のように表現できるだろう。「各人が自己を保存するために使える手段は、まず第一にそれぞれの人の力と自由である。だとすればこの力と自由を拘束して、しかも各人が害されず、自己への配慮の義務を怠らないようにするには、どうすればよいだろうか」(三九ページ)。

ルソーはこの課題を次のような「根本的な問題」として表現し直す。「どうすれば共同の力のすべてをもって、それぞれの成員の人格と財産を守り、保護できる結合の形式をみいだすことができるだろうか。この結合において、各人はすべての人々と結びつきながら、しかも自分にしか服従せず、それ以前と同じように自由でありつづけることができなければならない」(同)。要するに社会契約の目的は、各人が自己の生命と財産と自由を維持できる社会を作りだすことにある。

社会契約の内容

ルソーがそのために提示する方法は「ただ一つの条項」にまとめることができる。「社会のすべての構成員は、みずからと、みずからのすべての権利を、共同体の全体に譲渡するのである」(四〇ページ)。これは全面譲渡と呼ばれる契約であり、次の三つの特徴をそなえている。

第一に、すべての構成員がすべての権利を譲渡するのだから、新しい社会のうちでは誰もが平等となる。誰もが同じ条件のもとで譲渡するからである。

第二に、この譲渡は全面的なものであり、留保なしで行われるのだから、結合は「完全な」（同）ものとなる。譲渡した段階ではすべての物を所有するのは共同体だけであり、各人はその共同体の平等な成員である。

第三に、この譲渡は人にたいしてではなく、共同体にたいして行われるものだから、各人は誰にも隷属することがなく、自由である。さらに各人は譲渡した権利はそのまま共同体からうけとるのであり、「各人は自分が失ったものと同じ価値のものを手にいれる」（四二ページ）のである。しかし譲渡した後では共同体による保護が発生するために、譲渡する前よりも「大きな力を手にいれる」（同）ことになる。

この第三点はとくに重要な意味をもつ。これは社会契約は、人間が自分の生命と自由を維持できるようにすることを目的としていることを明言しているからである。ルソーは『エミール』において、これを依存の問題として、さらに詳細に説明している。人間はさまざまなものに依存しなければ生存することができない。栄養物も必要であり、他者による世話も必要である。幼児の時代は無援な〈よるべなき〉時代であり、母親から乳を与えられなければ、生存もおぼつかない。

しかし人間は成人しても、この依存から完全に離脱するわけではない。人々はさまざまなものに依存して生きているからだ。人間のこの全般的な依存は大きく分けて、事物への依存と人間への依存に分類することができる。「依存状態には二つの種類がある。一つは事物への依存で、これは自然にもとづいている。もう一つは人間への依存で、これは社会にもとづいている(23)」のである。

自然状態の野生人は、ルソーの想定では成人であり、森のもたらす食物と飲み水と寝床だけに依存していた。他者は必要としなかったのである。この状態では人間は自由であった。野生人は事物には依存していたが、他者に依存することも、他者に隷属することもなかったからである。「事物への依存はなんら道徳性をもたないものであり、自由を妨げることなく、悪を生みだすことはない(24)」のである。

しかし社会の成立とともに、人間は他者にも依存するようになる。人々がたがいに協力しあうことが必要になるからである。そして人々は「他人なしにすませることはできない。この点では、わたしたちはふたたび無力でみじめな人間になっている(25)」とルソーは指摘する。そして「人間への依存は、無秩序なものとして、あらゆる悪を生みだし、これによって支配者と奴隷はたがいに相手を堕落させる(26)」ことになる。

全面譲渡の理論と人民主権

しかしこの人間への依存をできるかぎり少なくする方法がある。それが社会契約である。この契約によって共同体にすべての権利と財産を全面的に譲渡するならば、誰もが平等であり、誰の支配に服することもない。人々は共同体の平等な一員として、他者の支配ではなく、共同体の法の支配に服するだけだからである。

この全面譲渡の理論は、ロックの提案した部分譲渡が主流であった当時の政治理論としては革新的なものであった。ロックの社会契約においては、人々は自己の所有を確保し、維持するために国家を設立する。自然状態においては「彼の所有権の享受は、はなはだ不安心であり、不安定である。それゆえに彼はたとえ自由であっても怖れと不断の危険とに満ちている状態を進んで離れようとする」のであり、所有の「相互的な維持(27)」を目的として社会を設立するのである。

だからこそ為政者であれ、誰であれ、市民の所有に手をつけようとする者がいた場合には、「力で抵抗する」権利が認められる。「誰でも権利がないのに力を用いる者は──法がないのに社会で力を用いる者は誰でもそうなのだが──、自分が力を用いる相手の人々に対して、自分を戦争状態に置くことになる。この状態では、それまでの一切の紐帯は断ち切られ、その他の一切の権利は終熄し、すべての人が自衛の権利、侵略者に抵抗する権利をもつのである[28]」

しかしルソーにおいては、政治体の成員はつねに主権者そのものであり、政府には行政の任務を委ねているだけである。ロックの部分譲渡の理論では、譲渡したのは自分の財産を自衛する権利であるにすぎない。だからこそ、その権利が侵害された場合には、戦争状態に戻ったと判断して、抵抗する権利をとりもどすのである。ロックはこの抵抗権を、天が与えた権利として主張した。この権利は「人間の作った一切の実定法に先行し、優越する一つの法によって、つぎのような終局的決定権を留保してきたのである。それは地上に訴えるべきところがない場合、彼らはその訴えを天に向かってする正当な理由があるかどうかを自ら判断するというすべての人類に共通な権利である[29]」

このような人民の訴える審級としての〈天〉の概念は、日本の民権運動でも天賦人権論としてうけつがれ、抵抗権の重要な裏づけとされたものであるのはたしかである。フランス革命の後にも、政府にたいする人民の抵抗権という考え方は維持されていた。しかしこの理論の背景には、主権者としての人民がそのほんらいの権利を委託してしまい、究極の場合にそれを「とりもどす」という文脈が流れている。そしてそれが実定法に先立つ法律、すなわち「自然法」によって保証されていると考えているのである。これは当時の啓蒙専制君主を擁護した自然法学者やフィロゾーフの思考の枠組みからそれほどかけ離れたものではない。

しかしルソーの理論では、人民がこのような抵抗権を「とりもどす」という考え方はない。人民は最初から最後まで主権者なのであり、主権者が主権者に「抵抗する」というのは奇妙なことだからだ。主権者はみずからの公僕である為政者が法を侵害していると判断した場合には、為政者からその法の執行の任務をとりあげればよいのである。ルソーが後に述べる人民集会の最初に採決される二項目の議案は、そのために用意されているのである。この人民主権の理論は、それまでの思考の枠組みとは明確に異なる新しい政治哲学の地平を構築するものだったのである。

なおこの全面譲渡においては、ロックのように財産の自衛権だけでなく、共同体の成員の人格にまつわるすべてのものが譲渡されるものであることを、『エミール』では次のように説明している。

わたしたちはみんな共同に、自分の財産、人格、生命、そして自分の力のいっさいを、一般意志の最高指揮にゆだねる。そして、みんなで一緒に、全体の分割できない一部として各自の部分をうけとる。(30)

ここでは人格を含めた「自分の力のいっさい」と語られていることに注目しよう。これには宗教的な信仰も含まれるはずなのである。一般意志を体現した政治体は、公民の信仰すべき宗教の教義を決定することができ、それを社会の維持のために利用することができることになる。(31)この問題は『社会契約論』の最後で語られる公民宗教の考察においてふたたび重要なテーマとして登場することになる。

社会状態のもたらした義務

このように社会契約を締結することでは、大きな利益がもたらされるとルソーは主張する。しかし共同体の成員にかけられる負担も同時に大きくなる。ここでルソーとともに、社会契約がもたらした負の側面と正の側面を比較し、「決算」を試みてみよう。

まず市民が新たに義務として負うことになったものはどのようなものだろうか。それは何よりも共同体の一員として行動するように求められることである。すべての人には、自分の利益を追求しようとする欲望がある。「個人の特殊な利益は、共同の利益とはまったく異なる言葉で、個人に語りかけるかもしれない」(四七ページ)のである。

この欲望は自己保存の欲望であるが、自然状態ではこの欲望を追求することができなくなったからこそ、社会契約によって新しい次元においてこの欲望を追求することが求められる。すべての市民が自己の欲望をそのままの形で追求しつづけたならば、社会は滅ぶに違いない。それは自然状態に戻ることであり、誰もが自己の防衛に努力しなければならなくなるだろう。

だから重要なのは、すべての市民が純粋に自己の利益を追求することをやめて、公的な利益のもとに自己の利益が体現されるように望むということである。法のもとでは誰も区別されないために、すべての市民は他の市民も同じようにふるまうことを期待することができる。他者に依存せずに、法だけに依存することで人々は素朴な次元の自由を放棄し、新しい次元の自由を獲得した。それは共同体の内部での自由であった。だからこそ、その自由を破壊するような行為を行った場合には、処罰されること、共同体の命令には服従することが求められるのである。ルソーはこれを「各人が自由であるよう強制される」(四八ページ)と表現する。

この自由への強制には二つの側面がある。一つは公民はみずからの「生と死の権利」(七五ページ)を共同体に委ねるということである。公民は共同体の一員なのであり、「一般意志への服従を拒むすべての者」は、共同体によって「服従を強制される」(四八ページ)ということである。誰もが平等に強制されることで、「他人に依存することから保護される」(同)からである。

たんに強制されるのではない。違反した場合には処罰をうけること、自分の生命を奪われることもうけいれるということである。これは奇妙な逆説である。人々は自己の保存のために共同体を設立したのだった。しかし各人が私的な利益を追求して、「社会的な権利を侵害」した場合には、その共同体にたいする犯罪者となるのである。そのときにその者は「その犯罪のために、祖国への反逆者となり、裏切り者となる」(七七ページ)のである。この犯罪者は市民としてではなく、敵として殺されるのであり、社会契約を締結するということは、このことをうけいれることである。生の保存はみずからの死の承諾を、そのうらづけとして求めるのである。

それだけではない。市民は共同体を防衛するためには、自分の生命を投げだすこともまた求められる。他の共同体から戦争をしかけられた場合には、市民は祖国を守るために戦地に赴くことを求められるのだ。「法が市民に生命を危険にさらすことを求めるとき」（七六ページ）、市民はそれを甘受しなければならないのである。この流血の義務もまた社会契約に刻み込まれているのだ。

社会状態のもたらした恩恵——三つの弁証法

次に社会契約によって人々が享受できるようになった利益をあげてみよう。ルソーは第一篇第八章「社会状態について」で、こうした利益を列挙しているが、まず何よりも重要な利益は、人々が新しい次元の自由を獲得したことである。そこでルソーの描く第一の弁証法、自由の弁証法が作動することになる。

自然状態では、野生人は人に依存することなく、事物への依存のうちで、純粋な自由を享受している。野生人の自由は、一切の束縛「からの自由」であり、すべてのことを自分の欲望だけにもとづいて決定することのできる自由である。しかしすぐに分かるように、他者と力をあわせることのない孤独な人間の自由はあまりに素朴で、欠けるものの多い自由である。

この状態で自己の保存を続けられなくなった人々は社会を形成するようになる。社会を設立して人々と共同し、分業し、力をあわせることで、それまで考えられなかったような高次の自由が可能となる。ここで人々は共通の目的のために力を集めることで、高次の目的と活動「への自由」を獲得することになる。

しかし同時に社会のうちで人々は事物にも、人間にも依存するようになる。欲望が成長するとともに無用な事物までもが必要となり、それを手にいれるためには他者に依存しなければならないからだ。ここで人々の依存は、事物と他者への隷属となり、人々は自由を失う。そして人々はやがて共同の自由も享受できなくなり、自分たちを縛る不可視の鎖に気づくことになる。社会のうちで人々は自由であるはずだったが、自分たちのうちに他者に依存する気持ちが生まれるとともに、他者からの命令に服従せざるをえなくなるのである。いたるところで自由であるはずの人間が不自由に苦しむようになる。

この不自由を自覚し、これに苦しめられる人々が、自分たちを縛る鎖を解き放ち、軛を打ち壊して、新しい社会を作りだすとき、そこにさらに高次の自由が生まれる。ここではかつての素朴な自由、束縛「からの自由」が否定されながらも、高次の形で維持されるのである。そしてそこでは、一度否定されねばならなかった高次の目的「への自由」が、ほんらいの自由を拘束することなく、実現されるはずなのである。こうして「からの自由」と「への自由」が新しい形で統合されることになるだろう。共同体と法への依存は、他者に依存せず、事物だけに依存する野生人の依存状態を高度な形で克服し、再現したものとなるのである。共同体のうちでこそ、「人間のさまざまな能力は訓練されて発展するし、思考の幅は広くなり、感情は高貴なものとなり、魂の全体が高められる」（四九ページ）のであり、ここにおいてこそ理性の営みがその真価を発揮することができるのである。

社会契約のもたらす第二の利益は、共同体において人間がはじめて道徳というものの価値を認識するようになることである。自然状態から市民状態に移行することで、人間の意味そのものが一変する。「人間はそれまでは本能的な欲動によって行動していたのだが、これからは正義に基づいて行動することになり、人間の行動にそれまで欠けていた道徳性が与えられる」（同）とルソーは指摘する。

ここには社会契約のもたらす第二の弁証法、道徳の弁証法の動きが確認できる。野生人は善悪を知らなかった。しかしそれだけに善い人間だったと『人間不平等起源論』でルソーは指摘していた。しかし道徳的な価値を知らないで善い人間であるということは、野生人の人間性の高さを示すものではない。善が何であり、悪が何であるかを認識した上でなければ、個人の人間性というものも、道徳性というものも問いえないのである。

こうして、社会を設立した人間は、はじめて人間にとって善とは何かを認識できるようになったのであり、ここで道徳性を問うための前提が確立されたのである。しかし利己愛の支配する文明社会、虚栄の支配する文明社会は、人間は善と悪に「無関心」[32]にならざるをえない。「である」存在よりも、そのように「みえる」外見のほうが重要になるのだ。「どうして見掛けだけが大切にされるのだろうか、名誉も友愛も美徳も」[33]人為的な演技のようなものとなってしまうのか、とルソーは痛切に問い掛ける。

しかし社会契約によって構築された社会においては、人々は真の意味で自由となることができるために、初めて道徳的な存在となることができる。その逆もまたあてはまる。人間は道徳的な存在であることによって、自分の欲望を制御し、自由な存在となることができるのである。「人間が真の意味でみずからの主人となるのは、この道徳的な自由によってだけなのである」（五〇〜五一ページ）からだ。こうして「である」ことと「みえる」ことの分離が解消され、人々は善なる人間となる可能性を手にすることになる。

社会契約の第三の利益は、それまで自然な形で占有していたにすぎない所有物が、共同体に譲渡され、個人に返還されるという手続きを経ることで、市民の所有権が承認されたということである。ここで所有と占有をめぐる弁証法が展開される。最初の野生人の所有は、たんに他人よりも先にその場所を占有していたというにすぎなかった。野生人は、自分の好みの場所で眠り、好みの場所で食事をする。手にいれた獲物から税金を取り立てる人はいないが、もっと強い者がやってきたら、それを放棄するしかないのである。

社会状態になって、初めて占有物が所有として認められるようになった（ようにみえた）。しかしこの所有体制は、豊かな者が自分の財産を保護するために構築したものであり、つねに貧しい者には不利な定めとなっていた。貨幣の登場によって、富める者はますます富裕になり、貧者はますます困窮する。文明社会において法律は富める者の財産だけをしっかりと守り、貧しい者の窮乏は無視するばかりである。無産者にとって、所有の保護とはどれほどの意味のあることだろうか。

しかしルソーは社会契約によって設立された国家においては、すべての者が自分の財産を合法的な所有物として保持できるようになること、一般意志の働きによって、社会のいかなる成員も貧しい生活を送らないで済むようになることを指摘する。たしかに「手にいれることができるものなら何でも自分のものにすることのできる無制限の権利」(五〇ページ)は放棄せざるをえないが、社会的な自由を制約する一般意志の配慮のもとで、「法律で認められた権原に基づいて初めて成立する所有」(同)が保護されるのである。人々は財産を保護するのに、もはや戦争状態のうちでのように警戒しつづける必要はない。法がこれを保護してくれるのであり、これに違反する者は共同体が処罰してくれるからである。「人間が社会契約によって獲得したもの、それは社会的な自由であり、彼が所有しているすべてのものにたいする所有権である」(同)ことをルソーは確認する。

ルソーはこのように、野生の状態、虚栄のもとでの文明社会の状態、社会契約の状態という三つの状態を貫く三つの弁証法的な転換、すなわち自由の弁証法、道徳の弁証法、所有の弁証法を示しながら、この社会契約の国家において、どのような新たな恩恵がえられるかを強調する。ルソーはジュネーヴ草稿で、社会状態にはいることを拒む「独立した人間」にたいして、「より善い体制のもとでは、善行は報われ、悪行は罰せられ、正義と幸福が一致する望ましい状態が実現される」(三二ページ)ことを説得しようとしていたが、その理論的な根拠は、社会契約によって生まれる市民的な状態のもたらす弁証法にあったのである。新しい体制では、「存在と幸福を同胞と分かちあうことで、存在も幸福も強まる」(同)とルソーは強調するのである。

第四章　主権と一般意志——第二篇第一章〜五章

主権の定義

さてこのようにして設立された共同体は全体として、主権者として行動する。ここでこの共同体とその成員の関係についてのルソーの定義を確認してみよう。社会契約で設立された公的な人格は、共和国あるいは政治体と呼ばれる。これは二つの側面からみることができる。公的な行為の主体としては主権者と呼ばれるのであり、その客体としては国家と呼ばれ、他の国家との関係では主権国家と呼ばれる（四二ページ）。この公的な人格を構成する人々は「集合的には人民（プープル）と呼ばれるが、主権に参加する者としては市民（シトワヤン）と呼ばれ、国家の法律にしたがう者としては国民（シュジェ）と呼ばれる」（同）のである。

この定義から、この共同体が主権者であり、市民が主権に参加する人々であることがわかる。この共同体を構成しているのが人民であるから、主権を所有しているのは人民であり、市民として主権を行使するということである。ルソーはすべての共同体がこの社会契約の原理によって設立されているはずであり、設立されるべきだと考えるのだから、すべての共同体の主権者は人民だということである。どのような国家も、それを構成する人民が社会契約によって設立したものである（べきだ）というこの人民主権の原理は、それまでの政治哲学を一新するような力をそなえていた。

たとえば近代の政治哲学において新しい地平を拓いたホッブズは国家を一つの人格とみなして、「その人格を担う者は主権者と呼ばれ」、その他の「すべての者は、主権者の臣下」と呼ぶ。(34) 君主であるか、議会であるかを問わず、国家の主権を担う者が片方において、残りの者は臣下である。

　これは古代ギリシア以来の伝統的な国家体制論にも共通する視点である。伝統的に国家は君主政、貴族政、民主政に分類されてきた。君主政とは、君主が支配者として主権を握る体制であり、その他のすべての国民は臣下である。貴族政とは少数の貴族たちが支配者として主権を握る体制であり、その他のすべての国民は臣下である。民主政とは、国民の過半数が支配者として主権を握る体制であり、その他の国民は潜在的な支配者である。アリストテレスからボダンを経由してモンテスキューまで、国家体制はこのような主権の理論を利用して考察されてきたのだった。

　しかしルソーの主権の概念はまったく異なる。ルソーも君主政、貴族政、民主政という区別を採用する。しかしこの三つの体制の違いは、誰が主権者であるかという違いではない。どの体制でも国家のすべての成員が、すなわち法的な人格としての国民が、主権者なのである。この三つの体制の違いは、主権者が誰かという違いではなく、国民が国家の統治を任せる為政者の数の違いにすぎない。君主政は為政者が一人の体制、貴族政は為政者が少数の人の体制、民主政は為政者が国民の過半数である体制である。そして為政者も国民の一人であり、国家のための「公僕」にすぎない。ルソーは貴族政が最善な政治体制になると考えるが、貴族が主権者であるような国家は最悪だと考えるのである。

一般意志の特徴

ルソーはこの主権の概念を「一般意志の行使」(五九ページ)という概念で表現する。この一般意志という概念は、神がすべての人を救うのか、それとも一部の人だけを救うのかという神の意志の問題として、キリスト教の神学の最初期からの重要な問題とされていた。これが一般意志という概念として初めて提示されたのは、イエズス会とジャンセニスムの論争のうちにおいてであった。この概念を確立したのはアントワーヌ・アルノーであり、神がすべての人を救済する「一般意志」を所有しているといっても、それは「すべての状況において、すべての年齢と性別と国籍の人を救う」[35]というだけのことであり、すべての個人を救済するという意味ではないと主張したのだった。この概念はライプニッツやモンテスキューなどにもうけつがれており、同時代のディドロは一般意志の概念を、人類全体の「共通の一般利益に適うこと」[36]を判断する理性のようなものとして使っていた。しかしルソーはこの概念をさらに彫琢《ちょうたく》して精密な概念にしたてあげるのである。

この概念が最初に提示されたのは、ルソーの政治哲学の構想の一部を占める『政治経済論』においてだった。この論文では一般意志について、国家を人間の身体の比喩で語りながら、人間にも国家にも一つの「共通の自我」が必要であると指摘する。人間が自由な意志をもつ個体であるように、国家は「一つの意志をもつ一個の精神的《モラル》な存在でもある」(37)。国家のこの意志が、一般意志である。ルソーはこの意志の特徴として、次の五つの点をあげている。

第一は、一つの身体がそれを構成する個々の部分を大切にするように、この意志は国家のすべての成員の幸福を目的とすることである。この意志は「つねに全体および各部分の保存と安楽をめざすものであり、法律の源泉をなしているが、それは、国家の全成員にとって、彼らと国家に対する正と不正の基準である」(38)ものである。

第二は、この意志はその国家においては一般的なものであるが、他の国との関係では一般的ではないことである。それは一人の個人の利害が、他の個人の利害とかならずしも一致しないのと同じである。他の国にたいしてはこれは一般意志ではなく、「自然の法のなかに自己の正義の規準をもつ一つの特殊で個別的な意志になってしまう[39]」のである。

第三は、この意志はその内部に複数の個別意志を蔵しているということである。国家がさまざまな個別社会で構成されることは、人々が家庭に所属し、地域集団に所属し、企業に所属し、利害集団に所属していることからも明らかである。それぞれの集団は個別の意志をもち、その意志はその「結合体の成員にとっては一般意志であり、大社会にとっては個別意志であって[40]」、これらの意志が対立し、矛盾しあうことは頻繁に起こるのである。

人間の個別の器官には固有の利害があり、それが身体の全体の利害と一致しないことがある。たとえば胃腸にとって好ましいプロセスが、腎臓にとっては有害なプロセスとなることもあるのであり、身体はその全体のバランスをとることで健康を維持する。国家という政治体においては、国家の一般意志が貫徹されるように、全体のバランスをとることが必要になる。

第四の特徴は、政治体の一般意志は、法として表現されるものだということである。法とは「各市民に公共理性の掟を命じ、市民が自分自身の判断による原則にしたがって行動し、しかも自己矛盾に陥らないように教える」ものであり、「天上の声[41]」なのである。この声にしたがうことで、各人はみずからの特殊意志と一般意志を区別することができるようになる。首長の任務は、立法者が作成した法を執行し、「彼の権威のすべてに根拠となる法が守られるように監視する」(42)ことにある。

第五の特徴は、個々の成員や集団の意志が全体の意志に服することが求められるとしても、個々の成員を傷つけることは許されないとされていることである。ルソーは、国家を身体に譬えた最初の比喩に戻りながら、理性のある人間が自分の眼を抉《えぐ》ることがありえないように、成員を一人でも傷つけることは、国家にとっては自殺行為になると指摘する。「個人の安全は公共の結合体と非常に緊密に結びついているので、もしも救いえたはずの市民が、ただ一人でも国家のなかで死ぬとか、ただ一人でも誤って獄につながれるとか、彼が明白な不正によってただ一つでも敗訴するとかいうようなことが起これば」(43)、社会契約は権利に基づいて解消されることになると強調するのである。

これはルソーが社会の安全のためには、個人を犠牲にすることを拒まない社会防衛論的な発想をしていないこと、あくまでも国民の権利を守ることに、社会契約の意義をみいだしていることを明らかに示すものである。ルソーは「全体のためにただ一人の人間が死ぬこと」を許さない。「多数の救済のためには、一人の無実の者を犠牲にする」というのは、「圧政がかつて考えだしたもっとも忌まわしい格言[44]」なのである。これはもっとも誤った主張であり、もっとも危険なことであり、「社会の基本法にもっとも直接的に対立する[45]」ものである。社会契約は、個人が国家の犠牲になるためではなく、国家が個人の生命、財産、自由を保護するために締結されるものだからだ。国家のためにという名目で、国民をひとりでも殺すことを許さないルソーの論理構成はまったく揺らぎがないのである。

主権の二つの特徴

政治体においてこの一般意志が行使されるときに、その政治体に主権が生まれる。ジュネーヴ草稿ではさらに詳しく、「国家のうちには、国家を支える共同の力が存在するのであり、一般意志はこの力を指揮する。この二つの要素がたがいに働きかけることで、主権が作りだされる」（三三五ページ）と説明されている。国家には力という側面と意志という側面があり、意志が行使されることで主権という力が生みだされるのである。

　このように主権とは、共同体の利益と存続を目的として一般意志が行使されることだと理解することによって、いくつかの重要な帰結が生まれる。まず意志というものは譲渡することができないものである。意志はみずからの意志でなければ、意志であることをやめるのである。ホッブズの国家論では、人民は国家を設立する結合契約を締結し、次に第三者とのあいだで統治契約を締結することで、この第三者を主権者と認めることになっていた。結合契約を締結した段階ではたしかに人民が主権者であるが、統治契約によって、第三者に国民の統治を委ねた瞬間から、主権者はこの第三者である。しかしルソーはこれを明確に否定する。主権者がみずから意志をもつことをやめて主権を譲渡した瞬間に、主権者はもはや主権者ではなくなるのである。「支配者が登場した瞬間からもはや主権者はいなくなる」（六〇ページ）のである。

　第二の特徴は、主権が分割できないということである。意志というものは「人民全体の意志であるか、人民の一部の意志にすぎないか」（六一ページ）のどちらかである。人民全体の意志である場合には、それは一般意志であり、これが行使されるときには主権の行為である。人民の一部の意志はもはや一般意志ではなく、個別意志である。これが行使されるときは、せいぜいが「行政機関の行為」であるにすぎず、これは主権の行為ではないのである。

この二つの特徴を考えると、一般意志は代表されえないという第三の特徴が生まれる。一般意志は共同体の全体の意志であり、その一部の人々の意志ではないのであり、それを「代表する」ということそのものが奇妙なことである。「主権者とは、集合的な存在にほかならないから、この集合的な存在によってしか代表されえない」（五九ページ）のである。だから選挙によって代議士を選び、その代議士に共同体の一般意志を委ねるということは、主権者にとっては自殺行為だとルソーは考える。「人民の代議士は人民の代表ではない」（一九一ページ）のであり、代議士は人民の代理人にすぎない。「人民がみずから出席して承認していない法律は、すべて無効」（同）であるとルソーは断言する。その実例がイギリスである。「イギリスの人民はみずからを自由だと考えているが、それは大きな思い違いである。自由なのは、議会の議員を選挙するあいだだけであり、議員の選挙が終われば人民はもはや奴隷であり、無にひとしいものになる」（一九二ページ）のである。この言葉は、『社会契約論』冒頭の言葉「人は自由なものとして生まれたのに、いたるところで鎖につながれている。自分が他人の主人であると思い込んでいる人も、じつはその人々よりもさらに奴隷なのである」（一八ページ）を想起させる強い言葉である。

一般意志はどのようにして確認されるか

このように一般意志は主権として行使されるものであるだけに、それがどのようにして確認されるかというのは、ルソーのこの議論においてきわめて重要な意味をもつことになる。人間の身体のバランスが崩れた後になって、さまざまな臓器のバランスをとるのが実は困難な課題であることが明らかになるように、国家の一般意志を確認して、そのバランスをとってゆくのは、たやすい課題ではないのである。

一般意志が一般意志として認められ、機能するためには、ルソーは二つの条件が必要であると考える。まず第一に、それは政治体の構成員の全体が集まった人民集会で決定される必要がある。それが一般意志であるためには、市民の一部が集まった個別的な集団の意志であってはならないのである。

第二に、それは法として表現される必要がある。法とは、個別の成員を対象とするものではなく、その政治体の成員の全体に適用される抽象的な規定である。そして人民集会とは、その集会に提案された法を採択するか、拒否するかという問題を審議する集まりなのである。

この二つの条件から、一般意志が確認される手続きの重要な特徴が確認される。まず人民集会での審議において、どのようなプロセスで一般意志が姿を現すのか、ルソーの説明に耳を傾けてみよう。一般意志はどのようにすれば個別意志ではなく、真の一般意志として確認できるのだろうか。これについてのルソーの説明はごく簡明で、しかし奇妙なものである。

ルソーはまず、「一般意志は共同の利益だけを目的とするが、全体意志は私的な利益を目指すものにすぎず、たんに全員の個別の意志が一致したにすぎない。あるいはこれらの個別意志から、［一般意志との違いである］過不足分を相殺すると、差の総和が残るが、これが一般意志である」（六五ページ）と説明する。

ここでは多くのことが言われているが、一つずつ考えてみよう。まず「一般意志は共同の利益だけを目的とする」ことによって個別意志と異なるものであることは、すでに考察したとおりである。そのために一般意志は、すべての成員に抽象的に適用される「法」という形で表現される必要があったのである。個別の成員を対象とした決議は、それが人民集会による決議であったとしても立法者の行為ではなく、行政者の行為であり、一般意志の表現ではない。

しかし個別意志が全体として一致して、「全体意志」となることがあるだろう。それでもルソーはこれを一般意志としては認めない。「個別意志が一致する」ことによってではなく、個別意志が対立し、その違い（差）の全体を合わせたところに一般意志が成立するというのである。これは非常に興味深い考え方なので、少し掘り下げて考えてみよう。

まずここで確認しておく必要があるのは、政治体の成員の誰もが個別の利益を追求しようとすることは、禁止されていることではなく、一般意志が姿を現すための前提となっているということである。うっかりすると、政治体の成員は全体の利益を考えるべきであり、自分の個別の利益を超越する必要があるとルソーが考えていると理解してしまいがちである。ルソーが全体主義者であるという非難が跡を絶たないが、それは成員の個別意志がすべて一致したとしても、その全体意志は一般意志とは異なるというルソーの主張を誤解したところから生まれるものである。

たしかにルソーの理論をうけついだはずのロベスピエールなども、民衆の共通の意志を否定する論拠として、一般意志の概念を「悪用」したのだった。そして一般意志を認識することができるのは人民ではなく、政府（のうちの一部の党派）であると主張することで、テロルに走ったのである。さらに一般意志を認識できるのは人民そのものではなく、人民のごく一部の知識人であるという考え方まで生まれた。しかしルソーが考えているのは、レーニンの前衛論につながるようなこうした知識人論ではない。一般意志は、すべての人民がみずからの利益を追求し、自分にとってもっとも好ましいものは何であるかを発言するプロセスのうちで明らかになるのである。

これをライプニッツのモナドの理論とのアナロジーで考えてみよう。ライプニッツはすべてのものはたがいに連絡しあうことのない孤立した単位（モナド）で構成されていると考えた。そしてモナドを説明するために、これを一つの町に譬えて次のように語っていた。「おなじ町でも異なった方角から眺めると、まったく別な町に見えるから、ちょうど眺める人の数だけ異なる町があるようなものである。同様に、単一な実体の無限の数を考えると、おなじ数だけの異なった宇宙が存在していることになる。しかしそれは、ただ一つしかない宇宙を、各モナドのそれぞれの視点から眺めたときに生じるさまざまな眺望にほかならない(46)」

これを具体的な問題を手掛りにして、ルソーの問題に置き換えて考えれば、こういうことになる。ここで人民集会において、特定の議題が提示されたとしよう。それはたとえば不妊の夫婦にクローン技術によって子供を作ることを認めるかどうかという問題でも、煙草にきわめて高額な税金をかけるかという問題でも、ヨーロッパのいくつかの国のように、原子力発電の利用を将来は段階的に縮小し、やがては全廃するかという問題でも構わない。その問題について一つの議題が提案されて、市民がその採決を求められたとしよう。そのときにどのようにすれば一般意志を確認できるだろうかというのが、ここでのルソーの問いかけである。

そのためにルソーが前提条件として示したのが、市民に十分な情報が提供されること、そしてこれと一見すると対立することだが、市民がたがいに意見を伝達しあわないことである。そのどちらの条件も、市民が自分が本当に望んでいるのは何かということを認識するためである。専門家によって十分な情報が提供されない場合には、市民は自分にとって何がよいのかを認識することができない。クローン技術や煙草への高額の課税や原子力発電の利用が社会にどのような影響をもたらすのか、そしてそれが自分にどのようにはねかえってくるのかを認識できないならば、市民は自分の利益を認識することができない。だから正確な情報は必須なのである。

しかし情報ではなく他人の意見が伝えられると、どうなるだろうか。イデオロギーやプロパガンダが大きな力を発揮しているときには、人々はそのイデオロギーを信じ込んだり、宣伝に眼をくらまされたりするだろう。クローン技術はやがては人類を滅ぼすものだと信じてしまえば、自分が不妊になったときのことを真剣に考える必要はなくなるのである。

それにさまざまな政党や集団に所属していた場合には、市民はその集団に意見に左右されることになるだろう。国家の中の集団は、小さな国家のような役割をはたして、固有の一般意志をもち、それがその成員の一般意志として機能するからである。だから議論の前提として必要なのは「人民が十分な情報をもって議論を尽くし、たがいに前もって根回ししていない」（六五ページ）ことなのである。

その条件が満たされた上で、市民は提案された問題に自分の利益を十分に考えた意見を提示するのである。最初は反対と賛成に分かれるだろう。ここではまだ二元的な対立である。しかし別の視点から議論が提示される。賛成ではあるが、別の弊害があるのではないかと。するとそこで議論に立体性が生まれ、三次元的な議論になる。次々と、市民が自分の立場に立って、意見を述べることで、奥行きはどんどん深まり、問題の深さがどの市民にも理解されるようになるだろう。クローン技術の場合であれば、その受益者の立場、医学者の立場、医薬品メーカーの立場、遺伝学者の立場、環境保護論者の立場など、それぞれの固有の立場から意見が示されることで、全体像がはっきりとしてくるに違いない。ライプニッツはこのようにさまざまな視点から考察することで、「できるかぎり多くの変化が、しかもできるかぎりりっぱな秩序とともに、手にはいるわけなのである。言いかえるならば、できるかぎり多くの完全性が、手にはいるわけなのである」(47)とつけ加えている。

いわばここでは一つの法案にたいするさまざまな意見の差異の総和によって、問題の真の性格が明らかになるということである。それが「わずかな意見の違いが多く集まって、そこに一般意志が生まれる」(六五ページ)ということである。意見の違いが多ければ多いほど、市民は問題を正確に認識でき、自分の真の利益を知ることができるはずなのである。

ここで重要なのは、市民がイデオロギーやプロパガンダに、他の市民の意見にまどわされずに、自分の真の利益を発言することである。「意見の違いが少なくなると、意志の一般性も低くなる」(六六ページ)からである。小さな差異の数が増えることで一般意志が現われるのであり、この条件を守って多数決で決定されたことは、その共同体の真の多数の意見となるはずである。共同体がその最大多数者の幸福を願うのであれば、そこで表明された意見が最大多数の幸福であることは確実なことだからだ。ルソーはその確実さを、「なぜ一般意志はつねに正しく、なぜすべての人は、各人の幸福を願うのだろうか」（六九ページ）という問いに答える形で表現する。すべての人は自分の幸福を願うものであり、「各人という語が語られるとき、それを自分のことだと考えない人はいない」（同）からである。誰もが自分の幸福を願うのであり、その願いを歪めずに表現するときには、すべての人の幸福を願うのと同じことになるのである。もしも市民が自分の利害にかかわりのないことについて採決する場合には、それは「自分には無縁なもの」についての決定であり、「不正に走りやすく、過ちを犯しやすい」（七〇ページ）ことになるのである。

ここでルソーがジュネーヴ草稿で「独立した人間」に語りかけた言葉を思い出してみよう。ルソーは、社会契約を締結するのは、何よりもまず自己を保存するためであることを強調する。自然状態では自己の保存が不可能になったからこそ、新しい社会において自己の保存を求めるしかなくなったのであり、この社会のもとではよりよい形で自己を保存できるはずだった。その論理はここでも生きている。人々は「公共のため」を目的として投票するのではない。あくまでも自己の保存のため、自己の利益を推進するために投票するのである。そして誰もが自己の利益を純粋に追求しながら、他者と協議をつづけることによってこそ、その共同体にとっての最善の結果が生まれる。こうした確認された一般意志が「つねに正しい」のは、人々が考えられただけの全体の利益などではなく、つねに自己の保存と自己の利益だけを追求するからであり、主権者の集合としての共同体は、その成員の幸福だけを願うものだからである。この市民と共同体のどちらにおいても、目的とされるのは共同体の成員の全体の幸福であるならば、共同体が間違った一般意志をもつはずはないと、ルソーは考えるのである。

主権の限界

ルソーが人民集会にかんして示す別の重要な論点は、この集会での決議の性格にかかわるものである。それは人民集会で決定できる案件には一つの「限界」があるということである。この主権の「限界」という概念と「制約」という概念には注意が必要である。[48]ルソーは主権は絶対的なもので、無謬のものであると断言している。主権が制約されてはならないのである。しかし同時に「主権がどれほど絶対的であり、どれほど神聖であり、どれほど不可侵なものであったとしても、主権は一般的な協約の範囲を超えることがなく、超えることもできない」（七三ページ）のである。主権は絶対的ではあっても、主権者が審議できる事柄にはある重要な限界があるのである。

それは一般意志というものの性格から導きだされる限界である。一般意志は、その目的と適用対象という二つの意味で「一般」的なものである。第一にこの意志は共同体の成員の全体の幸福を目的とするという意味で「一般」的なものである。共同体の特定の個人または集団の幸福だけを願うことは許されないのである。第二にこの一般意志で決定するのは法であり、一般意志の決定した法は共同体のすべての成員に適用されるという意味で「一般」的である。法の適用される対象はつねに共同体の成員の全員であり、一般的なものである。

このために、主権者が人民集会で審議することができるのは、共同体の成員の全員に適用される法だけであることになる。これが主権の「限界」である。主権者は人民集会において、特定の個人だけに適用される問題を決定することはできない。これは政府による行政の任務であり、人民集会による立法の任務ではないのである。

ルソーは、人民集会が採択した法律は、社会契約を基礎とするものであるから〈合法的な〉ものであり、すべての人に共通するから〈公正な〉ものであり、全員の福祉だけを目的とするものであるから〈有益な〉ものであり、公共の力と至高の権力によって保障されるものであるから〈確固とした〉ものであると指摘する（七二〜七三ページ）。だからこの規定に反するものは、人民集会では決定できないのである。こうして人民集会で首長の報酬や資格について定めることはできるが、「首長を任命したり、罷免したりしたとき」（七一ページ）、人民集会は主権者の集まりとしてではなく、為政者の集まりとして行動しているのである。人民集会は、新たに設立する政体を王政にすることもできるし、王を世襲にするか、選挙で選ぶかを決めることもできる。しかし人民集会では「国王を選ぶことも、王家を指名することもできない」（八三ページ）。これはもはやすべての人に適用される一般的な問題ではなく、特定の個人を対象とする個別的な問題だからである。

第五章　法について――第二篇第六章～一二章

法の普遍性

すでに考察してきたように、人民集会で採決することができるのは一般的な法だけであり、この法のうちに一般意志が表現されるのである。この法の一般性の概念は共和制のローマですでに確立されていたものだったが、ルソーがそれを一般意志の一般性と結びつけたことで、まったく異なる意味をもち始めたのである。ルソーは「法という語に曖昧で形而上学的な観念を結びつけて満足しているあいだは、自然法とは何かを知ることはできても、国家における法とは何かについては、知りえない」（四〇六ページ）と、伝統的な法学の理論を鋭く批判している。

ジュネーヴ草稿では法の本性を作りだすものは「法の内容と形式である。法の形式は、法律を施行する権力のうちにある。法の内容は、法で定められた事柄のうちにある」（四〇六ページ）とさらに詳しく定義する。法はそれを施行する権力に応じて、民法や刑法や訴訟法などのさまざまな形式をとりうるが、その内容においては重要な特徴をそなえている。それはすでに考察したように、一般意志の表現として、一般的なものだということである。法の目的は「共通の善」にあるのだから一般的であり、法の適用される対象は共同体のすべての成員であることによって一般的なものである。「この二重の普遍性が法の真の性格を作りだす」（四〇七ページ）のである。

ここで興味深いことはルソーが、法によって治められているすべての国を、その政治体制いかんにかかわらず共和国と呼ぶことだ。「どのような政治形態のものでも、法によって統治されている国家をすべて共和国と呼ぶ」（八四ページ）のである。こうしてたとえ君主国でも、それが法治国家であれば、共和国と呼ばれる資格があることになる。共和国（レプブリック）とは、公的な事柄（レス・プブリカ）を優先する国家だからである。逆にいえば、政治形態が共和国でも、法律のもとできちんと統治されていない場合には、真の意味での共和国ではないことになる。

国民と法律

第二篇の後半で検討されるのは、さまざまな国家において、どのような法律がふさわしいかという問題である。ここではモンテスキューの『法の精神』と同じように、風土的な違いについてのルソーの鋭い視線が示されるとともに、人民の風俗という重要な論点が登場する。

これまで述べられてきたのは、広義の意味での共和国、すなわち法律にしたがって統治が行われる国家における一般意志と法律の一般性の問題だった。これは原則としてすべての共和国に該当するはずのものである。

しかしルソーは地上のさまざまな人民が、すべて同じ法律のもとで統治されるべきだと考えているわけではない。それぞれの人民にふさわしい法律と体制というものがあるべきなのである。ある国家にふさわしい政治体制の問題は、第三篇の政府一般についての考察で検討されるが、この第二篇の後半では、ある国家にふさわしい法律の問題が検討される。ここでルソーは一挙に歴史的および風土的な次元に降り立つのである。

これまでのところでは、ルソーはいわばジュネーヴ草稿に登場する「独立した人間」と対話し、いかにして社会契約によって設立された国家が可能であるか、そして社会状態を作りだすことが、自己を保存するために残された唯一の方策であるかを示してきたのだった。しかしこの歴史と風土の問題の考察においては、ルソーはすでに

「独立した人間」との対話を終えているかのようである。そして読者にモンテスキューの立場に立って、自国を含めたさまざまな諸国の置かれた状況に注目するように促すのである。

まずルソーは歴史的な視点からみて、人民が法律にしたがうことができるためには、ある成熟度が必要であると考える。法の規律をうけいれるためには人民は成熟していなければならないのであり、成熟していない人民にふさわしくない法を与えることは、大きな災厄をもたらすと考えるのである。ルソーはその実例としてロシアをあげる。ピョートル大帝は、ロシアの人民がすでに開化していると考えて、開化した民にふさわしいような法律を定めたが、じつはまだロシアの人民は「鍛練させるべき」（九八ページ）段階にとどまっていたとルソーは指摘する。不適切な時期に不適切な法を与えたために、ロシア人は「開化の時期が早すぎた」のであり、その結果として、もはや「開化されることはないだろう」（同）とルソーは結論する。

次にルソーは風土的な次元に考察を進める。ここで検討されるのは、主として国土の状況と人民の状況である。まず国土については、土地の広さと人口の比率が適切なものでなければならないし、それにふさわしい法律を与える必要があると考える。険しい山が土地の大部分を占める国と、豊かな平野を誇る国と、荒れた海岸線ばかりの国では、それぞれに異なる法が必要となるのである。たとえば瘦せた土地の国では「工業と手工業に力をいれ」る法律が望ましく、豊かな平野がある国では、「農業に力をいれ」(一一二ページ)る法律が望ましいのである。

また人民の状況については、独立心が強く、外国に経済的に依存せず、「富裕でも貧困でもなく、自給自足できる人民」、そして「古代の人民の堅固さと近代の人民の従順さを兼ねそなえた人民」(一〇八〜一〇九ページ)がもっとも立法に適しているのであり、それぞれの人民の状況にふさわしい法律が必要となるのである。

そしてこのようにそれぞれの国にもっとも適切な法律は、その人民の成熟度という歴史的な要因と、その国の土地の広さ、肥沃度、人口の分布という地理的な要因を見極める必要があるということになる。ここにルソーが立法者という〈異例な人〉(八九ページ)を要請する理由がある。この立法者が〈異例〉であるのは、その国の状態を見極めて、もっとも適切な法を定めるという困難な任務にたずさわるためである。「国民にはそれぞれにもっともふさわしい社会的な規範があり、それをみつけだすためには優れた叡智が必要」(八七ページ)だからである。

この立法者という視点が登場した段階から、ルソーは読者を新しい領域と新しい課題に誘う。読者にたいして、あたかも自分が立法者であるかのように、困難な課題に直面するように求めるのである。[49]ルソーはリュクルゴスやソロンの実例をあげながらも、過去の人物の視点からではなく、その時代において新しい社会契約による国家を確立するためにはどうすべきかという視点から、この困難な問題に立ち向かおうとするのである。

立法者に必要な資格

しかし立法者の課題の困難さはこれだけではない。第一に立法者は国民に法律を与えたならば、それだけで満足すべきであり、その後で国民を支配するという欲望をもってはならないし、「いかなる情念にも動かされない者でなければならない」(同)のである。そして自分とはかかわりのない国民の幸福のために、尽力しなければならない。

第二に、立法者は法律を与えることで、それまで人々の集まりにすぎなかったものから国民を作りだすのであり、自分が「いわば人間性を変革する力があると確信できなければならない」（八八ページ）という。

第三に、国民はまだ法律のもつ力とその利点を理解していない。その国民に向かって、賢者の言葉で語りかけても、国民は理解できない。しかし国民の言葉で語ることのできないさまざまな概念がある。「あまりに一般的な見解も、あまりにかけ離れた事柄も、大衆の理解を超える」（九一ページ）のである。だから立法者は国民の言葉で語りながら、一般的な概念を国民に説明し、説得するという逆説的な課題に立ち向かう必要があるのである。

共和国の国民とは、いわば共和国のうちでしか存在しえない種類のものである。共和国のうちで生活することで、人々のうちに市民的で共和的な精神というものが生まれるのである。共和国が設立される以前の人民にこれを期待することは、「法が生まれる前から、法によって作りだされるべき人間になっている」（九二ページ）ことを望むような不可能な願いなのである。

だから立法はきわめて困難な仕事なのである。プラトンもマキアヴェッリも、立法者の仕事は神のような者がなすべきことであると語っていたが、ルソーも同じように「人間に法を与えるのは、神々でなければならないだろう」（八七ページ）と語るほどである。実際にモーセ以来の伝統が示すように、立法者は法が神によって与えられたと語ることが多いのである。

しかしこの言葉をあまり真《ま》にうけるべきではないだろう。立法という仕事は困難ではあるが、やりがいのある仕事であり、ルソーもコルシカ島の法律とポーランドの法律を立案することを試みているからである。見極めるべき目があれば、これは不可能な仕事ではないとルソーは考えていたのである。そしてルソーはカルヴァンがジュネーヴにおいて立法者として行動したことを称えているが、この『社会契約論』はルソーがジュネーヴ共和国において、法律を作りなおすために示した提案と読むこともできるのである。

習俗

ルソーは最後に法を分類しながら、新しい論点にふれる。法には社会契約を定めた基本法、市民の間の関係を律する民法、法律違反と法の執行の手続きを定める刑法がある。しかしルソーが立法者との関係でとくに重視するのが、「第四の法」と呼ばれる習俗である。これは「市民たちの心に刻みこまれる法」（一一七ページ）であり、

「真の意味で国家を作りだすもの」（同）である。そして偉大な立法者は、その民にふさわしい法律を作りだすときには、「ひそかにこの部分に配慮している」（同）のである。

ルソーが指摘しているように、政治の理論を考察する際には、この習俗という問題はそれほど重視されることはない。しかし一つの社会の内部における人々の「心構え」というものがどれほど大きな力をもつものであるかを考えると、これは決して無視することのできない問題である。そして立法者が「ひそかに」この問題を配慮するのはたしかだとしても、実際にこの問題が重要な意味をもつようになるのは、政治体制が確立された後に、その政治体制によって「作りだされた」人民の精神に配慮しながら、その体制を維持する主権者、すなわち為政者にとってであろう。ここで立法者とは別の「政体を維持する者」の視点が『社会契約論』にもちこまれることになる。(50)

ただしこの習俗の問題については、ルソーはすでに「演劇に関するダランベール氏への手紙」で詳細に検討していたことがある。ダランベールはジュネーヴに劇場を建設することを提案したのだが、ルソーはジュネーヴの習俗を考えると、市民のあいだに観劇という風習が生まれると、人々の風紀に破壊的な効果を発揮すると主張したのである。

　ルソーはある社会における習俗は、人々の日常の生活のうちで生まれる風習のようなものとしてよりも、その社会で定められた法律にしたがって自然発生的に生じてくるものと考えていた。習俗は自然に形成されるわけではなく、法律が作りだすものでもある。だから政府はその最初の制度によって習俗を作りだすが、「ひとたび政府がその習俗を決定してしまえば、もはや政府には自分自身が変わるのでなければ、習俗を変える力はありません(51)」というわけだ。そして「習俗を攻撃する不可避な出来事に抗し」て習俗を維持することもできないのである。習俗は偶然の力によっても変わるのである。ルソーは習俗は「手を離れた骰子(52)」のようなものであり、投げられたあとで、思い通りの数を出すことは不可能だと指摘する。それだけに劇場の建設などが習俗に及ぼす影響を慎重に考慮にいれる必要があるのである。

　これは習俗を立法という仕事の難しさという視点から考えたものだが、ルソーはこの問題を共和国における市民の共和的な精神の育成という重要な側面からも掘り下げている。習俗は法律によって作りだされるとしても、この習俗は共和国のうちに生きる市民の公的および私的な議論のうちで、たえず練り直されていくという側面があるのである。ルソーのこの時代は、国家の統制を超えた場所で、市民たちが議論を展開していくことが流行になった時代である。ロンドンでは多くのカフェが店を開き、新聞が読まれ、政治問題が議論されたことはよく知られているだろう(53)。ジュネーヴにはカフェではなく、男性市民のためのセルクル(サークル)という組織があった。地区のセルクルには一二人から一五人の市民が集まる。快適な部屋を借りて、必要な装備と食料を蓄えている。毎日午後になると自由時間を過ごすために人々はここにやってきて、読書したり、議論したり、散歩したりする。また田舎で狩りをすることもある。ルソーは市民階級の楽しみはこのような素朴なものであり、こうした娯楽は「共和主義的な習俗にふさわしいなにか単純で素朴なものがあります(54)」と指摘する。

要するにセルクルは、その娯楽と狩猟などの身体的な訓練によって、「同じ男たちのなかに、友人、市民、兵士などを形成するのに役立つあらゆるもの、したがって自由な国民にもっともふさわしいあらゆるもの(55)」をそこに集めているのである。これは人々が同輩たちと議論しながら、共和国の市民にふさわしい態度と意見を培っていくための場となるものである。こうした公論の場において、人々の市民としての役割が確認され、政府の政策が批判され、市民的な共和精神が研ぎすまされるのである。こうした場所で作りだされる習俗は、法律にとっても「アーチの要石《かなめいし》」（一一七ページ）という役割をはたすものとなるとルソーは強調する。法律を生かしていくのは、人々の市民的な精神だからである。

だからルソーが習俗という概念で考えているものは、たんに立法者が立法の際に考慮に入れるべきだけのものでも、政府が巧みに操作する世論のようなものでもない。人々が主権者としての意志を確立し、鋭いものとしていくために必要な日常生活における「生き方」そのものにかかわるものであり、共和国的な精神の母胎なのである。ここでは人民集会とは異なり、人々が自分の意見を伝えあうことは禁じられていない。ライプニッツのモナドにおいて町を眺める視点が多ければ多いほどに完全な像が描かれたのと同じように、市民はカフェやセルクルに寄り合い、他人の意見を聞き、自分の意見を主張しながら、自分にとってほんとうの意味で〈善い〉もの、自分を幸福にするものについて、自覚を深めていくことが求められるのである。このような「アーチの要石」を欠いた政治体制は、脆くも崩れ去るしかないとルソーは考えるのである。

第六章　政府——第三篇

人民主権の原理

こうした一般意志と法、ならびに立法者の問題の考察を終えて、ルソーは政府の問題に考察を進める。ジュネーヴ草稿はこの第三篇の最初のところで中断されているが、これはもとの完全な原稿が失われたのだと考えるべきだろう。この政府の問題は、政治哲学者のうちでも、一般市民のあいだでもとくに誤解が多いものだけに、『社会契約論』でもジュネーヴ草稿でも、読者にとくに注意を呼び掛けているのである。

ここでルソーが強調するのは、国家という政治体は、「力と意志」（一一九ページ）で動かされるということだ。そして国家の力は執行権と呼ばれ、政府がこれを担当する。国家の意志は立法権と呼ばれ、主権者である人民がこれを保持し、他のいかなる機関にもこれを譲渡することはないのである。問題なのは、政治哲学において「政府が主権者と混同されることが多い」（一二〇ページ）ことである。ルソーは「これは間違いである。政府は主権者ではなく、主権者の召使い《ミニストル》［執行人］にすぎない」（同）と断言する。

すでに指摘してきたように、これが政治哲学におけるルソーのもっとも力強い貢献である。すべての国家は、そこに所属する人々の全体の意志のもとに動かされる。しかし意志だけでは動くことができないために、その意志を伝える媒介が必要である。それが政府の担う役割である。政府はたんに主権者がその意志を実行させるために「雇い入れた」もの、業務を委託したものにすぎない。主権者は一部の市民に政府の業務を任せるだけであり、主権はあくまでも主権者のもとにある。「国家はそれだけで存在するが、政府は主権者がいなければ存在しない」（一二五〜一二六ページ）のである。

第三章では政府を三つの種類に分類する。君主政と貴族政と民主政である。君主政は政府が一人の市民で構成される政治体制であり、貴族政は政府が少人数の市民で構成される政治体制であり、民主政は政府が市民の最大多数で構成される政治体制である。どの体制も、たんに政府の権力の集中度の違いである。何度も繰り返すようだが、当時の政治哲学ではモンテスキューにいたるまで、君主政では主権が一人の手中にあり、貴族政では主権が少数の人々の手中にあると考えられてきた。しかしルソーはそれが大きな間違いであることを指摘する。主権はどのような組織でも、人民の全体のうちにあるのであり、そうでない国家はもはや国家とはいえないとルソーは断定する。人民主権の原理をこれほど明確に確定したのは、ルソーのほかにないのである。

根源的な民主政

ところで現実においては、君主政は君主が、貴族政では貴族が統治する体制である。民主政は人民が主権者であると同時に統治者でもあるので、問題はないように思えるが、君主政と貴族政は成立の際に重要な難問に直面するとルソーは考える。というのは、一般意志を体現する人民は、一般的で普遍的な法しか定めることができない。ところが君主政が成立するためには、人民集会で王を定める必要がある。しかし主権の「限界」のために、人民集会で個別者を特定することはできないはずなのだ。集会で、将来の体制として君主政を選択することはできるが、君主を選任することはできないのである。それでは「主権者もしくは国民にすぎない人民が、特定の状況においてどうして統治者または行政官になりうる」(二〇〇ページ)のだろうか。

この難問は、一般意志の概念について熟考しなければ理解できないものであるために、普通の読者にはそもそも難問として理解されなかったことだろう。しかしそこにルソーは「政治体の驚くべき特性の一つ」（同）をみいだすのであり、ルソーがこの問題をいかに論理的に考え抜いているかを示すものである。そして「主権が民主政にすみやかに転換する」（同）という手品のような方法を考えだすのである。

これは少しわかりにくいので、ルソーはイギリス議会の下院の例をあげている。イギリス議会の下院では、厳しい議事運営規則が定められている。たとえばある法案を本会議で審議する際には、一人の議員は同じ問題については一度しか発言できない。しかし法案の審議の際に、議論を尽くしたい場合があるものである。こうした議論は小委員会を設立して、その委員会に審議を委ねるのが通例である。しかしときには全院委員会という方法が採用されることがある。

このときには、下院の全体が一つの委員会に変身する。そして王の代表とみなされた議長は下院から退席し、それまで議長の職権を示すために議長席のテーブルの上に置かれていた職杖はテーブルの下に隠される(56)。議事進行手続きはそれほど厳しいものではなくなり、一人の議員が同じ問題について何度も発言することが許されるようになるのである。こうして全院委員会としての決定を下院に報告するわけである。

ルソーはこれが主権者としての団体が、一時的に行政官の団体に変身する実例だと指摘している。これが許されるのは、それが人民の全員で構成された人民集会における決定だからである。ルソーのこの理論によると、すべての国家は政府の設立にあたって、この「根源的民主制[57]」への転換を経験していることになる。そして民主政を選択した人民集会は、そのまま政権を掌握し、その他の政体の場合には、主権者の名において君主政や貴族政を設立し、「根源的民主制」の状態で決定した首長に、その統治者としての任務を委ねるのである。これは君主政や貴族政が、人民の全体から委託をうけた制度として成立したものであることを主張する巧みな論理なのである。

主権者と統治者の比例関係

ルソーは次に、主権者と統治者の関係について、算術的な比例関係で詳しく考察する。ここではこれに立ち入ることは避けたいが、思考の土台としている比例関係だけは確認しておく必要があるだろう。そこには重要な理論的な考察が含まれているからである。

ルソーはこのもっとも基本的な比例関係を次のように示している（一二一ページ）。

主権者［人民］（S1）∴政府［公僕］（G1）＝政府［統治者］（G2）∴国民［人民］（S2）

ここで注意する必要があるのはG1とG2は同一の政府という組織でありながら、その性格が異なるということである。主権者である人民は政府（G1）に行政という業務を委託する。ここで政府は主権者から命令をうけとるという受動的な性格をおびている。しかし同じ政府は国民である人民にたいしては命令を下すという能動的な姿勢を示す。この能動的な政府のことをルソーは統治者と呼ぶ。「統治者と政府を区別する必要がある」（一二九ページ）のである。この受動と能動の関係は、主権者としての人民と国民としての人民のあいだにもみられる。どちらも同じ人民であるが、政府に一般意志にもとづいた命令を下す能動的な主体としては主権者として登場し、統治者の命令にしたがう受動的な客体としては国民として登場する。人民は「国家の法律にしたがう者としては国民（シュジェ）と呼ばれる」（四二ページ）と定義されたとおりである。

ところが問題なのは、この等式の上側、すなわち主権者が政府に統治の権限を認めたことが忘却されがちであり、統治の現実、すなわち等式の下側ばかりが人々に意識されることである。この等式を個別の国民という視点からみてみよう。たとえば君主国のフランスにおいては、すべての国民（臣民）からみると、国民に命令し、統治する能動的な政府（G2）しかみえてこない。ルイ一五世が支配する王国の政府があり、臣民がいる。ほんらいは主権者である国民が統治を委託している受動的な政府（G1）の姿はみえず、能動的な政府が、その等式の背後にある主権者であるかのような幻覚を生むのである。それが当時の常識でもあり、政治哲学の本流の考え方でもあった。

しかしルソーはこの等式を提示することによって、すべての国家においては政府はもともとは主権者から統治を委託された存在にすぎないこと、「雇用」（一二〇ページ）された存在にすぎないことを指摘する。そして等式の下側の個別の国民にたいして、同時に全体としては等式の上側の主権者でもあることを自覚するよう、訴えるのである。国民は主権者であることを自覚することで、「主権者はこの権力を思いのままに制限し、変更し、とりもどすことができる」（同）ようになる。この主権者の権力は決して譲渡できないものであり、国民が政府に服従するのは、主権者が政府に統治を委任したからである。国民は政府に服従することで、主権者としてのみずからに服従しているのである。自己が自己に服従するのであるから、統治の権限が「譲渡される」という当時の一般的な政治理論は、「社会体の本性とは両立しえないものであり、結合の目的に反することである」（一二一ページ）。この委託に反する行為を行う政府からは、権限をとり上げることができるのである。ここで部分的な譲渡で定められた抵抗権とは異なる根源的な性格の人民主権の論理が明確に語られるのである。

この等式の第二の利点は、比例の関係を利用することで、S1×S2＝G1×G2であること、すなわち「政府そのものの積［二乗］と、主権者であり、国民でもある市民の積が等しくなければならない」（同）ことが明らかになることにある。ここで主権者は単一なものであるから一とみなすと、政府の力の大きさは、国民の全体の人口（S2）に応じたものとならなければならない。すなわち国民の数が大きくなるほど政府の力は強くなる必要があるということである。「統治が優れたものであるためには、人民の数が増大すればするほど、［政府は］強い力をもたねばならない」（一二三ページ）ということになる。

問題なのは、このように国民が増大した大きな国では、政府の力がますます強くなり、政府は「権力を濫用したいという誘惑に陥りやすくなるし、権力の濫用の手段にも事欠かなくなる」（同）ことである。主権者はこれに応じて、政府を抑える強い力をもたねばならないはずであるが、それはどのようにすれば可能だろうか。

この問題を考えるには、統治者がもつ三つの意志を区別する必要があると、ルソーは指摘する。統治する者はまず自分だけの個別の意志をもつ。これは「自己の特殊な利益だけを求める」（一二九ページ）意志である。次に統治する者は統治者全体、すなわち政府としての意志をもつ。これは団体意志である。この意志は「政府にかんしては一般意志であるが、政府が所属する国家にかんしては個別意志である」（一二九〜一三〇ページ）。第三の意志は、「人民の意志または主権者の意志」（一三〇ページ）である。統治者も国民の一人としてはもともとは主権者の一人であり、国家の全体を代表する一般意志の持ち主であるはずだからである。

問題なのは、統治者が主権者の意志と異なる個別の意志、すなわち政府の利益を求める意志をもった場合である。そして統治者が権力を濫用するようになると、実際に権力を行使することができるのは統治者だけであるから、「法律上の主権者とは異なる事実上の主権者が登場することになる。こうして社会的な結びつきは消滅してしまい、政治体は解体する」（一二六ページ）ことになる。

このように比例の中項である政府と統治者が、どのような利益を追求するかによって、国家はよく統治されたり、解体したりすることになる。「政府は人民のためにつねにみずからを犠牲にするよう心掛け、みずからのために人民を犠牲にすることがないようにしなければならない」（一二七ページ）のはたしかであるが、政府の力を管理するにはどうすればよいかが問題なのである。ルソーが次に政治体制を考察するのは、この政府における意志の力と利益の追求のたやすさという視点からである。ルソーは共和国として設立された理想的な国家も、ある一つの必然的な傾向にしたがって体制を変えてゆき、やがて死滅する運命にあると考える。理想的な国家が死滅する最大の原因は、すでに述べたような比例中項の力が強くなりすぎて、政府が主権を簒奪することにあるのである。

政治体制論——民主政、貴族政、君主政

すでに述べたように、ルソーは国家の基本的な政治体制として、民主政、貴族政、君主政の三つに分類する。ここではこの体制の違いを主権者の数からではなく、国家の死滅にいたる不可避的なプロセスとして考えてみよう。まず政府を「人民の全体または人民の最大多数に委託」（一三四ページ）した場合に生まれるのが、第一の民主政である。この民主政の問題点は、立法権と行政権が「同じ人格」となることであり、「政府のない政府」（一三六ページ）となることである。これは腐敗の源泉となりやすいとルソーは考える。完全な民主政であれば、国民の全員が統治者となるのであり、主権者が政府とまったく一致することになる。前記の等式はすべての項が等しくなり、一＝一という完全な等式となる。これは理想的な民主政であり、政府は国民の全員であるから、みずからに悪しきことをなすはずはなく、理想的な政治が行われるだろう。しかしその理想はユートピアにほかならないとルソーは考える。「もしも神々からなる人民であれば、この人民は民主政を選択するだろう。これほどに完璧な政体は人間にはふさわしくない」（一三九ページ）のである。

もしも民主政が理想的なものではない場合には、多数者が統治者となり、少数者の利益を無視して、多数者の利益を貫徹することになるだろう。そのときは政府は法というものにしたがう必要を認めないだろう。多数決ですべてのことを決められるからである。ルソーはそれよりもまだ法律があって、「政府が法律を濫用するほうが、まだ弊害が少ない」（一三七ページ）と指摘する。理想的でない民主政は、国家としては暴虐の国家となり、滅亡へと進むしかないことになる。

主権者が「政府を少数の人々に委託」（一三四ページ）した場合に生まれるのが、第二の貴族政である。貴族政には、スパルタの老人たちの集まりであるゲロンテスのように自然に生まれたもの、富や権力を基準として選挙で統治者が選ばれるもの、貴族という身分が世襲でうけつがれるもの、の三つの種類がある（一四〇～一四一ページ）。第一の自然の貴族政は現代にはふさわしくないし、第三の世襲による貴族政は「あらゆる政府の中でも最悪のもの」（一四一ページ）であるから、第二の選挙による貴族政がもっとも好ましいものとなる。

貴族政の好ましいところは、民主政とは異なって、主権者と統治者が明確に区別されていること、統治者がその道徳的な基準、知識量、経験などに基づいて、国民によって選ばれうることである。この体制の欠陥は、統治するものが少数であるために、統治者が主権者と異なる個別意志をもち、国家の一般意志を無視する傾向が強いことである。そして多くの歴史的な事実が明確に示すように、選挙制の貴族政でもやがては、「権力と財産が父から子に譲られるようになる」のは避けがたいのである。こうして貴族は家柄によって決まるようになり、「政府の統治者の職は世襲に」（同）ならざるをえない。この政体はほぼ必ず腐敗し、「最悪のもの」へと堕落する運命にある。

第三に「政府の任務の全体を一人の行政官に集中させる」(一三四ページ)ときには、君主政または王政が誕生する。ここではG2が単一の人物に集中しているために、もっとも効率的で活力のある政府になる。同時にこの政体ほど、「個別意志が強い力をもち、他の意志を楽々と支配する政府はほかにない」(一四六ページ)のである。君主がめざすのは公共の幸福ではないから、この効率的で活力のある「統治の力そのものが、かえってつねに国家を害するように働く」(同)のは避けられないことである。君主たる「統治者と人民を隔てる距離が大きくなりすぎて、国家はつながりを欠くようになる」(一四八ページ)。こうしてこの国家もまた滅亡へと向かうのである。

国家の滅亡

このようにどのような政体にも固有の矛盾があり、固有の難点がある。ルソーは国家はつねに誕生から滅亡へと向かう道を進むものだと考える。国家の滅亡の後ではまた新しい国家が誕生し、次から次へと国家は誕生と滅亡を繰り返すことになる。個人が老衰して死亡するように、どのような社会契約を締結した国でも、「いずれは統治者が主権者を抑圧して、社会契約を破棄するような事態が訪れるに違いない」(一七三ページ)のである。人間が生まれたときから死の時計がときを刻み始めるように、政治体が誕生したときから、政治体には「悪が内在するのは不可避なこと」(同)であり、国家の滅亡のときへと向かって進行していくのである。

ルソーがこれまで三つの政治体制についてそれぞれ考察してきたように、国家が滅亡するのは、統治者である政府が主権者と異なる個別意志をもち、国民を抑圧し、主権を簒奪するためであると考えられる。それには二つの道がある。——政府が縮小する道と、国家が解体する道である。

政府が縮小する道というのは、政府の権力が縮小されるという意味ではなく、統治者の数が減少していくということである。民主政では国民の過半数だった政府は、貴族政ではごく少数になり、君主政ではただ一人になる。ルソーは統治者の数が次第に減少して、少数の人の手中に権力が集中されるのは「自然な傾向」(同)であると考えている。統治の権力を握る者の数が少なければ少ないほど、主権者の権力を簒奪しやすくなるのは自明のことだろう。ということは、三つの体制のそれぞれに国家の死滅の芽が含まれていたが、民主政から貴族政へ、そして君主政へと、国家はその悪を深めることで死滅への道を歩むことが多いということだ。

第二の国家が解体する道には、二つある。一つは統治者が法律を無視して主権を簒奪する道である。この場合には国家の中に主権者だけで作る別の国家が生まれ、他の国民を支配する。ここでは社会契約はすでに破棄されているのであり、市民は自然状態に戻ったことになる。これは『人間不平等起源論』の最後のところにおいて、一人の暴君のもとで他のすべての国民が自然状態に戻ったときと同じ状態である。そのとき「市民は、服従することを強制されるかもしれないが、服従する義務はない」（一七四〜一七五ページ）のである。

第二の道は、「政府の構成員が、団体としてしか行使してはならない権力を、個別に簒奪した場合」（一七五ページ）である。この場合には行政官の数だけ統治者が存在することになる。どちらにしても無政府状態が支配することになる。

国家の死滅を遅らせる道

これらのどのような道をたどるとしても、政治体の死は運命づけられているとルソーは考える。統治を委ねられた行政官は、少数であれ、単独であれ、つねに主権者から主権を簒奪しようとするのである。これは「もっとも善く構成された政府にとっても自然で、避けがたい傾向」(一七九ページ)なのである。しかし国家の死滅を防ぐことはできないとしても、これを遅らせることはできる。そのためにルソーが提示するのが人民集会という方法である。

ルソーは、人民集会を定期的に開催することで、統治者が主権を簒奪していないことを確認し、簒奪しにくいようにできると考えた。国家の設立の際には当然ながら人民が全員でみずからの権利と所有の全面的な譲渡を決定しているはずであり、「根源的な民主制」に移行して統治者を選任し、業務を委託しているはずである。しかしこの最初の人民集会だけでは不十分なのである。政府がつねに主権者の委託のもとで業務を行っているかどうかを確認するために、市民の全員が集まる「定例の集会を定期的に開催する」(一八四ページ)ことが必要である。これは最初の社会契約を確認し、統治者の選任が正しかったかどうか、ふたたび「根源的な民主制」に移行して、新たな統治者を選任するかどうかを決定するものである。ルソーはこの第三篇の最後の三つの章において、ジュネーヴ共和国の実例を考察しながら、その具体的な提案を提示することになるが、これはそこでもう一度考えることにしたい。

首都と代議士の問題について

これが主権の簒奪を防ぐためのもっとも重要な方法であるが、これに付随していくつかの注意点がある。第一は、人民集会を開催する場所にかかわる問題である。ジュネーヴのように一つの都市で形成されている共和国であれば、ジュネーヴで市民総会を開催すればよいのだが、後にルソーが憲法草案を考えるポーランドのような大きな君主国では、どこで人民集会を開催できるかという問題が発生する。首都で集会を開催した場合には、この集会に参加できる首都の住民だけが主権者であるということになってしまうのである。だからルソーは首都というものを認めないことを提案する。「政府の所在地を各都市に持ち回りで移動させ、各都市で順番に国家の会議を招集すればよい」(一八六ページ)というのである。

第二の問題は、主権者の代表を認めるべきではなく、かならず人民の全員が集まって会議を開催し、祖国を防衛しなければならないということである。ルソーは代議士というものが登場したのは、市民の主要な仕事が公務でなくなるとともに、市民が金を払って代議士に公務を担当させるようになってからのことだと指摘する。同じく国家を防衛するのは市民軍であるべきであり、それを傭兵によって保護させようとしたときに、国家の破滅が始まるとルソーは考えるのである。

この代表の問題をもって、『社会契約論』は一応は完結しているように思える。[58]というのは、第三篇第一五章の最後でルソーはこのような人民集会を開催して、主権の簒奪を防ぐことができるのは小さな共和国にかぎられることを認めながら、「大国がもつ強い対外的な力と、小国のたやすい統治と優れた秩序を結びつける方法」(一九五ページ)をいずれ示したいと語っている。ルソーはこの文につけた注において、これは「この論文の続編で、対外関係を論じながら、連邦制度を考察する際にとりあげようと考えていた主題である」(一九六ページ)と断っているのである。

これと同じ言葉は、この書物の第四篇の最後の結論のところでふたたび語られる。「まだ残されている課題は、外交関係によって国家を支えることである」(二七八ページ)。これが「対外関係を論じながら」という前記の断りに対応したものであることはたしかだろう。そして最後の言葉は「わたしはもっとも身近なことに、目を注ぎつづけるべきだったかもしれない」(二七九ページ)というものだった。これから考えるかぎり、この第三篇の第一五章でほんらいは『社会契約論』は終るはずだったのではないかということである。

それでは第三篇の第一六章から第一八章までと第四篇はどのような意図で書き加えられたのだろうか。それは『人間不平等起源論』の「献辞」においてすでに考察が始められたジュネーヴの政治的な状況に、この『社会契約論』をもって貢献したいという意図であったと思われる。『エミール』第五篇で『社会契約論』の要約が抜粋されたときには、第三篇の第三章までが示されていた。後半部分はまったく言及がないのである。(59)

ところが一七六四年に刊行された『山からの手紙』では、第三篇の第一八章までの後半部分を重点的にとりあげて、社会契約による国家の設立から、政府による権力簒奪、国家の破壊の推移を要約し、「私の著書の、この簡略でありのままの梗概をお読みになって、貴殿は何をお考えでしょうか。私には察しがつきます。あなたはご自分にこう言いきかされたことでしょう。これこそジュネーヴの歴史である(60)」と語っているのである。そしてルソーは、『社会契約論』が、ジュネーヴの政治制度を「全ヨーロッパの手本」として示したものであること、政府の破壊を求めるものではなく、「それを維持する方法を明らかにした(61)」ものであること、危険の「予防策」を示したものであることを力説するのである。

だから『社会契約論』の全体、とくに第三篇の最後の三つの章は、ジュネーヴ共和国に向けたルソーの熱い祖国愛を吐露したものだったと考えることができるのである。結論部分で語られている謎めいた言葉「もっとも身近なこと」は祖国ジュネーヴのことではないだろうか。

ルソーが市民総会で最初に採決すべき二つの議案を提示するのは、この部分においてである。ここでジュネーヴの政治体制について振り返ってみよう。祖国ジュネーヴでは、国民は四つの階級に分かれていた。市民《シトワヤン》、町民《ブルジョワ》、居住民《アビタン》、出生民《ナティフ》である。最初の二つの階級の者は市民総会に参加して、国事を決定する権利があった（これを市民階級と総称しよう）。一六世紀にそれまでサヴォアの司教区だったジュネーヴは、司教を追放して共和国となり、カルヴァンを迎えて法律の作成を委託した。

カルヴァンは長老会制度に基づいた政治制度を確立したが、この制度のもとでは市民階級は共和国の市民として、主権者であり、すべてのことはこの市民総会で決定されていた。しかしやがて二五〇名評議会が総会に代わって政治を運営するようになり、そのうちに二四名の小評議会がすべての政治的な課題を決定するようになる。この小評議会は特定の家族が支配するようになり、ジュネーヴは共和国の形を維持しながらも、実際には特権的な貴族階級が支配する国となっていた。ルソー以前の時代にも、市民たちは意見の提出権を認められて、小評議会に働きかけたことがあり、市民たちが決起して、民兵隊が傭兵を追い払ってジュネーヴを制圧したこともあったのである。もしここで一七九三年六月のフランスで、モンターニュ派がジロンド派の代議士を逮捕して政権を掌握したように、市民たちが小評議会のメンバーを逮捕してしまえば、体制変革が可能となるはずだった。しかし市民たちはたんに市民総会を定期的に開催することを求めただけで、民兵隊は解散してしまうのである(62)。

この頃のジュネーヴの市民総会は小評議会が提示した議案しか審議することができず、課税権などは総会の権限であるにもかかわらず、小評議会は主権を「代表する」と称して、総会を開催しようとしなかった。それは市民総会が開催されて、小評議会の利益に反する決定が下されることを恐れたためである。市民総会には名目だけでも、主権者としての権利が認められていたものの、市民総会を招集する権限があるのは、小評議会だった。市民総会は、正規の手続きをへて開催されないと無効であり、その正規の手続きを執行できるのは小評議会であるために、実質的には主権を握っていたのは小評議会ということになるのである。

そこでルソーは人民集会を必ず定期的に開催して、次の二つの問題で採決をとることを提案する。

第一議案　主権者は政府の現在の形態を保持したいと思うか。

第二議案　人民は、いま行政を委託されている人々に、今後も委託したいと思うか

（二〇四ページ）。

ルソーは「これは決して省略してはならないし、二つの議案は別々に採決しなければならない」（同）と強調している。もしもこの二つの議案が採決されたならば、ジュネーヴの市民総会は、フランス革命のようにクーデター的な方法によらずに、小評議会から政府の権力をとりもどすことができるのであり、主権が真の意味での主権者である市民総会のもとに戻ってくるのである。

この規定の提案はジュネーヴの市民たちから歓迎され、ルソーの『社会契約論』はジュネーヴでは強い支持をうけた。しかし同時にこの規定のもつ力をおそれたジュネーヴ政府は、ルソーのこの書物と『エミール』を発禁にして焚書とし、ルソーに逮捕令状を出すのである。ヨーロッパで『社会契約論』を発禁にした国はジュネーヴだ

けであり、政府がどれほどルソーの思想を恐れていたかは、このことからも明らかだろう。

人民集会では法という一般的な規定しか採決できないとされているが、ルソーはこのように人民集会の開催にあたって、集会の最初に社会契約を保持するかどうか(第一議案)と、現在の為政者に行政を委ねるかどうか(第二議案)を採決させることによって、社会契約を再確認し、人民集会がほんらいの主権を奪回できるようにする手段を用意したのだった。一般意志と政府の理論に依拠したルソーのこの提案は、人民主権を維持するための不可欠の条件として、ジュネーヴだけではなく、すべての人民主権の国家において、重要な役割をはたすことができるはずのものだったのである。

第七章　公民宗教――第四篇

宗教の三類型

ルソーは第三篇をジュネーヴ共和国に向けた提案で閉じた後に、第四篇では人民集会が可能であることを示すためにローマの歴史的な実例を紹介する長い部分を挿入し、最後に公民宗教というテーマを考察している。ジュネーヴ草稿にもこれに対応する部分が断片として残されており、その原稿が立法者に関する原稿の裏側に書かれていることからも、(63) このテーマは『社会契約論』に〈おまけ〉としてつけ加えられたものではなく、本質的な意味があることを示している。それは政治体制論としてではなく、立法者の議論と世論についての議論を発展させたものとして考察されているのである。

社会契約において立法者が必要とされたのは、社会契約を締結しようとする人民が歴史的にも地理的にもさまざまに異なる状況に直面しているからだった。そして立法者はもっとも望ましい法律を与えるためには、人民の心情と世論の状態に配慮することが求められていたのである。しかしそれだけでは十分ではないとルソーは考える。人民には公的な教育を与えることで、公民として育成する必要があるし、宗教を利用することで国家にふさわしい人民を育てる必要があると考えたのだ。

公的な教育の問題は、『百科全書』に掲載された『政治経済論』で詳しく考察されているし、『エミール』では公民の教育と対立した意味での私的な教育の重要性が強調されている。これはまだ私有財産の制度と風習に汚されていない少年の心に秘かな革命をもたらそうとする企みであることはすでに簡単に触れたが（四六九ページ）、ここではルソーがなぜ公民宗教が必要と考えたかを検討してみよう。

そのために、まずルソーによる宗教の三類型を確認しておく必要がある。ルソーは社会の種類に応じて、それぞれ異なる種類の宗教がふさわしいと考えている。社会は一般社会と特殊社会に分類される。一般社会というのは、歴史的にみれば人類が自然状態から離脱して形成し始めた社会であり、ジュネーヴ草稿で「独立した人間」が直面した社会である。あるいは理念的にみれば、個々の国境を取り払った後の人類全体の社会である。「一般社会は、わたしたちがたがいに他人を必要としていることから生まれる」(三〇七ページ)ものである。この社会には「ある普遍的な言語」(三一一ページ)があって、すべての成員がこの言葉を話している。この社会には「ある共通の感覚器官」があって、すべての成員がこれでたがいに連絡する。この社会には「公的な善悪」が定められていて、「すべての人々を結びつける関係のうちに」(同)ある。これにたいして国家が成立した後には、その社会は一般社会ではなく、特殊社会になる。

この一般社会で崇拝されるのは人間の宗教であり、特殊社会で崇拝されるのは国家宗教であるか(古代国家の場合)、公民宗教である(社会契約を締結して設立された国家の場合)。「人間の宗教は、純粋で素朴な福音の宗教であり、真の有神論であり、自然の神法である」(二六三ページ)。神殿も祭壇も儀礼もなく、「至高の神にたいする純粋で内的な礼拝と、道徳の永遠の義務があるだけである」(同)。これにたいして国家宗教は国ごとに定められているものであり、「その国に固有の守護神となる神々を与えるものである」(同)。これを信じる人々にとっては、他国の人々は神を信じない不信仰者にすぎない。神が国境によって定められているのである。古代の神々はこのような国家宗教の神々だった。イスラエルの神は、エジプトの神々、アッシリアの神々、ギリシアの神々、ローマの神々などとともに、自国の中だけに個別に独自の神殿と祭壇と儀礼をもっていたのである。

ルソーが示す第三の宗教は、同時代のフランスを含むヨーロッパを支配してきた歴史的なキリスト教である。「これは人間に二つの法律、二人の首長、二つの祖国を与える」(同)ものである。この宗教のもとでは人間は分裂してしまうのだ。この宗教のもとでは人々は、世俗の法と王と祖国のほかに、彼岸における法と王と祖国を与えられていて、世俗の法にしたがいながら、彼岸での救済を願うのである。

キリスト教のもたらす問題

ルソーは、キリスト教が市民にもたらす分裂を、祖国への愛という観点から鋭く抉りだす。まずキリスト教が作りだす社会には「紐帯《ちゅうたい》というものがない」（二六六ページ）。信徒たちは心のうちで彼岸の世界に住んでいるのであり、この社会を祖国とみなすことはないし、社会をよりよきものにするような動機もない。自己の魂の救済だけが問題なのであり、他者の救済は神の業である。だから社会の中での連帯は生まれようがないのである。

信徒たちはさらに社会において義務を尽くすが、「それが成功するかどうかについてはまったく無関心」（二六七ページ）である。国家が繁栄するかどうかはどうでもよいことである。国が滅びるとしても、「民の上に重くのしかかる神の御手を祝福するだけのこと」（同）なのだ。

さらに国家の権力が簒奪されるとしても、抵抗すること、革命を起こすことは、教義に反することである。血を流すことは厭わしいことだし、教会は権力者への服従を教えるのである。「真のキリスト教徒は、奴隷となるように作られている」（二七〇ページ）と言っても間違いはないのである。

ハンナ・アレントはかつてキリスト教の教えの根本に潜むこのような非政治性のことをキリスト教の「無世界性」と呼んだことがある(64)。すべての信徒は心のうちで神だけと向かい合うのであり、他者との関係、共同の事柄はほんらいの意味ではキリスト教の信者には無縁のことなのである。ルソーはこのキリスト教の無世界性と、それが祖国愛や社会の紐帯にもたらす破壊的な帰結をまざまざと示している。「この社会の完璧さそのもののうちに、みずからを破壊する欠陥が含まれるのである」(二六六ページ)という指摘は、キリスト教の政治哲学の根幹にある重要な問題点を突いているのである。

それでは公的な国家を形成する市民にとってふさわしい宗教はどのようなものだろうか。それが国ごとに異なる宗教であるという意味では、特殊社会のための宗教であり、人類全体を対象とする「人間の宗教」ではないだろう。しかし当時のヨーロッパを支配しているキリスト教でもないのはたしかである。ルソーがここで構想するのは、特殊社会のための宗教、すなわち市民の宗教でありながら、古代のような国家宗教ではない宗教である。これは公民宗教と呼べるだろう。この宗教はどのようなものだろうか。

公民宗教と人間の宗教

ルソーが理想とする公民宗教がどのようなものであるかを考えるには、キリスト教の難点として指摘されたものを一つずつ裏返してみると明らかになる。第一に、公民宗教は社会の連帯のための絆として機能すべきものである。古代の宗教は、国家の宗教がどれほど社会の統合のために役立ったかを示している。こうした宗教なしでは古代の国家は存続できなかったはずなのである。第二に、公民宗教のもとでは人民は、共和国の維持と繁栄に強い関心をいだくことができる。法も王も神も単一であり、共和国を守護することは、信じる神を守護することだからである。第三に、公民宗教は市民に他者との関係を構築するための手掛かりを与える。人々は共同体の中で自分の義務を守り、他者を配慮することを学び、その義務がどのような結果をもたらすか、それが共和国の利益となるかを配慮するようになる。共和国を守るため兵士として率先して前線に赴くだろうし、共和国に支払うべき税金を滞納することはないだろうし、他者を愛する良き市民であるだろう。共和国の主権を簒奪しようとする者があれば、ただちに武器を手にして立ち上がり、祖国を救うだろう。これらは公民宗教がもたらす一般的な恩恵であり、古代のギリシアでもローマでも、国家の宗教はそのような役割をはたしてきたのだった。

しかし社会契約を締結した共和国では、もはや古代のような神々を崇めることはできない。そこでルソーが提案するのは、実定的なキリスト教のうちから、その教義にかかわるものをすべて捨て去り、純粋な「福音書のキリスト教」の教えをとりだすことだった。これは「神聖で崇高な真の宗教」（二六五ページ）であり、政治体とはまったくかかわりをもたないものである。

この宗教はじつは、ルソーが一般社会のための宗教として提示した「人間のための宗教」と内容的にはほとんど一致したものである。ルソーはすでに『エミール』において、サヴォアの助任司祭に、このような「人間の宗教」の原理を語らせていたのだった。それではこの「人間の宗教」と「公民宗教」の違いはどこにあるのだろうか。それはどちらも福音書の宗教という点で共通していながらも、「人間の宗教」は福音書のさまざまな教えによって、それぞれの社会ごと、それぞれの司祭ごとに内容が、信仰箇条が変わることがありうることにある。福音書の教えに背いていなければ、どのような掟を採用しようとも、「人間の宗教」でありうるからだ。しかし社会契約によって、人格を含めたすべてを全面譲渡した公民のための宗教としては、このような曖昧な信仰箇条であっては困るのである。

そこでルソーは、この「人間の宗教」を「公民宗教」として固定することが必要だと考える。「だから純粋に公民的な信仰告白というものが必要なのである。その箇条を定めるのは主権者の役割である」（二七二ページ）ということになる。

このようにして公民が信仰告白すべき箇条として定められたのは、ごくわずかである。（一）強く、賢く、慈愛に満ち、将来を予見し、配慮する力のある神が存在すること、（二）来世が存在すること、（三）正しき者が幸福になること、悪人は罰せられること、（四）社会契約と法が神聖なものであること（二七三ページ）である。

この信仰告白を、サヴォアの助任司祭が語った「人間の宗教」と比較すると、ルソーが公民宗教を作りだすために、人間の宗教に何をつけ加える必要があるかと考えていたかが、はっきりと示される。どちらも最初の三つの項目はほぼ同じ内容が語られている。しかし第四の項目だけはこの「公民宗教」に固有のものである。社会契約の神聖さを、福音書のキリスト教の信仰で支えようとするものだからだ。

ただし消極的な教義が一つだけあげられる。それは不寛容を許さないことである。

ルソーは不寛容は寛容しない。公民宗教の枠組みを超えて他者の信仰に容喙《ようかい》する者は国家から追放されるのである。国家から追放されるのは、不寛容な者だけではない。公民宗教の四つの項目を否定する者もまた、社会の成員としては認められない。不信心な者としてではなく、「非社会的な人物として、法と正義を真摯に愛することができない人物として、そして必要とされるときに義務のためにみずからの生命を捧げることのできない人物として、追放できる」（二七二ページ）のである。そして社会契約の際にこの教義を公式に是認したあとで、それを信じていないような行為をした者は、「死をもって罰せられる」（同）とまで極言するのである。

このルソーの公民宗教の理論は、たしかに奇妙である。政治の原理のうちから宗教の原理を排除しなかったことが宗教戦争と内乱の大きな原因となったという苦い教訓のもとで、政治と宗教が分離されるのが、近代の社会のありかただからだ。

ただしルソーがこのような宗教の必要性を痛感していたことの背景には、こうした社会を形成できる可能性についてのペシミズムがあったことはたしかだろう。社会契約が締結されて共和国が成立するためには、契約の外部に立つ二つの特殊な姿がある——立法者と公民宗教の司牧者である。立法者は、「行政機関でもないし、主権者でもない」（八九ページ）。立法者は市民に法を与えるが、立法権すら持っていない。立法を行うのは市民である。法律を施行するのがもっともふさわしいのは、法律を作成した立法者であるが、立法者は為政者として、国民を支配することはできない。「法を支配する者は、人々を支配してはならない」（同）のである。立法者は、共同体の外部から法を与え、立法の後は姿を消すのである。

公民宗教とその司牧者もまた、共同体の外部にある。この宗教は「政治体とはいかなる特別の関係ももたない」（二六六ページ）ものであり、主権者は国民が他人にはたすべき義務と道徳にかかわることだけには介入するが、国民は「その他の事柄については、各人が好むままの意見をもっていても構わない」（二七二ページ）のである。これは「社会性《ソシアビリテ》の感情として」、政治的なものの外部において、政治体の存続可能性を確保するために定められるのである。

この立法者と司牧者のどちらも政治体や契約の根本において必要とされるものでありながら、外部的な特徴は拭いがたいのである。立法者が必要であるのは、市民がみずからにとっての善を欲しながら、それを「知らない」ことが多いためである。公民宗教の司牧者が必要なのは、宗教なしでは市民が国家にたいして義務を尽くすことが保障されないと考えるためである。どちらもその背後には大きなペシミズムがある。これはルソーが、抱いている根本的な懸念の裏返しなのだ。人民はその習俗にふさわしい制度を確立することができないのではないだろうか。また適切な制度をみいだすことができたとしても、その制度を維持するだけの世論を築くことができないのではないだろうか。人民は彼岸での処罰という脅しなしでは、個別の私的な利益だけを追求して、ついに一般意志を破壊してしまうのではないだろうか。

ルソーは国家を維持するためには、『政治経済論』で詳しく検討したように、市民に公民としての教育を与えること、そして本書で考察されたように、人々のうちに民主的な世論を構築すること、そしてこの公民宗教によって人々に社会契約の神聖さを教えることが必要だと考えたのである。

ヨーロッパの現状を前にして、ルソーの思いは重く沈みこむ。ルソーが病に倒れたわずか十数年後には、社会契約と一般意志の概念を活用したフランス革命で王政は打倒され、王はギロチンで命を落とすのである。しかし闇は明ける前に、ひときわ暗さを強めるのだ。ルソーが『社会契約論』をこの公民宗教の考察と提案で閉じたことは、この闇の暗さを強く感じさせるのである。

終わりに――ルソーの遺産

やがてフランス革命において、ルソーの一般意志の理論が継承され、フランスの人権宣言では、「法律は一般意志の表明である」（第六条）と、高らかにうたいあげることになる。フランス革命はその全期間を通じて、ルソーの原理を思想的な核として展開される。ごく大雑把にまとめてみれば、ルソーの原理は次の三つの点を軸として、革命論争の焦点となった。

第一は、人民主権の原理の一般性である。これは財産の多寡を問わず、男女の違いを問わず、すべての人民が人民集会のもとで、意見を公表できるかどうかという問題として争われた。フランスでは男性による普通選挙が実現するのは、一八四八年と、かなり早い。しかし女性にも投票権が認められるのは二〇世紀になってからのことである。

第二は、代議制の問題であり、ルソーは代議制を明確に否定していた。しかしフランスのような大国で直接民主政が実行できるわけもなく、ルソーはポーランド憲法の草案を構想した時点で、のちに「命令的委任」と呼ばれるようになる方式を提案した。

これは「代表者が選挙民からうけた指示に正確にしたがうようにさせること、そして議会での行動を選挙民に厳密に報告させること」(65)によって、代議士が選挙民の意志を忠実に守っているかどうかを点検する方式であり、とくにサン＝キュロットが重視したものである。ロベスピエールたちのジャコバン党は、この方式ではなく、国民投票で国民の意見を問う方式を重視した(66)。

第三は、ルソーが立法権の執行である法《ロワ》と、行政権の執行である命令《デクレ》を明確に区別したことにかかわるものである。ジロンド党の一七九三年憲法でも、人民の同意が必要な法《ロワ》と議会の決定だけで成立する命令《デクレ》は明確に区別されていたが、何を法とし、何を命令とするかがかなり恣意的に決められていた。軍事、公的な扶助、貨幣の発行などきわめて重要な事柄が、命令に含められていたのである(67)。

このようにフランス革命は、さまざまな階層を代表する諸党派が、ルソーの遺産をどのように自分の党派にとって都合のよい形でとりこむかという争いのうちに展開されてゆく。やがてジャコバン政府は、ポプラ島に埋葬されていたルソーの遺骸を、一七九四年にパンテオンに移送して、改葬することになる。これはルソーの遺産をうけついでいることを示すための政府のきわめて象徴的で、政治的な身振りだったのである。

(1) ルソー『人間不平等起源論』中山元訳、光文社、古典新訳文庫、一一ページ。
(2) ディドロ「自然法」。『ディドロ著作集 第3巻 政治・経済』小場瀬卓三・平岡昇監修、法政大学出版局、一三ページ。
(3) 同、一二ページ。
(4) ルソー『人間不平等起源論』、前掲書一二五ページ。
(5) 同。
(6) 同、一二七ページ。
(7) 同、一三一ページ。
(8) 同、一三二ページ。
(9) 同、一三九ページ。
(10) 同、一二三ページ。
(11) 同。
(12) 同、一五四ページ。

(13) 同。
(14) ディドロ「自然法」、前掲書一二ページ。
(15) 同。一四ページ。
(16) 同。
(17) ルソー『人間不平等起源論』、前掲書一二五ページ。
(18) ルソー『コルシカ憲法草案』、全集三巻、九三七〜九三八ページ。『ルソー全集』第五巻、遅塚忠躬訳、白水社、三三三〜三三四ページ。
(19) ルソー『エミール』、全集第四巻、二四八ページ。『エミール』(上)、今野一雄訳、岩波書店、二七ページ。
(20) ルソー『人間不平等起源論』、前掲書一五六ページ。
(21) 同、一八四ページ。
(22) 鳴子博子は「ルソーによって書かれなかった最後の一点、つまり革命を置くことによって、円環のこの終局点と起点は重なりあい、円環は閉じる」(『ルソーにおける正義と歴史』中央大学出版部、一七六ページ)と指摘しているが、これは正しいだろう。革命がなければ真の自然状態は成立しないのである。『社会契約論』を考察した書物は多いが、ルソーの民主主義の理念をもっとも鋭くとりだしているのは、鳴子のこの書物だと思う。
(23) ルソー『エミール』、全集第四巻、三一一ページ。『エミール』(上)、前掲書、一一四ページ。
(24) 同。邦訳は前掲書一一四〜一一五ページ。
(25) 同。邦訳は同、一一四ページ。
(26) 同。邦訳は同、一一五ページ。
(27) ロック『市民政府論』第九章「政治社会と政府の目的について」。ロック『市民政府論』鵜飼信成訳、岩波書店、一二七ページ。
(28) 同、第一九章。邦訳は前掲書二三二ページ。
(29) 同、第一四章。邦訳は同、一七一ページ。
(30) ルソー『エミール』、全集四巻八四〇ページ。『エミール』(下)、今野一雄訳、岩波書店、二三二ページ。
(31) 全面譲渡に宗教的な信仰が含まれることについては、「全面譲渡時に、譲渡された既成宗教は、政治体によって破棄されるのであり、各人に残される内面的信仰の中にその残滓が混入していてはならない」という鳴子の指摘を参照されたい（鳴子の前掲書一五一ページ）。
(32) ルソー『人間不平等起源論』、前掲書一八九ページ。
(33) 同。
(34) ホッブズ『リヴァイアサン』第二部第一七章。『リヴァイアサン』第二巻、水田洋訳、岩波書店、三四ページ。
(35) パトリック・ライリー『ルソー以前の一般意志』(Patrick Riley, *The general will before Rousseau*, Princeton University Press)、一〇ページ。
(36) ディドロ「自然法」、前掲書一四ページ。
(37) ルソー『政治経済論』、全集三巻、二四五ページ。『ルソー全集』第五巻、阪上孝訳、白水社、六七ページ。
(38) 同。
(39) 同。
(40) 同、二四六ページ。邦訳は前掲書六八ページ。
(41) 同、二四八ページ。邦訳は同、七一ページ。

(42)同、二四九ページ。邦訳は同。

(43)同、二五六ページ。邦訳は前掲書八〇〜八一ページ。

(44)同。

(45)同。

(46)ライプニッツ『モナドロジー』四五項。邦訳は清水富雄・竹田篤司訳、世界の名著、中央公論新社、四五一〜四五二ページ。なおこのライプニッツとの比較については、西嶋法友『ルソーにおける人間と国家』、成文堂、一七二ページ以下を参照している。

(47)同、四六項。邦訳は前掲書四五二ページ。

(48)限界と制約の概念の混同から、ルソーは矛盾した思想家であるという誤った評価が生まれていることについては、細川亮一『純化の思想家ルソー』九州大学出版会、一五六ページ以下を参照されたい。

(49)吉岡が指摘するように、「立法者が登場することによって、『社会契約論』の論述は一つの変容を遂げる」。以後の論述はいわば〈立法者の政治学〉として、立法者の視点から展開されるのである（吉岡知哉『ジャン＝ジャック・ルソー論』、東京大学出版会、一二五ページ)。ただし風土と歴史的な視点が開かれた時点から、ルソーは読者に視座の転換を求めていることは、すでに指摘したとおりである。

(50)吉岡はこの三つの視点について「『社会契約論』を読むこと、それは読者をして、社会契約の当事者、立法者、政治体の運営者の目をもって、現実の諸問題を体験せしめる」ことであると指摘している(前掲書一四五ページ)。

(51)ルソー「演劇に関するダランベール氏の手紙」。邦訳は『ルソー全集』第八巻、西川長夫訳、白水社、九三ページ。

(52)同。

(53)この時代にカフェでの討論などを通じて鍛え上げられた公論については、J・ハーバーマス『公共性の構造転換』(未来社)を参照されたい。

(54)同。邦訳は同、一二一ページ。

(55)同。邦訳は同、一二八ページ。

(56)中村英勝『イギリス議会史』有斐閣、二一八ページ。

(57)白石正樹『ルソーの政治哲学』(下)、早稲田大学出版部、二六六ページ。白石は「民主政」と「民主制」を異なる概念として使っている。

(58) ここで『社会契約論』が「完結している」と考えられることについては、浅野清『ルソーの社会経済思想』時潮社、とくに一三九ページ以下を参照されたい。
(59) 『エミール』と『山からの手紙』における『社会契約論』の抜粋状況と構成の推定については、浅野清の前掲書を参考にしている。
(60) ルソー『山からの手紙』の第六の手紙、全集三巻八〇九ページ。邦訳は前掲の『ルソー全集』第八巻、川合清隆訳、白水社、三四五ページ。
(61) 同。邦訳は前掲書三四六ページ。
(62) このルソー以前の時代のジュネーヴの政治的な出来事については、『人間不平等起源論』の解説の第二章を参照されたい。
(63) 全集三巻のドラテの注(一四二七ページ)参照。
(64) ハンナ・アレント『人間の条件』、第二章。アレントはキリスト教の反世界性と無世界性について、「キリスト教の共同体生活がただ同胞愛の原理だけで支配されている限り、公的領域がこの生活から生まれてくるようには思われない」と語っている(『人間の条件』、志水速雄訳、中央公論新社、五四ページ)。
(65) ルソー『ポーランド統治論』、全集三巻、九七九ページ。邦訳は前掲の『ルソー全集』第五巻、永見文雄訳、白水社、三九一ページ。
(66) これらの方式についてはたとえば辻村みよ子『フランス革命の憲法原理』(日本評論社)三八八ページ以下を参照されたい。
(67) 法と命令をめぐる問題については辻村の前掲書二三八ページ以下を参照されたい。

ルソー年譜

［なお本年譜の作成にあたっては、白水社『ルソー全集』の別巻一として刊行されたゲーノの『ジャン＝ジャック・ルソー伝』と別巻二に掲載された詳細なルソー年譜を参照している］

一七一二年
ジュネーヴの町で、市民階級のシトワヤンである時計職人のイザーク・ルソーの子供として生まれる。母親は産後に死亡。

一七二八年　一六歳
徒弟に出されていたが、仕事が気にそまず、ジュネーヴから逃亡する。アヌシーでママンと呼んで親しい間柄になるヴァランス夫人に会い、夫人の勧めでカトリックに改宗する。

一七四三年　三一歳
さまざまな地を放浪した後、ヴェネツィア駐在のフランス大使モンテギュ氏の秘書となり、実務能力のなかった大使に代わって、多数の外交書簡を執筆。政治に関心を抱くようになり『政治体制論』の構想を暖める。大使と喧嘩になって翌年には秘書をやめている。

一七四九年　三七歳
ヴァンセンヌに幽閉されていたディドロに会いにゆく途中で啓示体験。ディジョンのアカデミーの懸賞論文『学問芸術論』の執筆を始める。

一七五〇年　三八歳
『学問芸術論』がアカデミーの栄冠を獲得。出版にいたる。

一七五二年　四〇歳
オペラ「村の占い師」が上演されて大成功を収め、ルイ一五世に謁見を許されるが、王室から年金をもらうのを潔しとせず、宮廷には赴かない。

一七五三年　四一歳
ディジョンのアカデミーの懸賞論文「人間の不平等の源泉は何か」というタイトルをみて、論文の構想を練り始める。フランス音楽とイタリア音楽の優劣をめぐって激しい論争が続き、『フランス音楽に関する手紙』を出版。

一七五四年　四二歳
春には「人間不平等起源論」をアカデミーに提出。六月にはジュネーヴ共和国への「献辞」を執筆する。出版は翌年である。七月にジュネーヴを訪問し、市民権を回復する。

一七五五年　四三歳
一一月刊行の『百科全書』第五巻に、「政治経済論」が掲載される（刊行は一七五八年）。

一七五六年　四四歳
サン・ピエール師の『永久平和論』と『ポリシノディ』論の原稿を託され、その抜粋と批判を執筆した。ヴォルテールの詩に答えた『摂理に関する手紙』で、神の摂理の存在を主張し、弁神論の伝統を一新する。ヴォルテールは一七五九年の『カンディード』でルソーの批判に反論することになる。この頃『新エロイーズ』の着想を抱き、年末までに第二部まで書き終える。

一七五七年　四五歳
『新エロイーズ』を書きつづけるなかで、『エミール』の構想も浮かぶ。

一七五八年　四六歳
ジュネーヴに劇場を建設せよと提案したダランベールの『百科全書』の記事に反論する書簡『演劇に関するダランベール氏への手紙』を発表。大きな議論をまきおこす。この年に『社会契約論』の初稿である「ジュネーヴ草稿」が書き始められたものとみられる。

一七六〇年　四八歳
『新エロイーズ』を書き終え、『エミール』と『社会契約論』を本格的に執筆し始める。一二月にロンドンで『新エロイーズ』刊行。

一七六一年　四九歳
一月にパリで哲学的な恋愛小説『新エロイーズ』発売。女性たちの涙を誘って、一八世紀最大のベストセラーとなる。八月に『社会契約論』の原稿が完成。『人間不平等起源論』の言語発生の理論をさらに敷衍《ふえん》した『言語起源論』の原稿も完成している。

一七六二年　五〇歳
四月に『社会契約論』の印刷が完了。五月には教育学の古典となる『エミール』も刊行。六月に高等法院によって

『エミール』が裁かれ、有罪を宣告され、逮捕状が出る。ルソーはスイスに逃走。しかしジュネーヴでは『エミール』だけでなく、『社会契約論』も焚書になり、ここでも逮捕状が出る。ルソーは近くのヌーシャテルに避難し、プロイセンのフリードリヒ二世から滞在の許可をもらう。パリの大司教ボーモンが『エミール』を断罪する教書を発表していたために、これに反駁する「ボーモンへの手紙」を執筆する。

一七六三年　五一歳
五月にジュネーヴ市に市民権を放棄することを通告する手紙を送付。市民たちは衝撃をうけ、ルソーの著作の断罪に抗議する「意見書」を提出する。市民側の「意見派」と体制側の「拒否派」のあいだで激しい対立が繰り返される。市民側に反論する匿名の冊子『野からの手紙』が回覧される（筆者は検事総長のトロンシャン）。ルソーは反論『山からの手紙』の執筆を始める。

一七六四年　五二歳
六月には『山からの手紙』が完成。一二月にジュネーヴに持ち込まれて、大きな騒ぎとなる。体制側のジュネーヴ小評議会はこれで権威を大きく喪失することになる。

一七六五年　五三歳
あるコルシカ軍人の依頼で執筆を始めていた『コルシカ憲法草案』が九月に完成。ベルン市から退去を命じられ、ロンドンに避難することを決定する。

一七六六年　五四歳

一月、パリに二年余り滞在していて、イギリスに帰国しようとするヒュームとともにロンドンに出発。友人たちが陰謀を企んでいるという妄想が激しくなり、ヒュームとも対立する。

一七七一年　五九歳

人々に「ひとりの人間をその自然のままの真実において見せ」ようとした『告白』が完成。何度も朗読会を開く。六月には『社会契約論』の応用編とも言える『ポーランド統治論』が完成した。

一七七二年　六〇歳

ルソーは自分を陥れる陰謀同盟が存在すると確信し、自己の正しい姿を伝えようと、『ルソー、ジャン＝ジャックを裁く――対話』の執筆を始める。

一七七六年　六四歳

『対話』が完成し、パリのノートルダム聖堂の大祭壇に原稿を寄託しようとするがはたせず。

一七七八年　六六歳

一七七六年から書き始めていた『孤独な散歩者の夢想』の「第一〇の散歩」を書くが、未完のまま終わる。七月二日、パリ近郊のエルムノンヴィルのジラルダン侯爵の邸宅に滞在していたが、散歩から戻って朝食をとったのちに発作を起こし、午前一一時に死去。侯爵邸の庭園にある湖に浮かぶポプラ島に埋葬される。

一七九四年

革命政府は、ポプラ島からパリのパンテオンにルソーの遺骸を移し、ヴォルテールの隣に埋葬した。ルソーの思想はフランス革命の導きの糸となったのだった。

訳者あとがき

もしも世界を「動かした」書物を一〇冊あげよと言われたら、『社会契約論』はおそらくそのうちの一つにあげられるのは確実だろう。フランス革命はルソーが『人間不平等起源論』と『社会契約論』で提示した人民主権の原理を、それぞれの党派なりに実現しようと試みることで進められていったのだし、日本の明治時代の自由民権運動も、中江兆民が『社会契約論』を訳した『民約訳解』の大きな影響のもとに模索されたのだった。ロックの『市民政府論』がアメリカ独立の精神的な支柱になったとすれば、ルソーの『社会契約論』はフランスを始めとして、多くの諸国の主権在民論の理論的な土台となったのである。

戦後の日本国憲法は序文で「主権が国民に存することを宣言し」と、主権在民を高らかにうたったが、第一条では天皇を「日本国の象徴」とすることを明確にしていたのだった。しかも日本で採用された代議制度と、ルソーの考えた人民主権とのあいだには、かなりのねじれが存在している。ぼくたちはルソーの語る意味での主権者なのだろうか、それともルソーが嘲笑したように、選挙のあいだだけ自由になり、そのあとは唯々諾々として鎖につながれている奴隷のような国民なのだろうか。

現代の日本やその他の諸国でも、フランス革命のあいだにも提案されていた国民発議や国民投票などの制度が提案され、あるいは採用されているが、こうした制度を構想することによって、どこまでルソーの考えた人民主権に近づけることができるのだろうかなどと、この書物を読みながら身近な問題を考えてゆくと、多くの疑問に直面するはずだし、こうした疑問にとりくむことで、日本の政治制度に固有の問題も明らかになってゆくに違いない。また本書はルソーの他の著作と読み合わせてゆくと深い謎を秘めた書物であり、その謎解きもまた本書を読む楽しみの一つであろう。

なお本書では『社会契約論』の草稿であるジュネーヴ草稿の全訳を掲載することにした。これまでさまざまな研究書においてもルソーのこの草稿の重要性は強調されてきた。プレイヤード版のルソー政治論集の編者であり、『社会契約論』の注釈者であるドラテは、『社会契約論』そのものよりも、このジュネーヴ草稿のほうがすぐれているところがあると主張するくらいである。それは大袈裟だとしても、この貴重な草稿が、これまでは白水社の全集版でも最初の二章だけが翻訳されていただけであり、全体を一望することが困難だった。

この草稿はルソーが一七五八年頃から執筆し、すでに出版のできる状態で版元に渡されていたものでありながら、結局は出版されず、ジュネーヴの図書館に保存されてきたものである。この草稿によってルソーの最初の構想がどのようなものであったかをうかがうことができるだけでなく、ドラテも指摘するように、主権の概念などについて、『社会契約論』として最終的に出版された書物よりも生き生きと詳細に執筆されていて、ルソーの思想がまだ固定する前の流動的な状態をうかがうことができるのである。

とくに第一篇第二章の「一般社会について」の章は、『社会契約論』と『人間不平等起源論』の密接なつながりを示すものであり、『社会契約論』だけからはみえてこないルソーの革命構想を考えるてがかりを与えてくれる。少しわかりにくい『社会契約論』の宗教の三つの分類なども、この一般社会と特殊社会についての区別から理解する必要があるのであり、その意味でもこのジュネーヴ草稿は『社会契約論』を理解するために重要な文書となっているのである。

＊

本書の訳出にあっては、光文社の文芸編集部の駒井稔編集長と、編集者の今野哲男さんの暖かい励ましをいただいた。編集部の中町俊伸さんには訳文を細かにチェックしていただいた。また編集者の中村鐵太郎さんには原文と照らし合わせて、細かなニュアンスのずれまでご指摘いただいた。いつもながら、これらの方々の暖かい支援のもとに訳書を刊行できるのは幸せなことだと痛感している。改めて心からお礼を申しあげる。

中山元

kobunsha classics
光文社古典新訳文庫

社会契約論《しゃかいけいやくろん》／ジュネーヴ草稿《そうこう》

著者　ルソー
訳者　中山《なかやま》 元《げん》

2008年9月20日　初版第1刷発行
2025年2月10日　第8刷発行

発行者　三宅貴久
印刷　新藤慶昌堂
製本　ナショナル製本

発行所　株式会社光文社
〒112-8011東京都文京区音羽1-16-6
電話　03（5395）8162（編集部）
03（5395）8116（書籍販売部）
03（5395）8125（制作部）
www.kobunsha.com

落丁本・乱丁本は制作部へご連絡くだされば、お取り替えいたします。
ISBN978-4-334-75167-8 Printed in Japan

いま、息をしている言葉で、もういちど古典を

長い年月をかけて世界中で読み継がれてきたのが古典です。奥の深い味わいある作品ばかりがそろっており、この「古典の森」に分け入ることは人生のもっとも大きな喜びであることに異論のある人はいないはずです。しかしながら、こんなに豊饒で魅力に満ちた古典を、なぜわたしたちはこれほどまで疎んじてきたのでしょうか。

ひとつには古臭い教養主義からの逃走だったのかもしれません。真面目に文学や思想を論じることは、ある種の権威化であるという思いから、その呪縛から逃れるために、教養そのものを否定しすぎてしまったのではないでしょうか。

いま、時代は大きな転換期を迎えています。まれに見るスピードで歴史が動いていくのを多くの人々が実感していると思います。

こんな時わたしたちを支え、導いてくれるものが古典なのです。「いま、息をしている言葉で」――光文社の古典新訳文庫は、さまよえる現代人の心の奥底まで届くような言葉で、古典を現代に蘇らせることを意図して創刊されました。気取らず、自由に、心の赴くままに、気軽に手に取って楽しめる古典作品を、新訳という光のもとに読者に届けていくこと。それがこの文庫の使命だとわたしたちは考えています。

このシリーズについてのご意見、ご感想、ご要望をハガキ、手紙、メール等で翻訳編集部までお寄せください。今後の企画の参考にさせていただきます。
メール　info@kotensinyaku.jp

光文社古典新訳文庫　好評既刊

純粋理性批判（全7巻）
カント／中山《なかやま》元《げん》●訳

西洋哲学における最高かつ最重要の哲学書。難解とされる多くの用語をごく一般的な用語に置き換え、分かりやすさを徹底した画期的新訳。初心者にも理解できる詳細な解説つき。

実践理性批判（全2巻）
カント／中山《なかやま》元《げん》●訳

人間の心にある欲求能力を批判し、理性の実践的使用のアプリオリな原理を考察したカントの第二批判。人間の意志の自由と倫理から道徳原理を確立させた近代道徳哲学の原典。

判断力批判（上・下）
カント／中山《なかやま》元《げん》●訳

美と崇高さを判断し、世界を目的論的に理解する力。自然の認識と道徳哲学の二つの領域をつなぐ判断力を分析した、カント批判哲学の集大成。「三批判書」個人全訳、完結！

永遠平和のために／啓蒙とは何か　他3編
カント／中山《なかやま》元《げん》●訳

「啓蒙とは何か」で説くのは、自分の頭で考えることの困難と重要性。「永遠平和のために」では、常備軍の廃止と国家の連合を説く。現実的な問題意識に貫かれた論文集。

善悪の彼岸
ニーチェ／中山《なかやま》元《げん》●訳

西洋の近代哲学の限界を示し、新しい哲学の営みの道を拓こうとした、ニーチェ渾身の書。アフォリズムで書かれたその思想を、ニーチェの肉声が響いてくる画期的新訳で！

道徳の系譜学
ニーチェ／中山《なかやま》元《げん》●訳

『善悪の彼岸』の結論を引き継ぎながら、新しい道徳と新しい価値の可能性を探る本書によって、ニーチェの思想は現代と共鳴する。ニーチェがはじめて理解できる決定訳！

光文社古典新訳文庫　好評既刊

コモン・センス
トマス・ペイン／角田《つのだ》 安正《やすまさ》◉訳

イギリスと植民地アメリカの関係が悪化するなか、王政、世襲制の非合理性を暴き、〝独立以外の道はなし〟と喝破した小冊子「コモン・センス」は、世論を独立へと決定づけた。

人はなぜ戦争をするのか
エロスとタナトス
フロイト／中山《なかやま》元《げん》◉訳

人間には戦争せざるをえない攻撃衝動があるのではないかというアインシュタインの問いに答えた表題の書簡と、「喪とメランコリー」、『精神分析入門・続』の二講義ほかを収録。

幻想の未来／文化への不満
フロイト／中山《なかやま》元《げん》◉訳

理性の力で宗教という神経症を治療すべきだと説く表題二論文と、一神教誕生の経緯を考察する「人間モーセと一神教（抄）」。後期を代表する三論文を収録。

モーセと一神教
フロイト／中山《なかやま》元《げん》◉訳

ファシズムの脅威のなか、反ユダヤ主義の由来について、みずからの精神分析の理論を援用し、ユダヤ教の成立と歴史を考察し、キリスト教誕生との関係から読み解いた「遺著」。

読書について
ショーペンハウアー／鈴木《すずき》 芳子《よしこ》◉訳

「読書とは自分の頭ではなく、他人の頭で考えること」。読書の達人であり、一流の文章家が繰り出す、痛烈かつ辛辣なアフォリズム。読書好きな方に贈る知的読書法。

幸福について
ショーペンハウアー／鈴木《すずき》 芳子《よしこ》◉訳

「人は幸福になるために生きている」という考えは人間生来の迷妄であり、最悪の現実世界の苦痛から少しでも逃れ、心穏やかに生きることが幸せにつながると説く幸福論。

光文社古典新訳文庫　好評既刊

ソクラテスの弁明
プラトン／納富《のうとみ》信留《のぶる》●訳

ソクラテスの裁判とは何だったのか？　ソクラテスの生と死は何だったのか？　その真実を、プラトンは「哲学」として後世に伝え、一人ひとりに、自分のあり方、生き方を問う。

メノン――徳《アレテー》について
プラトン／渡辺《わたなべ》邦夫《くにお》●訳

二十歳の青年メノンを老練なソクラテスが挑発する。西洋哲学の豊かな内容をかたちづくる重要な問いを生んだプラトン初期対話篇の傑作。『プロタゴラス』につづく最高の入門書。

プロタゴラス　あるソフィストとの対話
プラトン／中澤《なかざわ》務《つとむ》●訳

若きソクラテスが、百戦錬磨の老獪なソフィスト、プロタゴラスに挑む。ここには通常イメージされる老人のソクラテスはいない。躍動感あふれる新訳で甦るギリシャ哲学の真髄。

饗宴
プラトン／中澤《なかざわ》務《つとむ》●訳

悲劇詩人アガトンの祝勝会に集まったソクラテスほか六人の才人たちが、即席でエロスを賛美する演説を披瀝しあう。プラトン哲学の神髄であるイデア論の思想が論じられる対話篇。

パイドン――魂について
プラトン／納富《のうとみ》信留《のぶる》●訳

死後、魂はどうなるのか？　肉体から切り離され、それ自身存在するのか？　永遠に不滅なのか？　ソクラテス最期の日、弟子たちと獄中で対話する、プラトン中期の代表作。

テアイテトス
プラトン／渡辺《わたなべ》邦夫《くにお》●訳

知識とは何かを主題に、知識と知覚について、記憶や判断、推論、真の考えなどについて対話を重ね、若き数学者テアイテトスを「知識の哲学」へと導くプラトン絶頂期の最高傑作。